全国高职院校专业教学创新系列教材——铁道运输类

电力机车制动机

主　编　左继红　李云召
副主编　陈春棉　周红兵　王　宁
　　　　刘丽丽　高红岩
主　审　莫　坚

西南交通大学出版社
·成　都·

内容简介

本书包括制动系统功能介绍及电力机车风源系统的构造与维护、DK-1 型机车制动机的控制及阀类部件的维护与调试、CCBⅡ电空制动系统控制及主要部件的构造与作用、法维莱 Eurotrol 制动机、DK-2 型机车制动机的控制及主要部件的构造与作用、内燃机车 JZ-7 型制动机、主型车辆制动机的维护与调试、基础制动装置及制动理论 8 个项目，实现了理论与实践的有机融合。同时，本书以学生自主学习为主，采用多种学习素材及教学手段，突出专业技术知识的实用性、综合性和先进性，以企业课堂的形式，将所学知识与生产现场实际有效结合，培养学生对机车进行检查、调试、工艺设计与现场工艺管理等方面的实践动手能力。

本书可作为大中专院校铁道车辆、机车车辆、铁道检修、铁道司乘等专业的专业课程教材，还可以供从事机车和车辆检修、安装调试等相关科技人员学习参考。

图书在版编目（CIP）数据

电力机车制动机 / 左继红，李云召主编. —成都：
西南交通大学出版社，2019.2（2024.1 重印）
高等职业教育铁道机车专业"十三五"规划教材　全
国高职院校专业教学创新系列教材. 铁道运输类
ISBN 978-7-5643-6753-4

Ⅰ. ①电… Ⅱ. ①左… ②李… Ⅲ. ①电力机车－制动器－高等职业教育－教材　Ⅳ. ①U264.91

中国版本图书馆 CIP 数据核字（2019）第 037800 号

全国高职院校专业教学创新系列教材 ——铁道运输类

电力机车制动机

主编	左继红　李云召
责任编辑	李　伟
封面设计	墨创文化
出版发行	西南交通大学出版社 （四川省成都市金牛区二环路北一段 111 号 西南交通大学创新大厦 21 楼）
邮政编码	610031
发行部电话	028-87600564
官网	http://www.xnjdcbs.com
印刷	四川森林印务有限责任公司
成品尺寸	185 mm × 260 mm
印张	19
插页	1
字数	479 千
版次	2019 年 2 月第 1 版
印次	2024 年 1 月第 5 次
定价	54.00 元
书号	ISBN 978-7-5643-6753-4

课件咨询电话：028-81435775
图书如有印装质量问题　本社负责退换
版权所有　盗版必究　举报电话：028-87600562

前 言

列车制动系统的组成比较复杂，在列车运行过程中，司机在操纵台上对制动系统的操纵不仅会使机车制动机产生相应的动作，而且还要使各车辆的制动机产生同步动作。所以，全面掌握制动系统的拓扑结构，对学生掌握列车制动系统的工作过程和工作原理非常重要。传统的教学方法在授课的过程中，没有按照各部件的工作逻辑来讲述，而是将各部件作为一个独立的个体来分析，学生难以掌握它们之间的控制逻辑，在学习的过程中会感觉到很茫然和无所适从，学习目标不太明确。我们在进行基于工作过程的教学改革时，将整个教学内容按照制动系统的工作过程，讲解制动系统的工作原理。教学内容环环相扣、联系紧密、条理性强、逻辑性强，对学生在脑海中形成列车制动系统"系统"概念非常有帮助，也有利于他们掌握整个制动系统的工作原理和工作过程。

本书通过校企合作的方式编写而成，适用于机车车辆、机车制造、车辆技术等从业人员，同时还可作为城轨、动车组专业的拓展参考书。

本书由湖南铁道职业技术学院左继红、李云召担任主编，陈春棉、周红兵、王宁、刘丽丽及武汉铁路职业技术学院高红岩担任副主编，莫坚担任主审。在编写过程中，编者得到了罗伟、陶燕、汪科等老师的帮助与建议，并参考了大量株洲机务段、株洲电力机车有限公司的专业资料，同时也参考了一些国内外的专业书籍、文章及相关资料，在此对他们表示诚挚的谢意。

由于编者学识水平有限，书中难免有纰漏和不妥之处，恳请各位读者批评指正，以期再版时修改。

编 者

2019 年 1 月

目 录

项目一 制动系统功能介绍及电力机车风源系统 ·· 001
 任务一 制动系统功能介绍 ··· 001
 任务二 电力机车风源系统 ··· 011
 任务三 电制动和直通自动式制动 ·· 025
 任务四 空气压缩机维护、压力控制器调整与调节 ·· 029
 思考与练习 ·· 030

项目二 DK-1型机车制动机的控制及阀类部件的维护与调试 ······························· 031
 任务一 机车制动缸压力变化的控制 ·· 037
 任务二 制动管压力变化的控制 ·· 045
 任务三 均衡风缸压力变化的控制 ··· 058
 任务四 制动机的日常试验与列车制动系统的模拟操纵 ································· 071
 思考与练习 ·· 107

项目三 CCBⅡ电空制动系统控制及主要部件的构造与作用 ································ 108
 任务一 CCBⅡ电空制动系统概述 ··· 108
 任务二 风源系统 ··· 110
 任务三 CCBⅡ制动控制系统部件介绍 ··· 126
 任务四 CCBⅡ气路的综合控制作用 ·· 137
 任务五 辅助管路系统 ·· 149
 任务六 空气系统的操作 ··· 154
 思考与练习 ·· 173

项目四 法维莱Eurotrol制动机 ·· 174
 任务一 法维莱Eurotrol制动机的组成整体认知 ·· 174
 任务二 法维莱Eurotrol制动机风源系统的认知 ·· 177
 任务三 法维莱Eurotrol制动机司机制动控制器认知 ····································· 182
 任务四 法维莱Eurotrol制动机制动显示屏认知 ·· 183
 任务五 法维莱Eurotrol制动机司机制动阀认知 ·· 184
 任务六 法维莱Eurotrol制动机阀的组成 ··· 187
 任务七 法维莱Eurotrol制动机制动控制单元认知 ······································· 190
 任务八 法维莱Eurotrol制动机综合作用及控制系统管路分析 ························ 198
 任务九 HXD_{1C}型机车法维莱制动机操作流程 ·· 206

思考与练习 ……………………………………………………………… 209

项目五　DK-2 型机车制动机的控制及主要部件的构造与作用 …………… 210
　　任务一　DK-2 型机车制动系统概述 …………………………………… 210
　　任务二　DK-2 型机车制动系统主要部件组成 ………………………… 212
　　任务三　DK-2 型制动系统综合作用 …………………………………… 221
　　任务四　DK-2 型电空制动机风源系统 ………………………………… 229
　　任务五　DK-2 型制动系统的故障处理 ………………………………… 236
　　　思考与练习 ……………………………………………………………… 239

项目六　内燃机车 JZ-7 型制动机 …………………………………………… 240
　　任务一　内燃机车 JZ-7 型制动机概述 ………………………………… 240
　　任务二　内燃机车 JZ-7 型制动机部件功能及原理 …………………… 242
　　任务三　JZ-7 型空气制动机的综合作用 ……………………………… 252
　　任务四　JZ-7 型空气制动机的故障处理 ……………………………… 255
　　　思考与练习 ……………………………………………………………… 258

项目七　主型车辆制动机的维护与调试 ……………………………………… 259
　　任务一　104 型空气制动机 …………………………………………… 259
　　任务二　120 型空气制动机 …………………………………………… 265
　　任务三　F8 型电空制动机 ……………………………………………… 272
　　　思考与练习 ……………………………………………………………… 277

项目八　基础制动装置及制动理论 …………………………………………… 278
　　任务一　基础制动装置的组成 …………………………………………… 278
　　任务二　制动理论基础知识 ……………………………………………… 288
　　　思考与练习 ……………………………………………………………… 296

参考文献 ……………………………………………………………………………… 297

项目一　制动系统功能介绍及电力机车风源系统

【项目描述】

　　日常生活中，任何运输工具都离不开制动系统。小到自行车，大到航天飞机，制动系统都起着保证运输安全的重要作用。对于铁路运输来讲，有效的制动装置是铁道机车车辆的重要组成部分。随着社会的发展，科学技术的进步，制动机由原始的手制动机、直通式空气制动机，发展到近代的性能较完善的自动空气制动机、电空制动机等。与此同时，伴随着铁道牵引动力的革命，制动技术也得到飞跃发展，再生制动、电阻制动和液力制动的问世虽历史不长，但这些制动方式的强大制动功率、极好的高速性能以及很高的经济性，使它们得到较为广泛的应用。

　　电力机车空气管路系统按其功能可分为风源系统、制动机气路系统、控制气路系统和辅助气路系统四大部分。其中，风源系统的作用是生产、储备、调节控制压力空气，并向全车各气路系统提供所需的高质量的、洁净、稳定的压力空气。

【学习目标】

（1）熟悉各种交通运输工具制动系统的组成、功能和操作过程；
（2）掌握制动理论的相关概念；
（3）掌握空气制动机的工作原理；
（4）掌握改善空气制动机性能的方法；
（5）掌握风源系统的组成和各部件的功能；
（6）掌握风源系统的工作通路、各环节的作用和故障处理方法；
（7）熟悉风源系统主要部件的工作原理、整定值调整；
（8）了解铁路运输制动技术发展方向和趋势。

【学习任务】

任务一　制动系统功能介绍

一、制动系统有关概念

1. 制动与缓解

　　列车的运行过程包括牵引、惰行和制动3个基本工况，而制动工况的顺利实施关键在于制动系统有效、可靠地工作。那么，什么是制动系统？它包括哪些组成部分呢？下面先介绍两个基本概念——制动、制动力。

　　当列车由静止状态起动加速，需要对它施行"驱动"。当列车已处于运动状态之中，为了使它迅速停车或者减速，必须对它施行"制动"。为了使具有运动趋势的机车车辆保持静止，如避免停放的机车车辆因重力的作用或者风力吹动而溜走，也需要对它们实施制动。那么，究竟什么是"制动"呢?

所谓制动,是指人为地施加于运动物体,使其减速(含防止其加速)或停止运动,或施加于静止物体,保持其静止状态,这种作用被称为制动作用。对于铁道机车车辆而言,制动是指能够人为地产生列车减速力并控制这个力的大小,从而控制列车减速或阻止它加速运行的过程。从物理意义上说,制动是列车动能的转移。为了施行制动而在机车车辆上装设的由一整套零部件组成的装置,称为制动装置。为了保证铁路行车安全和提高铁路的通过能力,我国的每一台机车车辆均装有制动装置。

对已经实施制动的物体,解除或者减弱其制动作用,均可以称为"缓解"。

有时,制动与制动装置均简称为闸。实施制动简称为上闸,也可简称为下闸。使制动得到缓解简称为松闸。

如图 1-1 所示,列车运行在甲、乙两站之间。列车从甲站发车,行驶了 S_0 距离时加速到速度 v_1。S_0 为起动加速距离,S_0 的长短取决于机车功率的大小。若列车要在乙站停车,制动功率较大的 A 列车,开始制动的地点可以在距乙站较近的 a 点处,它的制动距离为 S_1。若 B 列车制动功率较小,则需要在距乙站较远的 b 点处开始制动。因此 B 列车减少了高速行驶的距离,运行平均速度较低。

图 1-1 区间速度与制动距离的关系

一般来说,列车制动功率要比驱动功率大 5~10 倍。在列车提速过程中,随着速度的增加,光靠传统的轮缘与闸瓦之间的摩擦来减速越来越力不从心。因此,出现了电阻制动、再生制动、盘形制动、涡流制动、磁轨制动等新技术。

制动过程必须具备两个基本条件:

(1)实现能量转换;

(2)控制能量转换。

2. 制动力

制动力是指制动过程中所形成的可以人为控制的列车减速力。而制动系统是指能够产生可控的列车减速力,以实现和控制能量转换的装置或系统。制动系统由风源系统、制动主控系统、手制动机和基础制动装置四大部分组成。其控制关系(即工作流程)如图 1-2 所示。

图 1-2 制动系统的控制装置

无论是机车,还是车辆,都具有各自的制动系统,即各自的制动机、停车制动装置和基础制动装置。当机车、车辆编组成列车后,其各自的制动系统相互联系而构成一个统一的制动系统——列车制动系统。因此,制动系统则有了机车制动系统、车辆制动系统和列车制动系统之分。由于制动系统设置的目的是实现列车能够按照人的意志减速或准确停车,所以制动系统性能的好坏,不仅影响着列车的制动效果,而且影响着铁路运输生产。衡量制动系统

性能的优劣,主要是衡量制动机性能的好坏。性能良好的制动机对铁路运输有以下几方面的促进作用:

(1)保证行车安全;

(2)充分发挥牵引力,增大列车牵引质量,提高列车运行速度;

(3)提高列车的区间通过能力。

3. 制动方式

理论上,常以制动方式区别不同方式的制动。制动方式是指制动过程中列车动能的转移方式或制动力的形成方式。按照列车动能转移方式的不同,制动方式可分为热逸散和将动能转换成有用能两种基本方式。

(1)热逸散。

热逸散可以分成摩擦制动和动力制动两种。摩擦制动可分成固体摩擦与液体摩擦两种,如闸瓦制动(踏面制动)和盘形制动等即为摩擦制动。

① 闸瓦制动。

闸瓦制动又叫踏面制动,是目前铁路使用最为广泛的一种制动方式,如图1-3所示。用铸铁或其他材料制成的瓦状制动块,在制动时抱紧车轮踏面,通过摩擦使车轮停止转动。在这一过程中,制动装置要将巨大的动能转变为热能消散于大气之中。这种制动效果的好坏主要取决于摩擦热能的消散能力。使用这种制动方式时,闸瓦摩擦面积小,大部分热负荷由车轮来承担。列车速度越高,制动时车轮的热负荷也越大。如用铸铁闸瓦,温度可使闸瓦熔化;即使采用较先进的合成闸瓦,温度也会高达 400~450 ℃。当车轮踏面温度增加到一定程度时,就会使踏面产生磨耗、裂纹或剥离,这样既影响使用寿命,也影响行车安全。

图 1-3 闸瓦制动原理示意图

1—制动缸;2—基础制动装置;3—闸瓦;4—轮对;5—钢轨

② 盘形制动。

传统的闸瓦制动适应不了高速列车的需要,于是一种新型的制动装置——盘形制动应运而生,如图1-4所示。它是在车轴上或在车轮辐板侧面安装制动盘,用制动夹钳使以合成材料制成的两个闸片紧压制动盘侧面,通过摩擦产生制动力,使列车停止前进。由于作用力不在车轮踏面上,盘形制动可以大大减轻车轮踏面的热负荷和机械磨耗。另外,这种制动方式制动平稳,几乎没有噪声。盘形制动的摩擦面积大,而且可以根据需要安装若干套,制动效果明显高于铸铁闸瓦,尤其适用于速度 120 km/h 以上的高速列车,这正是各国普遍采用盘形制动的原因所在。但盘形制动的不足之处是:车轮踏面没有闸瓦的磨刮,将使轮轨黏着恶化;制动盘使簧下质量及冲击振动增大,运行中消耗牵引功率。

图 1-4　盘形制动示意图

1—制动缸;2—拉环;3—水平杠杆;4—缓解弹簧;5—制动块;6—制动盘;
7—中间拉杆;8—水平杠杆拉杆;9—转臂

③ 轨道电磁制动。

轨道电磁制动也称为磁轨制动。制动时将电磁铁放下,与钢轨吸住,靠钢轨与电磁铁之间的摩擦转移能量。

④ 液体摩擦制动(液力制动)。

液力制动是在液力传动的机车上,利用液体与固体之间的摩擦,变列车动能为工作液体的能量,并使发热的工作液体经过循环冷却,将热量经散热器逸散于大气。

⑤ 动力制动。

动力制动在制动时,是将牵引电动机变成发电机使用,并通过发电机将机车车辆的动能转化为电能。根据对这些电能的处理方式不同,动力制动可分为电阻制动、再生制动、旋转涡流制动和轨道涡流制动。

(2)将动能转化成有用能。

在制动过程中,将列车的动能转化成为有用能包括两种类型:动力制动中的再生制动和飞轮储能制动。

制动方式分类如图 1-5 所示。

图 1-5 制动方式分类

按照制动力形成方式不同,制动方式又可分为黏着制动和非黏着制动,如表 1-1 所示。制动力的形成是通过轮轨间黏着来实现的制动,称之为黏着制动;反之,不通过轮轨间的黏着来形成制动力的制动,称之为非黏着制动。

表 1-1 制动方式分类

制动类型	分 类		备 注
黏着制动	摩擦制动	闸瓦制动	广泛应用
		盘形制动	
	动力制动	电阻制动	在电力机车上普遍采用
		再生制动	在电力机车上采用
		加馈电阻制动	在电力机车上普遍采用
	惯性制动	飞轮储能制动	
非黏着制动	磁轨摩擦制动		在高速机车、动车组上采用,目前尚未普及
	磁轨涡流制动		
	风阻制动及喷气制动		

4. 制动机分类

制动机分类:① 按作用对象的不同可分为机车制动机和车辆制动机;② 按控制方式和动力来源的不同可分为空气制动机、电空制动机和真空制动机等。

无论机车制动机采用何种制动机(如空气制动机、电空制动机等),都要可靠地完成以下任务:① 对列车制动系统进行灵活、准确的操纵和控制;② 向整个列车制动系统提供质量良好的动力(如压力空气)。

5. 常用制动与紧急制动

列车制动在操纵上可以分成两种:

(1)常用制动。

正常情况下,为调节或者控制列车速度,包括进站停车所施行的制动,称为常用制动。

其特点是：作用比较缓和，而且制动力可以调节；通常只用列车制动能力的 20%～80%，多数情况下只用 50%左右。

（2）紧急制动。

紧急情况下，为使列车尽快地停住而施行的制动，称为紧急制动，在我国也称之为"非常制动"。其特点是：作用比较猛烈，而且要把列车制动能力全部用上。

6. 制动距离

从司机施行制动开始，到列车速度降为零的瞬间为止，列车所驶过的距离称为列车的"制动距离"。

二、制动机及其发展简史

1825 年 9 月 27 日，在英国的斯托克顿至达林顿之间建成了世界上第一条铁路，于是世界上第一列由蒸汽机车牵引的列车开始运营。当时所使用的制动机是人力制动机，即手制动机。在工作中，须设置若干名制动员，当运行中需要制动（刹车）时，司机发出信号，由制动员们分别操纵每一节车上的手制动机进行制动。可见，人力制动不仅使工作在较恶劣环境中的制动员的劳动强度增大，更主要的是大大降低了列车中各车辆制动的同时性，从而造成严重的制动冲击，影响列车的制动效果。

1869 年，美国工程师乔治·韦斯汀豪斯发明了世界上第一台空气制动机——直通式空气制动机。直通式空气制动机属于气动装置，并且由司机单独操纵，所以与人力制动相比，大大提高了列车制动的同时性，减小了制动冲击，改善了列车的制动效果。但是，直通式空气制动机自身的工作机理使其在运用过程中存在着致命的弱点——当列车分离时，列车将失去制动作用。

1872 年，乔治·韦斯汀豪斯在直通式空气制动机的基础上，研制出一种新型的空气制动机——自动空气制动机。自动空气制动机克服了直通式空气制动机的致命弱点，从而在铁路运输中，得到了广泛的运用，甚至直到科技高度发展的今天，世界各国铁路运输的列车所使用的空气制动机，其工作机理均源于自动空气制动机。

20 世纪 60 年代，随着科学技术的发展，电空制动技术在铁路运输中广为应用，产生了电空制动机，从而改善了制动机的工作性能，为铁路运输提供了更为可靠的安全措施。在铁路运输的实践中，人们还研究、试制着电磁制动机、储能制动机等多种形式的制动机。

三、空气制动机的基本作用原理

我国铁路运输中，机车、车辆采用的制动机基本上有两种——空气制动机和电空制动机，而电空制动机的工作原理又是源于空气制动机的基本作用原理，因此，了解掌握空气制动机的基本作用原理，对今后学习掌握 DK-1 型电空制动机乃至其他电空制动机和空气制动机都具有非常重要的意义。

空气制动机的发展经历了直通式空气制动机和自动空气制动机两大阶段，下面将分别讨论其基本作用原理。

1. 直通式空气制动机的基本作用原理

（1）基本构成。

如图 1-6 所示，在车辆上，直通式空气制动机主要由制动管和制动缸等组成；在机车上，直通式空气制动机除包括制动管和制动缸外，还包括空气压缩机、总风缸及操纵整个列车制动系统的制动阀等组成部分。当编组成列车运行时，机车与车辆、车辆与车辆间除车钩连接外，各自的制动机也要通过制动管连接软管连接，以构成列车统一的制动系统，并且由司机操纵制动阀来实现相应的控制。

图 1-6　直通式空气制动机结构原理图

1—空气压缩机；2—总风缸；3—调压阀；4—制动阀；5—制动管；6—制动缸；7—车轮；8—闸瓦；
9—制动缸活塞杆；10—制动缸弹簧；11—制动缸活塞

（2）基本作用原理。

制动系统的工作过程主要包括制动、缓解与保压 3 个基本状态。

① 制动状态。

当列车需要制动时，司机操纵制动阀手柄置于"制动位"，使储存在总风缸内的压力空气经调压阀、制动阀和制动管直接向机车制动缸和车辆制动缸充风，推动制动缸活塞压缩弹簧移动，并由制动传动装置（如制动缸活塞杆、制动杠杆等）将此推力传递到闸瓦上，使闸瓦压紧车轮，产生制动作用，如图 1-7 所示。

图 1-7　直通式空气制动机制动状态

② 缓解状态。

当列车需要减小或消除制动时，司机操纵制动阀手柄置于"缓解位"，使机车、车辆制动缸内的压力空气经制动管和制动阀排向大气，在制动缸弹簧的作用下，制动缸活塞反向移动，并通过制动传动装置带动闸瓦离开车轮，实现缓解作用，如图1-8所示。

图1-8　直通空气制动机缓解状态

③ 保压状态。

当列车需要保持某一制动力时，司机操纵制动阀手柄置于"中立位"，既关断机车、车辆制动缸的充风气路，又关断其排风气路，使机车、车辆制动缸内保持一定的压力，实现保压作用，如图1-9所示。如在制动缸升压过程中将制动阀手柄反复置于制动位和保压位，可以使制动缸的压力空气压强呈阶段式上升，这种作用称为"阶段制动"；如在制动缸降压过程中将制动阀手柄反复地置于缓解位和保压位，可使制动缸压强呈阶段式下降，这种作用称为"阶段缓解"。

图1-9　直通空气制动机保压状态

综上所述，直通式空气制动机具有以下特点：

① 既有阶段制动，又有阶段缓解，操纵非常灵活方便。制动缸的充、排风都需经过制动管来完成，列车管直接通向制动缸（"直通"）。所以制动管充风，产生制动作用；制动管排风，实现缓解作用。恰恰是直通式空气制动机的这一特点，当列车发生分离事故、制动软管被拉断时，将彻底丧失制动能力，使其存在着"列车分离时，列车制动系统失去制动作用"的致命弱点，这也是直通式空气制动机遭淘汰的根本原因。

② 由于制动管又细又长，所以必然导致直通式空气制动机在制动时，前部车辆的制动缸充风快、压力高，而后部车辆的制动缸充风慢、压力低，仍然使列车前、后部各车辆的制动同时性较差，从而造成较大的列车制动冲击。

2. 自动空气制动机的基本作用原理

（1）基本构成。

如图 1-10 所示，自动空气制动机是在直通式空气制动机的基础上增设一个副风缸和一个三通阀（或分配阀）而构成的。其中，副风缸是用来储存由制动管充入的压力空气，并在制动时向制动缸供给压力空气的空气源。三通阀或分配阀的用途是：在制动管充风时，向副风缸充入相同压力的压力空气，并使制动缸排风；在制动管排风时，停止向副风缸充风，同时使副风缸向制动缸充风。

图 1-10 自动空气制动机结构原理图

1—空气压缩机；2—总风缸；3—调压阀；4—制动阀；5—制动管；6—三通阀（分配阀）；7—副风缸；8—车轮；9—闸瓦；10—制动缸；11—制动缸活塞杆；12—制动缸弹簧；13—制动缸活塞

（2）基本作用原理。

① 缓解状态。

如图 1-11 所示，司机将制动阀手柄置于"缓解位"，压力空气经制动阀向制动管充风，三通阀活塞两侧压力失去平衡而形成向右的压力差，推动活塞带动滑阀、节制阀右移，一方面开通充气沟，使制动管压力空气经充气沟进入副风缸储备；另一方面开通制动缸经滑阀的排风气路，使制动缸排风，最终使闸瓦离开车轮实现缓解作用。

图 1-11 自动空气制动机缓解状态

② 制动状态。

如图 1-12 所示,司机将制动阀手柄置于"制动位",制动管内压力空气经制动阀排风,三通阀活塞两侧压力失去平衡而形成向左的压力差,推动活塞左移,关闭充气沟,使副风缸

图 1-12 自动空气制动机制动状态

内的压力空气不能向制动管逆流；同时，活塞带动滑阀、节制阀左移，使滑阀遮盖排气口，以关断制动缸的排风气路，并使节制阀开通副风缸向制动缸充风的气路，随着压力空气充入制动缸，将推动制动缸活塞右移，最终使闸瓦压紧车轮产生制动作用。

③ 保压状态。

如图1-13所示，司机将制动阀手柄置于"中立位"，切断制动管的充、排风通路，即制动管压力停止变化。随着制动状态时副风缸向制动缸充风的进行，副风缸压力降低，当降到稍低于制动管压力时，三通阀活塞带动节制阀微微右移，从而切断副风缸向制动缸充风的气路，使制动缸既不充风也不排风，即制动机呈保压状态。

图1-13 自动空气制动机保压状态

可见，自动空气制动机具有"制动管充风缓解，制动管排风制动"的工作机理，因此它克服了直通式空气制动机的"列车分离时，制动系统失去制动作用"的致命弱点，从而得到广泛的应用。

3. 电空制动机

电空制动机为电控空气制动机的简称。它是在空气制动机的基础上加装电磁阀等电气控制部件而形成的。它的特点是：制动作用的操纵控制用电，但制动作用的原动力还是压力空气（它与大气的压差）。在制动机的电控装置因故失灵时，它仍可以实行空气压强控制（气控），临时变成空气制动机。

在列车速度很高或列车编组很长、空气制动机难以满足要求时，采用电空制动机可以大大改善列车前后部制动和缓解作用的一致性，显著减轻列车纵向冲击并缩短制动距离。世界各国许多高速列车（200 km/h以上）以及我国广深线准高速（160 km/h）旅客列车都采用了电空制动机。

任务二 电力机车风源系统

电力机车空气管路系统按其功能可分为风源系统、制动机气路系统、控制气路系统和辅助气路系统四大部分。其中，风源系统的作用是生产、储备、调节控制压力空气，并向全车各气路系统提供所需的高质量的,洁净、稳定的压力空气。

一、概　述

1. 风源系统的构成

SS系列电力机车风源系统由主空气压缩机组、压力控制器、总风缸、止回阀或逆流止回阀、高压安全阀、无负载启动电空阀、空气干燥器、塞门及连接管等组成。

① 主空气压缩机组：简称主压缩机组，包括主压缩机及其驱动电动机，用于生产具有较高压力的压力空气，供全车空气管路系统使用。

② 总风缸：又称主风缸，用来储存压力空气。为保证压力稳定的压力空气的充分供应，机车上必须配备容量足够大的总风缸。工作中，总风缸内的压力空气经总风缸管送至制动机系统、控制气路系统和辅助气路系统供使用。

③ 空气压力控制器：又称空气压力调节器，用于根据总风缸压力的变化，自动控制空气压缩机的工作，使总风缸压力空气的压力保持在一定范围内。当总风缸空气压力达到最大规定值时，自动切断主空气压缩机电动机的电源电路，主空气压缩机停止工作；当总风缸空气压力低于最小规定值时，自动闭合主空气压缩机电动机的电源电路，主空气压缩机恢复打风。

④ 空气干燥器：用于去除主压缩机组生产的压力空气中的油、水、尘及机械杂质等杂物。

⑤ 无负载启动电空阀：用于减小主压缩机组在启动过程中的启动负载，以保证主空气压缩机组顺利启动。

⑥ 止回阀或逆流止回阀：用于限制压力空气的流动方向，以防止压力空气向主空气压缩机气缸内逆流，或防止压力空气逆流到无负荷启动电空阀而排入大气。

2. SS系列电力机车风源系统

SS_4改进型电力机车风源系统管路原理如图1-14所示。其正常工作时的气路（单节机车）如下：

SS_4改进型电力机车风源系统的工作可分为压力空气的生产、压力空气的压力控制、压力空气的净化、压力空气的储存以及总风重联5个环节。

图 1-14 SS₄改进型电力机车风源系统原理图

43—主空气压缩机；45—高压安全阀；47—止回阀；49—空气干燥器；50—逆流止回阀；63，64—总风折角塞门；65，66—总风软管连接器；91—第一总风缸；92—第二总风缸；111~113，139—塞门；110—短接塞门；163~166—排水阀；247YV—无负载启动电空阀　517KF—压力控制器

① 压力空气的生产。

每单节 SS₄改进型电力机车空气管路系统的压力空气主要靠一台生产量为 3 m³/min 的 VF-3/9 型主空气压缩机 43 来完成。该压缩机为四缸 V 形排列、两级单动风冷固定式，其额定排气压力为 900 kPa，轴功率不大于 22.5 kW，额定转速为 980 r/min，由一台功率为 37 kW 的 YYD-280S-6 型三相交流电动机驱动。

在运行中，如果主压缩机组出现故障，可利用另一节机车上的主压缩机组打风继续维持运行。

② 压力空气的压力控制。

压力空气的压力由 YWK-50-C 型压力控制器 517KF 来调整。该压力控制器性能稳定，调整方便，经塞门 139 后与总风联管连通。

压力控制器是根据总风缸压力的变化，自动闭合或切断主空气压缩机电动机电源，从而控制主空气压缩机的运转或停止，使总风缸内压力空气的压力保持在规定的压力范围（750~900 kPa）内。即当总风缸空气压力达到最大规定值 900 kPa 时，自动切断主空气压缩机电动机的电源电路，主空气压缩机停止工作；当总风缸空气压力低于最小规定值 750 kPa 时，自动闭合主空气压缩机电动机的电源电路，主空气压缩机恢复打风。

压力控制器故障时，可通过塞门 139 切除，这时司机可利用强泵风按钮操纵主压缩机组

的启动与停转。当机车总风压力达 950 kPa 时，安装在压缩机出风管上的高压安全阀 45 将连续向外喷气，这时司机应断开强泵风按键，停止压缩机组的工作。高压安全阀 45 还是确保总风管路不超压的安全措施。

在压缩机组开始启动时，出风管上的启动电空阀 247YV 将排出风管中的压缩空气（并延时 3 s），以消除启动时的压缩机的气体背压，保证压缩机的正常启动。

压缩机出风管上的止回阀 47 可防止压缩机停止工作后，总风逆流到启动电空阀排入大气。在风源系统正常工作时，该止回阀无作用，只是开放干燥器短接塞门 110，或空气干燥器的干燥筒底部止回阀故障倒风时，起到止回作用。

所有重联机车（包括非操纵节机车）的压缩机组均由本务机车控制。

③ 压力空气的净化。

压力空气的净化处理由空气处理量为 3～5 m^3/min 的 DJKG-A 型空气干燥器 49 完成。主压缩机组生产的压力空气先经过一段较长的冷却管冷却后进入干燥器，在干燥器的滤清筒、干燥筒内进行干燥净化处理后，送入总风缸内储存。

当压缩机组停止工作时，排泄电空阀打开了再生通路，滤清筒、干燥筒及冷却管内的压力空气连同油、水、尘埃、杂质经排泄阀口，再经消音器排入大气。同时，再生风缸内的干燥压力空气经节流孔膨胀为近似大气压力的超干燥空气，由下而上通过干燥筒内的吸附剂，将其吸附的水蒸气分子带入大气，自行完成再生作用，以备下次净化使用。

④ 压力空气的储存。

经过干燥净化处理后的压力空气，进入两个串联的总风缸内储存。其中第一个总风缸 91 容积为 290 L，第二个总风缸 92 容积为 612 L。

机车入库后，可关闭塞门 111、113，保存总风缸内的压力空气；在机车无火回送时，应将塞门 112 关闭，切除第一总风缸，缩短列车的充气时间。

在使用中还应定期打开总风缸排水阀 163～166，检查和排除总风缸内的积水。

⑤ 总风重联。

为适应铁路运输的高速和重载要求，SS_4 改进型电力机车设置了重联功能。

经过干燥、净化处理后的压力空气进入第一总风缸后，一路经逆流止回阀 50 进入第二总风缸，供本节机车使用；另一路经总风联管、总风折角塞门 63 或 64、总风软管连接器 65 或 66 等总风重联装置进入另一台重联机车的风源系统，使所有重联机车的总风缸相通。当一台机车空气压缩机组出现故障后，可由另一台机车通过总风重联装置提供压力空气。

当重联在一起的两节机车或其他重联机车之间断钩分离后，第一总风缸内的压力空气将很快随拉断的总风软管连接器排入大气，第二总风缸内的压力空气由于逆流止回阀的单向作用将缓慢沿逆流小孔排入大气，保证分离机车制动所需的压力空气。同时，逆流止回阀又能保证所有重联在一起的机车总风缸内压力空气压力一致，而不会由于各机车用风量不同造成总风缸内压力空气压力不一致。

二、VF-3/9 型主空气压缩机

SS_4 改进型电力机车采用的 VF-3/9 型空气压缩机为 4 缸、V 形排列、中间冷却、两级压缩、活塞式空气压缩机。其额定排气量为 3.0 m^3/min，额定排气压力为 900 kPa，额定转速为

980 r/min。VF-3/9 型空气压缩机与 YYD-280S-6 型三相异步电动机通过联轴器直接连接，使空气压缩机按顺时针方向转动（从电动机端看）。

1. VF-3/9 型空气压缩机的构造

VF-3/9 型空气压缩机包括运动机构、空气压缩系统、冷却系统及润滑系统等组成部分。

（1）运动机构。

运动机构主要包括曲轴、连杆及活塞等。曲轴采用 QT600-3 球墨铸铁制成。曲轴为双支点结构，通过轴承座和轴承盖上的一对球轴承安装在机体两端的主轴孔上，中间两曲拐上各安装有一对一、二级活塞连杆机构。连杆采用 QT450-10 球墨铸铁制成。低压气缸活塞采用轻型活塞结构，材料为 ZL108，活塞上部第一道环为密封环，第二道环为扭曲环，第三道环为刮油环。高压气缸活塞采用 HT200 铸铁制造，为筒形活塞结构，第一、二道环为密封环，第三道环为扭曲环，第四道环为刮油环。

（2）空气压缩系统。

空气压缩系统主要包括气阀、气缸、滤清器等。气阀分为进气阀与排气阀两种，均采用环状阀结构。低压气缸和高压气缸均安装有进气阀和排气阀。安装时，气阀螺钉必须拧紧，止退垫必须锁牢。滤清器采用汽车空滤器纸质滤芯，采用与消声器结合的结构。

（3）润滑系统。

VF-3/9 型空气压缩机的曲轴、连杆及活塞等主要部件采用压力式润滑。油泵供给压力油从曲柄拐颈油孔溢出，润滑曲拐和连杆瓦后，进入连杆体油孔到小头衬套，润滑活塞销和小头衬套。气缸壁和活塞环等部件采用飞溅式润滑。油泵采用齿轮泵，安装在轴承座外侧，油从机体底部，经滤油器吸入油泵，并在油泵出油道路上装有油压表和调压阀。

（4）冷却系统。

冷却包括一、二级压缩之间的空气冷却和机体、气缸、缸头等受热体的冷却。前者采用铝质管翅式中间冷却器，跨接在高、低压气缸间，离心风扇上方；后者采用装在轴上的离心式风扇。冷风经导风罩充分冷却机体、气缸、缸头等受热体。

2. VF-3/9 型空气压缩机的工作过程

当低压气缸活塞往下运动时，气缸容积增大，压力减小，进气阀在大气压力作用下被打开，空气经消音器和进气阀进入气缸；当活塞往上运动时，气缸容积缩小，压力升高，进气阀自动关闭不再吸气。随着活塞继续往上运动，气缸内压力空气压力不断升高，当压力高于排气阀弹簧力和排气管道中压力空气所产生背压的合力时，排气阀开启，经一级压缩的空气排入集气箱；经过冷却的压力空气进入高压气缸，进行二级压缩，其工作过程同上，然后排入机车总风缸。如此周而复始，外界大气不断被吸进空气压缩机低、高压气缸，又不断被压缩，源源不断地进入总风缸，使机车总风缸中的空气压力逐渐升高。

三、压力控制器

SS_4 改进型、SS_8 型电力机车采用 YWK-5-C 型压力控制器，并装设在电空制动屏柜内。压力控制器是根据总风缸压力的变化，自动闭合或切断主空气压缩机电动机电源，从而控制主空气压缩机的运转或停止，使总风缸内压力空气的压力保持在规定的压力范围（750～

900 kPa）内。即当总风缸空气压力达到最大规定值时，自动切断主空气压缩机电动机的电源电路，主空气压缩机停止工作；当总风缸空气压力低于最小规定值时，自动闭合主空气压缩机电动机的电源电路，主空气压缩机恢复打风。

YWK-5-C 型压力控制器为铸铝壳体，防水型，其规格为 0～1 MPa，能经受 GB/T 8335—2008 所规定的机械振动条件考验，其结构如图 1-15 所示。

图 1-15　YWK-50-C 型压力控制器结构示意图

1—差动旋钮；2—调节弹簧；3—指针；4—标尺牌；5—调节杆；6—锁紧螺帽；7—静触头；
8—动触头；9—出线套；10—接线端子；11—拨臂；12—刀支架；13—杠杆；
14—刀；15—波纹管室；16—接头

YWK-5-C 型压力控制器采用压力传感波纹管和大开距单断点开关，因此具有敏感性高、寿命长、动作可靠、故障率低的特点。

压力的作用原理：YWK-5-C 型压力控制器是利用杠杆、波纹管、调节弹簧以及差动旋钮内的弹簧组成一个杠杆体系，并充分利用动触头和静触头组成的单断点大开距微动开关具有瞬动开闭的特点而设计的一种结构简单的压力调节控制装置。当被控压力空气的压力上升或下降时，波纹管伸长或缩短，通过杠杆与拨臂拨开微动开关，使触头闭合或断开而达到控制空气压力的目的。

四、空气压缩机的附件

SS_4 改进型、SS_8 型电力机车主空气压缩机的附件包括止回阀（分为止回阀、逆流止回阀）、高压安全阀、空气干燥器、总风缸、无负载启动电空阀等。

1. 止回阀

（1）止回阀。

在每台空气压缩机的出风管路上安装止回阀，用来防止压力空气逆流，以实现单向流动性能。一般地，止回阀分为无压差止回阀和压差止回阀两种。前者为金属结构，适用于高温管路，一般空气压缩机出风管路上均安装该型止回阀；而后者为橡胶结构，适用于常温气路。止回阀如图 1-16 所示。

（a）压差止回阀　　（b）无压差止回阀

图 1-16　止回阀

1—盖；2—止阀；3—阀体；4—弹簧

当压力空气由 A 进入，在初始状态时，B 侧管路压力较低，则 A、B 间的压差足以克服止阀而将其压起，阀口开放，经 B 处流出。当 B 侧压力（或 B 侧压力加弹簧反力）接近 A 侧压力时，止阀下落，关闭阀口。若压力空气由 B 侧流入，则止阀在压力作用下与阀体上的阀座更加密贴，无法向 A 侧输送，故只能实现单向流动，即 A→B。

安装时，必须注意使箭头方向与管路流向一致，且垂直安装。

（2）逆流止回阀。

逆流止回阀的结构、作用原理如图 1-17 所示。

逆流止回阀与空气压缩机出风管路上安装的止回阀外形相似，区别在于止回阀的盖为六方体，而逆流止回阀为四方体。逆流止回阀的阀芯也是利用止回阀的阀芯，仅在阀芯底部中央一处以及圆柱面靠近底部位置两处钻出 3

图 1-17　逆流止回阀

1—阀体；2—阀芯；3—盖；4—铜套

个 $\phi 6$ mm 的圆孔。

当 B 侧管路压力较 A 侧低时，A、B 侧间的压差克服阀芯重力将其抬起，A 侧压力空气经开放阀口的大通道进入 B 侧。当两侧压力空气压力接近时，阀芯下落，关闭阀口，但两侧压力空气仍能经逆流小孔沟通。当 B 侧管路压力高于 A 侧压力时，阀芯在空气压力以及自重作用下，与阀体上的阀座更加密贴，关闭阀口，但 B 侧压力空气仍能经逆流小孔进入 A 侧，保持两侧管路压力相等。

安装时，A 侧接第一总风缸以及总风联管，B 侧接第二总风缸。当机车空气压缩机打风时，压力空气首先进入第一总风缸与总风联管，再经该阀的阀芯上移后开放的阀口大通路进入第二总风缸，继而供机车用风。当空气压缩机故障后，其他机车空气压缩机产生的压力空气也能经总风联管进入第一总风缸，再经该阀进入第二总风缸。当机车空气压缩机停止运转后，由于各机车用风量的差异，用风量小的机车的第二总风缸内压力空气将经逆流孔反向流出，补充用风量大的机车总风缸，保证各重联机车正常运行时，所有总风缸压力完全一致。

当重联机车间发生断钩现象后，各机车第一总风缸内压力空气将经断裂的总风联管快速排入大气。而第二总风缸内压力空气因逆流止回阀的阀芯下落关闭了阀口大通路，不能快速排入大气，只能经逆流小孔缓慢排入大气，从而保证了机车在停车时空气制动所需的压力空气。

逆流止回阀安装时，必须注意方向，且垂直安装。

2. 高压安全阀

为确保空气管路系统的安全，必须严格控制压力空气的最大压力。因此，在所有的压力空气管路系统中设置了安全阀，以免正常的压力控制装置失效后，能自动降低压力及报警，达到安全保护的作用。

高压安全阀的结构如图 1-18 所示。

通常，高压安全阀设置在每台空气压缩机出风口至止回阀之间的管路上，其作用是确保总风缸气压不超过最大工作压力。该高压安全阀的压力整定值为（950±20）kPa。应随时检查高压安全阀的整定值，如果不符，要及时调整。调整时，通过拧动弹簧盒 1，达到整定压力值后，用锁紧螺母锁紧，再用专用止挡定位，并加铅封标记，以使整定压力值准确可靠。

当连接管路的压力值大于弹簧 3 的整定值时，阀 4 上移开放通大气口，因排气口远大于管路截面，使管路压力下降，当降至低于弹簧 3 的反力后，将阀 4 压回阀座 7，关闭阀口。由于空气压缩机的连续不断地排气，其阀口的开闭往往是连续不断的，阀 4 的上下运动及间断的排气产生清晰的响声，使压力无法再增加并发出报警声，警告司机必须停止空气压缩机的运转。

图 1-18 高压安全阀

1—弹簧盒；2—阀杆；3—弹簧；
4—阀；5—止挡环；
6—锁紧螺母；7—阀座

3. 总风缸

总风缸用来储存压力空气，供制动机及其他风动装置使用；同时使机车风源系统产生的压力空气在总风缸内进一步冷却，分离、沉淀出油水及尘埃等。为确保制动机及其他风动装置工作安全，应定期开放总风缸排水阀，放出缸内的积水和尘埃。

为保证压力空气的充分供应，机车上必须配备容量足够大的总风缸。总风缸是一个受压容器，严禁在总风缸上进行电焊打火或搭接地线。总风缸充风后严禁重物锤击，更应避免在其周围加温。

4. DJKG-A 型空气干燥器

空气干燥器是利用干燥剂吸收压力空气中的水分并附有滤清装置的组合设备。

空气干燥器分为双塔式和单塔式。SS_4 改进型、SS_8 型电力机车采用的 DJKG-A 型空气干燥器属于单塔式空气干燥器，即只有一个装有吸附剂的干燥筒和一个滤清筒。当机车主空气压缩机工作时，干燥器产生吸附作用；当空气压缩机停止运转时，干燥器即自动产生再生作用。由于其结构和作用的原因，该装置要求主空气压缩机间歇工作，不能长时间连续工作，否则干燥筒内的吸附剂将无法再生，最终失去干燥能力。

（1）DJKG-A 型空气干燥器构造。

DJKG-A 型空气干燥器由滤清筒、干燥筒、再生风缸、电动排泄阀、截断塞门、消音器以及电动排泄阀防冻装置和连接钢管等组成。除消音器外，所有部件均安装在一个钢架上，构成了一个完善的"空气处理中心"。DJKG-A 型空气干燥器是一种单塔无热再生空气干燥器，其工作流程图如图 1-19 所示。

（a）干燥作用流程图

(b) 再生作用流程图

图 1-19　空气干燥器工作流程图

① 干燥筒。

干燥筒是盛装吸附剂的筒状容器，它由筒体、筒盖、连接卡箍、压紧弹簧、橡胶 O 形圈、上滤网、支架、吸附剂、干燥止回阀、大橡胶垫、小橡胶垫、连接法兰盘等组成，如图 1-20 所示。

1—筒盖；2—橡胶 O 形圈；3—连接卡箍；
4—压紧弹簧；5—上滤网；6—吸附剂；
7—筒体；8—安装座；9—连接法兰盘；
10—大橡胶垫；11—干燥止回阀；12—小橡胶垫；
13—支架；14—下滤网；15—铭牌；16—吊环

图 1-20　干燥筒结构图

筒体与筒盖采用连接卡箍进行连接，筒体与筒盖之间的橡胶O形圈可防止筒内压力空气外泄。下滤网通过支架安装在筒体下部，在上、下滤网间填满了吸附剂，安装在上滤网上部的压紧弹簧，可将吸附剂压紧，防止吸附剂在工作过程中移动。干燥止回阀安装在连接法兰盘内部，通过紧固件和大、小橡胶垫及连接法兰盘与筒体底部密封连接。干燥筒通过焊接在筒体背面的两个安装座安装在钢架上，筒体正面贴有干燥器的铭牌。

② 滤清筒。

滤清筒是安装高效气液过滤网的筒状容器，由筒体、筒盖、连接卡箍、网孔板、过滤芯子、过滤芯托架等组成，如图1-21所示。

图1-21 滤清筒结构图

1—筒盖；2—连接卡箍；3—网孔板；4—过滤芯子；5—过滤芯托架；6—筒体；7—O形密封圈

筒体与筒盖采用连接卡箍进行连接，筒体与筒盖之间的橡胶O形圈可防止筒内压力空气外泄。由不锈钢丝网带缠绕组成的过滤芯子穿装在过滤芯托架上，并通过两端板网孔夹紧组成高效的气液过滤网，过滤网的上部和下部均为膨胀气室。滤清筒通过焊接在筒体背面的两个安装座安装在干燥器安装钢架上，筒体的正面还安装了恒温器。

③ 电动排泄阀。

电动排泄阀由一个TFK$_{1B}$型电空阀（称为排泄电空阀）和一个柱塞式排泄阀组成，如图1-22所示。

柱塞式排泄阀由阀体、活塞、活塞杆、活塞复原弹簧、上端盖、下阀盖、排气阀、橡胶O形圈等组成。其阀体上有已安装棒形加热元件的内孔，另外还有一些暗道，作为内部气路。

由于阀体还起到管座的作用，故有三条气路连接管：一条为左边气路，可经塞门与滤清筒底部相连通，是再生阶段排泄空气的通路；另一条为右边气路，可与消音器相连通，再生阶段的排泄空气经此通路排入大气；还有一条前连气路为 Dg10 管座，由此向阀体外，经管子与再生风缸相通，并经阀体内暗道、电空阀、阀体暗气路、上盖与活塞的上气室沟通，这是控制活塞动作的空气通路。

图 1-22 电动排泄阀

1—TFK$_{1B}$型闭式电空阀；2—排气阀；3—下端盖；4—阀体；5—活塞杆；
6—活塞复原弹簧；7—活塞；8—上端盖；9—O 形密封圈

④ 干燥止回阀。

干燥止回阀用法兰盘固定在干燥筒的底部，其结构如图 1-23 所示（图示位置与实际安装位置相差 180°）。

通过干燥筒的干燥空气，推开止回阀阀片，从干燥止回阀内侧的气路输入总风缸。当止回阀阀片上、下侧的压力均衡时，在弹簧的作用下，止回阀片关闭阀口；当总风缸内压力低于干燥筒侧压力时，干燥止回阀又开启。

⑤ 消音器。

消音器是为了消除干燥器在再生阶段排气时产生的尖锐刺耳的噪声而设置的。消音器内的填料为 6 层间隔放置的穿孔板。

⑥ 塞门。

在滤清筒至电动排泄阀之间设有一个塞门，平时处于常开位。在机车运行途中，若发生因排泄阀关闭不严而排气不止时，可关闭此塞门，以防压力空气泄漏，待处理正常后再开放。该空气干燥器作用正常时，不得随意关闭此塞门，否则将使吸附剂过早失效。

图 1-23 干燥止回阀结构图

1—止回阀体；2—弹簧托；3—止回阀弹簧；
4—止回阀阀片；5—橡胶垫；6—压圈

⑦ 电动排泄阀的防冻装置。

该防冻装置的作用是为了防止管路和阀冻结而设置的，它包括控温器、感温元件盒和加热元件等部分。电动排泄阀及防冻装置电路连接如图 1-24 所示。

图 1-24 电动排泄阀及防冻装置电路连接图

从图 1-24 所示的连接图可以看出，空气干燥器要求机车提供 3 根电源线：一根为 DC 110 V 电源正极线，经常带电，提供给防冻装置，接控温器 1 号端子；另一根为 DC 110 V 电源负极线，接恒控器 2 号端子；第三根为 DC 110 V 电源正极线，当空气压缩机启动运转时失电，空气压缩机停止运时得电，提供给排泄电空阀，连接电空阀接线端子。

（2）DJKG-A 型空气干燥器的工作原理。

① 吸附干燥过程。

如图 1-19（a）所示，当空气压缩机运转时，饱和湿空气由空气压缩机出风口经过冷却管冷却后进入滤清筒，压力空气中的油雾、水分、尘埃、机械杂质被高效气液过滤网拦截捕获，然后除去凝结水、油雾、水分、尘埃、机械杂质的饱和湿空气进入干燥筒内，通过吸附剂的作用，其水蒸气分子被吸附而获得洁净干燥的压力空气。这些干燥空气经过干燥筒的底部的干燥止回阀向机车总风缸输送，同时还经节流孔向再生风缸充风。当空气压缩机停止运转时，该吸附干燥过程结束。在此过程中，排泄电空阀失电，排泄阀口关闭。

② 再生过程。

如图 1-19（b）所示，当空气压缩机停止运转时，控制电路使排泄电空阀得电，再生风缸内压力空气进入排泄阀活塞上部，克服活塞弹簧反力，推动活塞及活塞杆下移，打开排泄阀口。这时，滤清筒、干燥筒以及空气压缩机出风口至干燥筒管道内的压力空气连同油、水分、尘埃、机械杂质经开放的排泄阀口，再经消音器排入大气。同时，再生风缸内的干燥压力空气通过干燥筒底部的节流孔膨胀成为接近大气压力的超干燥空气，并朝着与吸附干燥过程相反的流向通过吸附剂，将吸附剂吸附的水蒸气分子几乎全部带出，经排泄阀口、消音器排入大气，使吸附剂重新恢复干燥状态。当再生风缸内压力空气的压力降至约 30 kPa 时，排泄阀内的活塞弹簧推动活塞及活塞杆上移，关闭排泄阀口，再生过程结束。

5. 无负载启动电空阀

在主空气压缩机出风管与止回阀间接有启动放风管路。该启动放风管路受无负载启动电空阀控制，而该电空阀受主空气压缩机组控制电路的控制。无负载启动电空阀采用 TFK$_{1B}$ 型电空阀，其进风口接放风管，出风口通大气。

无负载启动电空阀用于在主空气压缩机启动之初，排放主空气压缩机出风管与止回阀之间的压力空气，以改善主空气压缩机的启动工况。即空气压缩机启动前，无负载启动电空阀得电，使止回阀前的一段管路一直与大气沟通；当主空气压缩机启动后 3 s 内仍继续排空，待延时 3 s 后无负载启动电空阀失电，关闭排风口。

五、辅助空气压缩机组

SS 系列电力机车设有辅助空气压缩机组，作为备用风源使用。辅助空气压缩机组由辅助空气压缩机、直流电动机（DC 110 V）及其安装底座等组成，其目的在于解决长期停放机车的总风缸或控制风缸压力较低时不能可靠升起受电弓和闭合主断路器的用风问题。

如前所述，主空气压缩机组的供电电源为三相交流电（AC 380 V），而电力机车上的三相交流电是通过受电弓、主断路器从供电接触网引入，并经主变压器降压、劈相机分相后得到的，而且受电弓和主断路器的工作风压≥450 kPa。因此，对于长期停放的机车，由于空气管路系统的泄漏问题，难免造成风压不足，使机车无法升受电弓和合主断路器，导致机车不能正常工作。

在这种情况下，可通过机车蓄电池直流供电系统主启动辅助空气压缩机组，为受电弓、主断路器提供压力空气，以确保机车投入正常工作。

SS$_4$ 改进型电力机车采用 CA-10/Z$_2$-22 型辅助空气压缩机组，SS$_8$ 型电力机车采用 CY-252/Z$_2$-22 型辅助空气压缩机组。它们的结构和作用原理基本相同，而参数有所差异。

CA-10/Z$_2$-22 型辅助空气压缩机组主要由 CA-10 型空气压缩机和 Z$_2$-22 型直流电动机组成。其中，CA-10 型空气压缩机为直立双缸一级压缩活塞式空气压缩机，当转速为 1 350 r/min 时，排气量大于 42 L/min，工作气压为 700 kPa，轴功率为 1.1 kW。Z$_2$-22 型直流电动机从机车蓄电池获取 110 V 直流电能，通过联轴器直接驱动 CA-10 型空气压缩机。CA-10 型辅助空气压缩机结构如图 1-25 所示。

CY-252/Z$_2$-22 型辅助空气压缩机组主要由 CY-252 型空气压缩机和 Z$_2$-22 型直流电动机组成。其中，CY-252 型空气压缩机为立式双缸单级压缩空气压缩机，转速为 800～1 200 r/min，工作排气压力为 700~900 kPa。Z_2-22 型直流电动机从机车蓄电池获取 110 V 直流电能，通过联轴器直接驱动 CY-252 型空气压缩机。

图 1-25　辅助空气压缩机

1—油封；2—连杆；3—气缸体；4—气缸盖；5—气阀；6—活塞；7—曲轴箱；8—轴承；9—曲轴；
10—后盖；11—进油接头；12—底盖；13—回油接头；14—出气接头；15—滤尘器

辅助空气压缩机只作辅助性短时运转，采用附加油杯注油润滑，为保证辅助空气压缩机正常运用，应定期从连接进油接头的附加油杯注入足够的压缩机油，以便运转时利用曲轴转动形成飞溅油滴进行润滑。

任务三　电制动和直通自动式制动

一、电制动的必要性和基本要求

1. 电制动

从能量的观点上看，制动的本质就是将列车已有的动能转移走。制动系统转移动能的能力称为制动功率。现代化的交通车辆的速度都非常高，这样大的制动功率如果仅仅以一种机械制动的方式——摩擦方式来承担，无论从哪方面都是行不通的。

目前，常采用的机械摩擦制动方式是闸瓦制动，又称为踏面制动。在制动时，将闸瓦压紧车轮的踏面，使车轮踏面与闸瓦之间发生滑动摩擦以使车轮产生制动力矩。列车动能通过轮瓦之间的摩擦转化成热能，再经过车轮、闸瓦和钢轨热导传递，散发到大气中去。但是热能散发速度与动能转化热能的速度相比要慢得多，因此热能在闸瓦和车轮踏面间集聚，温度急剧升高，严重时高温可熔化闸瓦或烧灼踏面。因此，采用踏面制动的制动功率有一定的局限。

闸瓦与车轮踏面摩擦后会产生粉尘和热量，对环境有严重的污染，特别是这些粉尘和热量集聚在通风条件不好的隧道内，对乘客和车辆的设备产生严重影响。而且，频繁和过量地使用摩擦制动，将使闸瓦更换频繁，车辆踏面的维修大量增加。这样不仅维修的成本非常高，车辆维修的时间也很长，车辆的使用寿命也会下降。与闸瓦制动相似的盘形制动对环境污染情况也大致如此。因此，如果仅仅靠机械摩擦制动的方式转移列车的动能，将为其制造出的粉尘环境污染和制动执行装置的维修成本付出极大的代价。

为了减少摩擦制动，应尽量采用无污染的制动方式。目前，最好的制动方式是使用电气制动。由于现代城市轨道交通车辆一般都是电力牵引的动车组，采用直流或交流电动机作为牵引动力，所以电气制动已成为主要的制动方式。电动车组中既有动车，又有拖车，除了拖车没有电动机需要摩擦制动外，所有动车都可以采用电气制动，而且可以给拖车承担部分制动力。

2. 电制动的基本要求

一个安全可靠的电制动（动力制动）系统应满足以下基本要求：

（1）具有机械的稳定性。即电制动时，如果列车速度增加，制动力也应随之增加。

（2）具有电稳定性。电制动时如果发生瞬时电流波动，系统能自动恢复原来的平衡状态。

（3）各台电动机的制动力应相等。

（4）制动过程中无论外界条件有什么瞬时变化，如电网电压波动、黏着条件变化以及人为的调节等，都不应产生大电流的冲击和制动力的冲击。

（5）电气制动电路的设计力求简单。

3. 再生制动

（1）再生制动电路。

在各种形式的制动中，电气制动是一种较理想的动力制动方式，它是建立在电动机的工作可逆性基础上的。在牵引工况时，电动机从接触网吸收电能，将电能转换为机械能，产生牵引力，使列车加速或在上坡的线路上以一定的速度运行；在制动工况时，列车停止从接触网受电，电动机改为发电机工况，将列车运行的机械能转换为电能，产生制动力，使列车减速或在下坡线路上以一定的限速度运行。

车辆进行电气制动时，首先应该是再生制动，即向供电网反馈电能。如果接触网电压过高或同一供电区段无其他车辆吸收反馈能量，则电路转为电阻制动，把能量消耗在电阻器上。

图 1-26 所示为上海地铁一号线直流制列车的再生制动示意图。该列车主电路采用直流斩波器调压和串接直流电动机方式（直流斩波器调压和串接直流电动机的牵引方式将在列车牵引技术课程中讲述，这里只介绍制动工况）。

图 1-26　直流制列车的再生制动示意图

当一个直流斩波器控制的"两串两并"4个电动机的主电路由牵引工况转换成电制动工况时，原先的各自电枢和励磁绕组串联的两个支路，现在转换成交叉励磁，也就是电动机自己的励磁绕组去激励另一支路的电动机电枢，而另一支路电动机的励磁绕组来激励本机电枢。采用这种交叉励磁方法的目的是提高电路的电气稳定性。虽然这种交叉励磁电路看起来具有他励（对每一组的电枢绕组而言）的性质，但由于电动机型号和参数相同，实际上还是具有串励的特性，因为励磁绕组与电枢还是串联连接，只不过不是同一电动机。在制动回路中还需接入一个预励磁电路，因为当回路由牵引工况转为制动工况时，原先剩磁方向必须改变，为此必须对电动机预先他激励磁，以便使电动机建立起发电机工况的初始电压。

再生制动电路工作时，斩波器导通，制动电流流过各个电动机电枢、励磁线圈、平波电抗器（1L3）和制动电阻，使电动机建立起电枢电势，从而使平波电抗器也建立起感应电势；当斩波器关闭，电路通过二极管（V5）续流，电枢电势与平波电抗器上的感应电势（此时感应电势的方向改变）叠加，向电网馈电。如果这时电网上有负载（如本列车的辅助电源）或其他列车在附近，则可以作为负载吸收电能，再生制动成功；如果电网不吸收电能，网压太高，则再生制动失败，由制动电阻吸收电能，转为电阻制动。在最近的十几年，由于城市轨道交通车辆乘坐舒适性的提高，列车客室空调消耗的能量已大大增加，客室内乘客服务设施（如报站显示器、广告电视屏）的耗能也日渐增多，使得列车辅助电源用量大为增加。因此，再生制动的能量被本车辅助电源消耗吸收的比例已占到80%左右，而反馈到电网上可供其他列车使用的能量已经很少了。这样一来，再生制动的节能效果非常明显，而由制动电阻消耗的能量也相对减少了。

从上述内容中可以看到，实施再生制动必须满足以下两个条件：

① 再生（反馈）电压必须大于电网电压。

② 再生电能可由本列车的辅助电源吸收，也可以由同一电网的其他列车吸收，这一条件不能由再生制动车辆自己创造，而取决于外界运行条件。

（2）电阻制动。

再生制动失败，列车主电路会自动切断反馈电路转入电阻制动电路。这时由列车运行动能转换成的电能将全部消耗在列车上的电阻器中，转变为热能散发到大气中去。因此，电阻制动又称为能耗制动。

图1-27所示为一个直流斩波控制电阻制动电路。斩波控制器（GTO）按制动控制指令不断改变导通角，调节制动电压和电流的大小。电路中的电阻（R7~R9）也根据制动电流调节需要，按照车速的逐步降低而逐级短接，最后全部切除。

图1-27 直流制列车的直流斩波控制电阻制动电路

在常规电阻制动中，电动机的电枢电流随着机车速度的减小而减小，机车轮周制动力也随着机车速度的变化而变化。加馈电阻制动就是为提高机车在低速运行时的轮周制动力，从电网中吸收电能，补足到电动机的电枢电流中去，以获得理想的轮周制动力。其优点：一是加宽了调速范围，最大制动力可以延伸至接近零；二是能较方便地实现恒制动力控制。目前，大部分电力机车都采用这种制动方式。

一般来说，相控机车上不另设加馈电源，而是使用牵引时整流调压电路在制动工况作为加馈电源。

在加馈区制动时，只需调节半控整流电路中晶闸管的移相角即可调节加馈电源输出，及时补足制动电流，维持制动电流不变。

从理论上讲，加馈电阻制动可以使机车制停。而实际上由于牵引电动机整流器不允许静止不动长时间通过额定电流，以防止整流器过热而烧毁。故机车速度低于一定值时，就切除加馈制动，改用空气制动制停机车。

一般每个动车都安装有制动电阻器箱，里面装有足够的制动电阻。电阻材料一般采用合金带钢条，这种合金带钢条不仅具有稳定的电阻率，而且具有相当大的热容性。电阻带分阻安装在由电磁瓶绝缘的铁架上，电阻带之间留有很大的通风空间。为了尽快将电阻制动产生的热量散发出去，制动电阻器箱的一端装有大功率的通风机。通风机转速非常高，排风量很大。强迫风冷可以使电阻带的温度迅速下降。但是热量会散发到隧道中，使隧道中的温度升高，这对地下车站的空调环境很不利，夏季大大增加了通风和空调的电费支出。电阻制动会造成车辆能量和车站能量的双重浪费。而且，电阻带产生的高温明火会引起列车其他设备或者电缆的燃烧，给列车运行安全带来了潜在危险。所以要尽量减少电阻制动，提高再生制动。

二、直通自动式制动

直通自动式空气制动机的结构如图 1-28 所示。

图 1-28　直通自动式空气制动机的结构

1—空气压缩机；2—总风缸；3—总风缸管；4—制动阀；5—制动管；6—制动缸；7—基础制动装置；
8—制动缸缓解弹簧；9—制动缸活塞；10—闸瓦；11—制动阀 Ex 口；12—车轮；13—定压风缸；
14—副风缸；15—给气阀；16—三通阀排气口；17—排气阀口；18—进气阀口；
19—进排气阀；20—制动缸压力活塞；21—主活塞；22—单向阀

直通自动式空气制动机与自动式空气制动机在制动机的组成上基本相同，只增加了一个定压风缸 13。但其三通阀的结构原理与自动式空气制动机的三通阀有较大的区别，直通自动式空气制动机三通阀的主控机构由大小两个活塞组成，它的动作是由制动缸压力活塞上侧的制动缸压力，主活塞上、下两侧的制动管压力和定压风缸的压力三者的差别与平衡来控制的，属于三压力机构阀。直通自动式空气制动机具有 4 个作用工况，即制动缓解位、制动位、制动中立位和缓解中立位。

直通自动式空气制动机的特点如下：
① 能阶段制动和阶段缓解。同时，制动管要充到定压，制动缸才能完全缓解。
② 具有制动力不衰减性。即在制动中立位或缓解中立位时，当制动缸压力因泄漏等原因而下降时，三通阀能自动补充压缩空气，使制动缸压力保持原值。

任务四　空气压缩机维护、压力控制器调整与调节

一、VF-3/9 型空气压缩机的维护与保养

运用过程中，要注意对 VF-3/9 型空气压缩机进行经常性维护和保养。
（1）应经常检查润滑油油位，及时补充润滑油。
（2）每班在空气压缩机启动后检查润滑油压力，应为 150～350 kPa。
（3）新空气压缩机运转 50 h 后需更换全部润滑油，以后每运转 500 h 更换全部润滑油。
（4）每运转 500 h 检查并更换消声器中的纸质滤芯，检查并清洗气阀和滤油器，对易损零件阀片、弹簧、活塞环应及时更换。
（5）每运转 1 000 h 检查和清洗油泵。
（6）每班应开启中间冷却器的排水阀两次。
（7）润滑油应采用 N68、N100 号压缩机油或者 13#（冬季）、19#（夏季）压缩机油。
（8）应定期检查空气压缩机上的螺栓、螺母等紧固件有无松动，检查各处是否存在泄漏，并定期校验检查油泵油压表。

二、压力控制器的调整与使用

1. 安装与调整方法

（1）打开表盖，将压力控制器垂直安装在安装板上，严禁用手拨动或用工具碰撞拨臂。
（2）旋下接头，将外径为 6 mm 的金属导压管（6×1 紫铜管）的一端锡焊于接头体上，然后旋紧接头，使连接管密封，将被控压力空气经导压管通入波纹管室。
（3）将导线连接在接线端子上。如果被控压力空气的压力需下降至下限设定值时，电路切换连通，应接 1 和 3 点；否则应接 1 和 2 点。机车上使用的压力控制器，导线应接 1 和 3 点。
（4）复查安装是否妥当，装好表盖，接通电源。
（5）取下锁紧螺帽，用一字螺丝刀旋动调节杆，使指针指在所需控制的下限设定值，然后拧紧锁紧螺帽。
（6）用手旋动差动旋钮以获得需要的切换差，即被控压力空气的压力上限设定值。

2. 调整注意事项

（1）差动旋钮上的数字以及调节杆和指针在标尺牌上的数值仅表示上、下限设定切换值的大小，而非实际值，实际值由标准压力表（即司机室内总风压力表）读取。

（2）若欲控制压力空气不超过某一给定的压力范围，应先调下限设定值（调整调节杆，使指针在该压力值上），后调上限设定值（调整差动旋钮，使压力上升至该压力值时开关切换）。

（3）根据压力控制器的使用情况，进行定期校对调整。

3. 调整示例

欲控制总风缸内压力空气的压力保持在 750~900 kPa，则应先接通空气压缩机组的控制与工作电源，并开通总风缸与波纹管室的气路。

旋动调节杆，使指针指示下限 0.75 MPa，闭合司机操纵台面上的空气压缩机按键，这时空气压缩机组应启动，压力空气的压力上升。当空气压缩机组自动停机后，设法降低总风缸内压力空气的压力，反复旋动调节杆，使空气压缩机组在总风缸内压力空气的压力为（750±20）kPa 时准确启动；当下限设定值调定在（750±20）kPa 后，再反复旋动差动旋钮，使空气压缩机组在总风缸内压力空气的压力达（900±20）kPa 时准确停机。这样反复旋动调节杆与差动旋钮，控制空气压缩机组的启动和停机，就能控制总风缸内压力空气的压力，使其保持 750~900 kPa。

【思考与练习】

1. 电力机车风源系统由哪些部分组成，各部分的作用是什么？
2. SS_4 改进型和 SS_8 型电力机车的风源系统各有什么特点？
3. 简述 3W-1.6/9 型空气压缩机的结构和工作原理。
4. 简述辅助空气压缩机的作用和使用时机。
5. 简述压力控制器的结构和工作原理。
6. 简述空气干燥器的工作原理。
7. 空气压缩机有哪些附件？各有什么作用？

项目二　DK-1型机车制动机的控制及阀类部件的维护与调试

【项目描述】

电空制动机是指以电信号作为控制指令，压力空气作为动力源的制动机。在自动空气制动机的工作过程中，由于空气波和制动波的存在，不可避免地导致列车中各车辆制动的不同时性，从而造成列车制动时的纵向动力作用。特别是随着列车运行速度和牵引质量的大大提高，这一问题愈加突出，甚至已成为制约铁路运输发展的主要矛盾之一。电空制动机的问世，为解决和缓解这一矛盾开辟了新的途径。

DK-1型电空制动机作为机车制动机应用于国产SS系列电力机车上，其工作过程满足自动空气制动机的基本作用原理，即"制动管充风→制动机缓解，制动管排风→制动机制动"。DK-1型电空制动机的使用，虽然没有从根本上解决由于空气波和制动波的存在而造成的列车制动时纵向动力作用的问题，但是已能简便地与列车安全运行监控记录装置自动停车功能、动力制动系统等配合，并为列车的自动控制创造了条件。

本项目着重介绍SS_4改进型、SS_8型电力机车DK-1型电空制动机，分为4个任务：机车制动缸压力变化的控制、制动管压力变化的控制、均衡风缸压力变化的控制、制动机的日常试验与列车制动系统的模拟操纵。

【学习目标】

（1）掌握分配阀均衡部的构造与容积室压力变化和机车制动缸压力变化的控制关系；
（2）掌握分配阀主阀部的构造与制动管压力变化和容积室压力变化的控制关系；
（3）掌握分配阀在各工作位置时各部件的动作和连通的气路；
（4）掌握紧急增压阀的构造和紧急增压作用；
（5）掌握空气制动阀的构造和在"电空位"时对容积室压力变化的控制作用；
（6）掌握双阀口式中继阀的构造与制动管变化和均衡风缸压力变化的控制关系；
（7）掌握总风遮断阀的构造与总风遮断阀对制动管风源的开关控制作用；
（8）掌握电动放风阀的构造和在紧急制动时的放风作用；
（9）掌握紧急阀的构造和紧急阀在各个工作位置时的作用；
（10）掌握压力开关的构造和作用；
（11）掌握电空阀的构造和工作原理及DK-1型电空制动机上各电空阀的功用；
（12）掌握电空制动控制器的构造和工作原理及电空制动控制器闭合表的识读；
（13）掌握紧急空气制动阀的构造和在各个工作位置时的作用；
（14）掌握自动制动作用各工作位置下制动系统的工作过程和产生的作用；
（15）掌握单独制动作用各工作位置下制动系统的工作过程和产生的作用；
（16）掌握"空气位"制动作用各工作位置下制动系统的工作过程和产生的作用；
（17）掌握制动机的日常试验及列车制动系统的模拟操纵；
（18）掌握DK-1型电空制动机操作运用故障的判别和处理及主要零部件故障的分析和处理。

【知识前导】

一、DK-1 型电空制动机的特点

DK-1 型电空制动机采用电信号传递控制指令和积木式结构，具有以下特点：

（1）双端（或单端）操纵。在双端操纵的一节式 SS_1、SS_3 及 SS_8 机车上设置一套完整的双端操纵制动系统；而在八轴两节重联式 SS_4 改进型电力机车上设置两套完整的单端操纵制动系统，每节机车可以单独使用，并且通过重联装置使两节机车或多节机车重联运行。

（2）非自动保压式。DK-1 型电空制动机制动减压量随着操纵手柄停留在"制动位"时间的增长而增加，直到过量减压。操作中，若不需要产生过量减压量，则当减压量达到所需减压量时，必须将手柄由"制动位"转换到"中立位"进行保压。

（3）失电制动。当电气线路或电器因故障而失电时，DK-1 型电空制动机将立即进入常用制动状态而实施制动，以保证列车的运行安全。

（4）结构简单，便于维修。将 DK-1 型电空制动机主要阀类零部件的整体式的滑阀结构改成组合结构，使单件结构简化，通用件增多。

（5）与机车其他系统配合。目前，DK-1 型电空制动机能够与列车运行监控装置、动力制动系统、速度分级控制系统等进行配合，以适应高速、重载列车的运行需要。

（6）控制车列电空制动机。随着车列电空制动机的装车使用，DK-1 型电空制动机可以较方便地对车列电空制动机实施有效控制。

（7）兼有电空制动机和空气制动机两种功能。正常工作时，作为电空制动机使用；当电气线路发生故障时，故障转换装置可将其转换成空气制动机使用，以维持机车故障运行。

二、DK-1 型电空制动机的性能

DK-1 型电空制动机具有良好的灵活性和适应性，其主要性能如表 2-1～2-3 所示。

表 2-1　单独制动性能

序号	项　目	技术要求
1	全制动时制动缸最高压力/kPa	300
2	制动缸压力自零升到 280 kPa 的时间/s	≤4
3	缓解位，制动缸由 300 kPa 降至 40 kPa 的时间/s	≤5

表 2-2　自动制动性能（制动管定压 500 kPa）

序号	项　目	技术要求
1	初制动制动管减压量/kPa	40～50
2	运转位，制动管由零充至 480 kPa 的时间/s	≤9
3	均衡风缸自 500 kPa 常用减压至 360 kPa 的时间/s	5～7
4	常用全制动时，制动缸最高压力/kPa	340～380
5	常用全制动时，制动缸升至最高压力的时间/s	6～8
6	运转位，制动缸压力由最高缓解至 40 kPa 的时间/s	≤7
7	紧急位，制动管压力由定压排至零的时间/s	≤3
8	紧急位，制动缸最高压力/kPa	≤450±10
9	紧急位，制动缸压力升至 400 kPa 的时间/s	≤5

表 2-3 辅助性能

序号	项 目	技术要求
1	在"紧急位"时，切除动力	牵引手柄有级位切除，无级位不切除
2	列车分离（断钩、拉紧急制动阀）保护	切除机车动力源，切除制动管补风，机车发生紧急制动
3	制动管折角塞门关闭的判断	可对机后 15 节以内车辆制动管的折角塞门关闭与否进行判断
4	失电	常用制动
5	自动停车	与机车自动停车功能配合，实施紧急制动
6	与动力制动协调配合	动力制动初始时，自动产生空气制动，制动管减压 40～50 kPa，25～28 s 后，空气制动自动消除，机车保持动力制动，并可实现空电联合制动

三、DK-1 型电空制动机的组成

DK-1 型电空制动机由电气线路和空气管路两部分组成。根据 DK-1 型电空制动机的安装情况，可将其分为操纵台部分、电空制动屏柜部分及空气管路部分。

1. 操纵台

操纵台部分主要包括司机操纵台和副司机操纵台。

（1）司机操纵台。

在司机操纵台上设有电空制动控制器、空气制动阀、压力表、充气及消除按钮。

① 电空制动控制器（俗称大闸）：操纵部件，用来控制全列车的制动与缓解。

② 空气制动阀（俗称小闸）：操纵部件，在正常情况下，用来单独控制机车的制动与缓解。电控部分出现故障时，经相应转换后，空气制动阀可控制全列车的制动与缓解。

③ 压力表：在司机操纵台上设置有两块双针压力表，其一显示总风缸、均衡风缸的压力，其二显示制动管和制动缸的压力。

④ 充气及消除按钮：用于在开车前检查制动管折角塞门是否开通。SS_8 型电力机车根据准高速客运机车的工作特点，取消了充气、消除按钮。

（2）副司机操纵台。

副司机操纵台设置有紧急停车按钮和手动放风塞门。

① 紧急停车按钮：设在副司机操纵台仪表架上，当副司机发现有危及行车安全和人身安全的情况，又来不及通告司机时，可直接按下紧急停车按钮，全列车产生紧急制动。该按钮为一蘑菇形按钮，松开后不能自动复位。

② 手动放风塞门（121 或 122）：设在司机室右侧壁附近的制动管支管上。当制动机失效时，可使用手动放风塞门直接排放制动管内的压缩空气，使列车紧急制动停车。

SS_8 型电力机车副司机台上还设有"停放制动"按钮开关，用于控制机车弹簧止轮器的制动与缓解，防止机车溜行。

2. 电空制动屏柜

电空制动屏柜又称制动屏柜、气阀柜，主要安装有下列部件（见图 2-1、图 2-2）。

图 2-1 SS₄改进型电力机车电空制动屏柜结构图

1—辅助风缸；2—辅助压缩机组；3—电空阀；4—转换阀；5—压力开关；6—中继阀；7—重联阀；8—控制风缸；9—工作风缸；10—紧急阀；11—分配阀；12—电动放风阀；13—压力控制器；14—调压阀；15—双针压力表；16—空电联合制动板；17—中间继电器；18—电子时间继电器

图 2-2 SS₈型电力机车电空制动屏柜结构图

1—辅助风缸；2—辅助压缩机组；3—电子时间继电器；4—钮子开关；5—转换阀；6—电空阀；7—中继阀；
8—压力开关；9—双针压力表；10—风压继电器；11—压力控制器；12—控制风缸；13—工作风缸；
14—紧急阀；15—分配阀；16—电动放风阀；17—平稳控制器；
18—直流接触器；19—插座；20—中间继电器

① 电空阀：中间控制部件，它接收电空制动控制器的电信号指令，控制中继阀、电动放风阀等相关部件，从而实现 DK-1 型电空制动机电气线路与空气管路的联锁作用，以接通或

切断相应气路。

② 调压阀：用来调整来自总风缸的压缩空气，并稳定供给气动部件用风。

③ 双阀口式中继阀：根据均衡风缸的压力变化来控制制动管的压力变化，以实现列车的制动、缓解与保压作用。

④ 总风遮断阀：用来控制双阀口式中继阀的充风风源，以适应不同运行工况的要求。因此，也可将双阀口式中继阀和总风遮断阀统称为中继阀。

⑤ 分配阀：根据制动管压力变化来控制容积室和作用管的压力变化，或由空气制动阀直接控制容积室和作用管的压力变化，以实现机车的制动、缓解与保压作用。

⑥ 电动放风阀：当紧急电空阀 94YV 得电时，使其迅速排放制动管压缩空气，以产生紧急制动作用。

⑦ 紧急阀：用于紧急制动时，加速制动管的排风，同时联动电气联锁，以切除牵引工况下的机车动力。

⑧ 压力开关：气动电器。根据上下气室空气压力的变化，实现相关电路的自动控制。

⑨ 电子时间继电器及中间继电器：用于实现电路的相关联锁和自动控制。

除此之外，制动屏柜内还设有初制风缸、工作风缸、过充风缸、均衡风缸、限制风堵、压力表及各种塞门等。

3. 空气管路

空气管路性能的好坏决定着制动机能否正常、可靠地工作。空气管路主要包括管道滤尘器、截断塞门、管路及管路连接件等。

四、DK-1 型电空制动机的控制关系

DK-1 型电空制动机的工作分为两种工况：电空位（即正常位）工作时，通过操纵电空制动控制器（或空气制动阀）可以控制、实施全列车（或机车）的制动与缓解；空气位（即故障位）工作时，通过操纵空气制动阀可控制、实施全列车的制动与缓解。其各主要部件的控制关系如下：

1. 电空位操纵

（1）控制全列车。

电空制动控制器→电空阀→均衡风缸→中继阀→制动管─┬→机车分配阀→机车制动缸
　　　　　　　　　　　　　　　　　　　　　　　　　└→车辆制动机

（2）控制机车。

空气制动阀→作用管→机车分配阀→机车制动缸。

2. 空气位操纵

（1）控制全列车。

空气制动阀→均衡风缸→中继阀→制动管─┬→机车分配阀→机车制动缸
　　　　　　　　　　　　　　　　　　└→车辆制动机

（2）控制机车。

空气制动阀（下压手柄）→作用管→机车分配阀→机车制动缸。

3. 重联机车操纵

本务机车制动缸→本务机车重联阀→平均管→重联机车重联阀→重联机车作用管→重联机车分配阀→重联机车制动缸。

【学习任务】

任务一 机车制动缸压力变化的控制

机车制动缸压力变化的控制关系如下：

（1）制动管压力变化→分配阀→机车制动与缓解；

（2）作用管压力变化→分配阀的均衡部→机车单独制动与缓解。

DK-1型电空制动机的分配阀采用109型机车分配阀。由DK-1型电空制动机控制关系可知，109型机车分配阀，不仅可以由电空制动控制器（或空气制动阀在空气位下）的操纵来控制，而且还可以由空气制动阀在电空位下的操纵来实现单独控制机车制动缸压力变化。

一、109型机车分配阀

109型分配阀由主阀部、均衡部、紧急增压阀、安全阀及阀座等部分组成。其中，主阀部、均衡部和紧急增压阀为109型分配阀的主要气动部分，且三者共用一个阀体，成为相互独立的组合体，如图2-3、图2-4所示。

图2-3 109型分配阀

1—主阀部；2—均衡部；3—紧急增压阀

图 2-4 109 型分配阀剖面图

109 型分配阀的阀座即是分配阀的三阀组合体和安全阀的安装基座，且内设一个局减室（0.6 L）和一个容积室（1.85 L，并与作用管连通）；又是分配阀与制动管、总风缸管、制动缸管、工作风缸管及作用管 5 条空气管路的连接基座。安全阀采用低压安全阀，用来限定紧急制动时容积室和作用管的最高压力为（450±10）kPa（机车无动力回送时为 200 kPa）。

1. 主阀部

主阀部主要用于根据制动管的压力变化来控制容积室和作用管的充、排风。

（1）构造。

主阀部属于滑阀式空气阀。滑阀式空气阀的工作是通过滑阀座、滑阀和节制阀之间的相对移动，使它们各自的气孔、气槽相对应或相错位，来连通或切断相应气路的，如图 2-5 所示。

图 2-5　109 型分配阀主阀部结构图

1—上活塞；2—活塞压帽；3—密封圈；4—下活塞；5—膜板；6—活塞杆；7—滑阀；
8—滑阀弹簧；9—节制阀弹簧；10—节制阀；11—稳定杆；
12—稳定弹簧；13—稳定弹簧座；14—挡圈

主阀部主要由以下零部件组成：

① 主活塞：传感部件，用于感应主活塞上、下两侧的作用力之差，从而通过活塞杆带动滑阀、节制阀上下移动，以连通或切断相应气路。主活塞主要由上活塞、下活塞、橡胶膜板及橡胶密封圈等组成。

② 主活塞杆：传动零件，用于带动节制阀、滑阀等随主活塞上下移动。

③ 稳定装置：设在主活塞杆下端，又称递动装置，主要由稳定杆、稳定弹簧、稳定弹簧

座及挡圈等组成。用于使主活塞具有一定的稳定性，以防止列车在运行中因制动管轻微泄漏或压力波动而引起意外自然制动，从而加强制动机在缓解状态时的稳定性。

④ 节制阀、滑阀及滑阀座：连通或切断气路的执行零件。如图2-6所示，节制阀、滑阀和滑阀座上设置相应的气路孔、槽，当主活塞通过主活塞杆带动节制阀相对于滑阀以及带动滑阀相对于滑阀座移动时，分别使对应气路连通或切断。节制阀、滑阀和滑阀座各孔槽的用途如下：

a. 节制阀：其工作面上仅设有一个长方形槽A，系滑阀的局减孔 l_6 和局减室入孔 l_7 的联络槽。

b. 滑阀：滑阀上设置下列孔槽。

充气孔 l_4、l_5 —— 与滑阀顶面 g_1 孔相通，用于缓解状态时由制动管向工作风缸充风。

局减孔 l_6 和局减室入孔 l_7 —— 用于局减状态时制动管向局减室降压。

孔 l_8、l_9 —— 原为104型分配阀第二阶段局减用的局减阀孔和局减阀入孔，且两孔在滑阀内部由暗道相通。由于109型分配阀取消了局减阀，因此该两孔已无用。

缓解联络沟槽 d_1 —— 用于缓解状态时容积室经排气孔 d_2 向大气排风（如果156塞门开放）。

孔 r_1 —— 用于制动状态时由工作风缸向容积室充风。

c. 滑阀座：滑阀座设有以下孔槽。

充气孔 l_2 —— 用于缓解状态时由制动管向工作风缸充风。

局减孔 l_3 —— 用于局减状态时制动管向局减室降压。

孔 ju_1 —— 通局减室。

图2-6 节制阀、滑阀及滑阀座

排气孔 d_2 —— 用于缓解状态时容积室向大气排风（如果156塞门开放）。

孔 r_2 —— 用于制动状态时由工作风缸向容积室充风。

节制阀、滑阀与滑阀座的工作面（即接触面）须经研磨加工而成，以保证气路间的密封性，这样不仅增加了制造加工与维修的难度，而且增大了工作过程中三者间相对移动的阻力。这也是滑阀式空气阀的主要特点之一。

⑤ 其他零部件：包括滑阀弹簧、节制阀弹簧等。

主阀部除设在节制阀、滑阀和滑阀座上并由其相对移动而控制的气路外，还有两条重要的气路，这就是制动管经 l_1 孔与主活塞上侧空间连通和工作风缸经 g_2 孔L与主活塞下侧空间连通，如图2-4所示。事实上，主活塞所产生的上下作用力之差就是由制动管和工作风缸的压力空气对主活塞的相互作用而形成的。

（2）作用原理。

主阀部的基本作用原理：根据制动管压力变化在主活塞上产生作用力之差，使主活塞通过主活塞杆带动节制阀或滑阀上下移动，连通或切断相应气路，从而实现容积室和作用管的充、排风。主阀部的工作过程包括以下5个状态：

① 缓解状态。

如图 2-7 所示，当制动管压力增加时，制动管压力空气经孔 l_1 充入主活塞上侧，使主活塞产生向下的作用力之差，并通过主活塞杆推动节制阀、滑阀一起下移到下端。此时，节制阀只连通孔 g_1 与孔 g_2 之间的通路；而滑阀则连通孔 l_2 与 l_5、孔 ju_1 与孔 l_7、孔 l_3 与 l_6、孔 d_2 经槽 d_1 与孔 r_1 之间的通路。所以连通两条气路：一是制动管向工作风缸充风的气路（制动管→l_2→l_5→g_1→g_2→工作风缸），最终使工作风缸充到与制动管相等的压力；二是容积室和作用管向大气排风的气路（容积室→r_2→d_1→d_2→d_3→156 塞门，设 156 塞门开放），最终使容积室内的空气压力排为零。

图 2-7 主阀部的基本作用原理

② 局减状态。

109 型分配阀主阀部局减状态是主阀部制动状态的过渡工作位置。如图 2-7 所示，当制动管正常减压时，工作风缸压力空气来不及（经 g_2→g_1→l_5→l_2）向制动管逆流，使主活塞产生向上的作用力之差，并通过主活塞杆带动节制阀上移，由于稳定装置作用于滑阀上所产生的向上的推力不足以克服滑阀与滑阀座之间的摩擦阻力，所以滑阀保持不动，并且随着主活塞杆的上移而压缩稳定弹簧。此时，滑阀连通的通路与缓解状态时的相同；而节制阀则关闭滑阀顶面的孔 g_1，并开启滑阀顶面的孔 r_1。因此连通两条气路：一是容积室向大气排风的气路；二是制动管向局减室降压的气路（制动管→l_3→l_6→槽 A→l_7→ju_1→局减室），以实现局部减压作用。

所谓局部减压作用（简称局减作用），是指司机控制制动管减压时，由分配阀通过其自身局部减压性能的实现而自动产生的一定量的制动管减压量。分配阀局部减压作用的设置和实施，不仅改善了空气制动机工作中，由于制动管减压量传递损失而造成的后部车辆制动不足，甚至不制动的问题，而且增大了制动波速，提高了全列车制动的同时性，从而减小了列车制动的动力冲击作用。

③ 制动状态。

由于局部减压作用的实现而增大了主活塞向上的作用力之差，所以，主活塞继续上移，并通过主活塞杆带动节制阀、滑阀一起上移（经局减状态动作后，主活塞杆的下肩部已直接作用在滑阀下部，故推动滑阀上移。同时，主活塞杆的上肩部与滑阀脱离接触）。此时，节制阀连通的通路与局减状态时的相同；而滑阀则切断孔 l_2 与孔 l_5、孔 l_3 与孔 l_6 之间的通路，并连通孔 r_2 与 r_1、孔 ju_1 与孔 l_7 之间的通路，因此连通一条气路：工作风缸向容积室充风的气路（工作风缸→g_2→r_1→r_2→容积室），从而使容积室压力升高而工作风缸压力降低，如图2-7所示。

④ 制动后保压状态。

当司机控制制动管停止减压，并且经主阀部制动状态动作使工作风缸压力下降到接近制动管压力时，在稳定装置的稳定弹簧及主活塞、主活塞杆自重作用下，推动节制阀下移，而滑阀保持不动。此时，滑阀连通的通路与制动状态时的相同；而节制阀则切断孔 l_7 经槽 A 与孔 l_6 之间的通路，并关闭滑阀顶面 r_1 孔，从而切断孔 r_1 与主活塞下侧之间的通路；由于节制阀开启滑阀顶面 g_1 孔，因而连通了孔 l_5 与孔 g_2 之间的通路，但因此时滑阀已切断孔 l_2 与 l_5 之间的通路，致使节制阀连通的孔 l_5 与孔 g_2 之间的通路无作用，如图2-7所示。由于 r_1 孔被关闭，工作风缸压力空气不再进入容积室，故使制动机呈制动后保压状态。

综上所述，分配阀主阀部的局减、制动及制动后保压3个状态的动作是连续的，因此，可以将其合为一个工作状态 —— 常用制动状态。

⑤ 紧急制动状态。

施行紧急制动时，制动管急剧减压至零，使主活塞产生较大的向上的作用力之差，并通过主活塞杆带动节制阀、滑阀，经过局减状态和制动状态工作位置后，迅速上移至上端。此时，节制阀连通孔 l_6 经槽 A 与孔 l_7 及孔 r_1 与主活塞下侧之间的通路；而滑阀则连通孔 d_2 与槽 d_1 及孔 r_2 与孔 r_1 之间的通路，如图2-7所示。因此连通一条气路：工作风缸向容积室迅速充风的气路（工作风缸→g_2→r_1→r_2→容积室，且 r_1 与 r_2 间的气路开通截面较大）。

2. 均衡部

均衡部用于根据容积室和作用管压力的增、减，来控制机车制动缸的充、排风。

（1）构造。

均衡部属于阀口式空气阀，主要由以下零部件组成，如图2-8所示。

图2-8 109型分配阀均衡部结构图

1—均衡上盖；2—供气阀弹簧；3—供气阀导向杆；4—阀座；5—空心阀杆；6—膜板；7—上活塞；8—均衡下盖；9—下活塞；10—均衡活塞压帽；11—供气阀；12—滤网；13—阀杆套；14—密封圈；15—缩堵；z_3，z_4—通制动缸；f_4—通供气阀上方的供气室；d_5—大气孔

① 均衡活塞：传感部件，用于感应均衡活塞上、下两侧的作用力之差，从而带动空心阀杆上下移动，以开启或关闭供气阀口（或排气阀口），连通或切断机车制动缸的充、排风气路。均衡活塞主要由上活塞、下活塞、橡胶膜板及橡胶密封圈等组成。

② 空心阀杆：开启或关闭供、排气阀口的执行部件，主要由空心阀杆、O形圈等组成。

③ 供、排气阀机构：用于控制机车制动缸的充、排风气路，主要由供气阀、阀杆套、供气阀弹簧、供气阀导向杆及阀座等组成。其中，供气阀与阀座间构成供气阀口，空心阀杆上端与供气阀间构成排气阀口。

④ 其他零部件：包括缩堵、均衡上盖及均衡下盖等。

均衡部内部各空间分别与4条空气管路连通：

① 均衡活塞下侧与容积室连通；

② 均衡活塞上侧、空心阀杆外侧及供气阀导向杆上侧与机车制动缸连通；

③ 空心阀杆内侧与大气连通；

④ 供气阀上侧（供气室）与总风缸连通。

（2）作用原理。

均衡部的基本作用原理：根据容积室和作用管压力变化在均衡活塞上所产生作用力之差，使均衡活塞带动空心阀杆上下移动，以开启或关闭供气阀口（或排气阀口），从而控制机车制动缸的充、排风，实现机车的制动、缓解及保压。均衡部的工作过程包括以下4个状态：

① 缓解状态。

当容积室压力降低时，均衡活塞产生向下的作用力之差，并带动空心阀杆下移使其脱离与供气阀的接触，从而开启排气阀口；同时，在供气阀弹簧和制动缸原有空气压力作用下，供气阀口关闭，连通机车制动缸向大气排风的气路，实现机车的缓解。

② 缓解后保压状态。

当机车制动缸压力下降到与容积室压力平衡时，由于空心阀杆占去一定面积，致使均衡活塞下侧的压力空气作用面积大于上侧的，所以在均衡活塞上产生一定的向上的作用力之差，从而带动空心阀杆上移并关闭排气阀口，但不足以顶开供气阀口，停止机车制动缸的排风，而呈保压状态。

③ 制动状态。

当容积室压力升高时，均衡活塞产生向上的作用力之差，并带动空心阀杆上移，推动供气阀脱离与阀座的接触，从而开启供气阀口；同时，排气阀口关闭，连通总风向机车制动缸充风的气路，实现机车的制动。

④ 制动后保压状态。

当机车制动缸压力上升到与容积室压力平衡时，在供气阀弹簧及供气阀导向杆上侧压力空气的作用下，关闭供气阀口，但由于均衡活塞下侧的压力空气作用面积大于其上侧的而维持一定量的向上作用力之差，所以不能开启排气阀口，从而停止机车制动缸的充风，呈保压状态。

可见，机车制动缸压力随着作用管压力的变化而变化，并且变化的方向和大小都相同。那么，DK-1型电空制动机为什么要设置容积室和作用管呢？容积室的设置目的是：第一，为机车制动缸的压力变化提供一个标准参量；第二，作为机车制动机，要求其制动缸压力变化既能够接受电空制动控制器的控制，又可以接受空气制动阀的控制。事实上，操纵空气制动阀单独控制机车的制动、缓解及保压就是通过直接控制容积室的压力变化来实现的。

3. 紧急增压阀

紧急增压阀用于紧急制动时，使总风向容积室迅速充风，从而使机车制动缸压力迅速升高，以实现紧急制动。

（1）构造。

紧急增压阀属于柱塞式空气阀。柱塞式空气阀的工作是通过柱塞在柱塞套中轴向的移动，由柱塞上的凹槽来连通或切断相应气路的。对于3种基本类型的空气阀，应注意区别它们的工作特点。

紧急增压阀主要由增压阀柱塞（简称增压阀）、增压阀柱塞套（又称增压阀套）、增压阀弹簧及密封圈等组成，如图2-9所示。

图2-9 109型分配网紧急增压阀结构图
1—增压阀弹簧；2—增压阀套；3，6—密封圈；4—增压阀；5—增压阀盖

紧急增压阀内部各空间分别与3条空气管路连通：

① 增压阀上侧与制动管连通；

② 增压阀下侧及内侧与容积室连通；

③ 增压阀套上孔与总风连通。

（2）作用原理。

紧急增压阀的基本作用原理：根据增压阀所受到的作用力之差，使增压阀在阀套中上下移动，由柱塞凹槽连通或切断总风向容积室迅速充风的气路。紧急增压阀的工作过程包括以下两个状态：

① 紧急制动状态。

实施紧急制动时，制动管急剧减压至零，使增压阀受到向上的作用力之差的作用并上移至上端，由柱塞凹槽连通总风（750~900 kPa）向容积室迅速充风的气路，经低压安全阀工作将容积室压力限定在（450±10）kPa。

② 非紧急制动状态。

不实施紧急制动时，制动管压力不会急剧下降至零，使增压阀受到向下的作用力之差的作用并下移至下端，由柱塞凹槽切断总风向容积室迅速充风的气路。

任务二　制动管压力变化的控制

由本项目任务一可知，DK-1 型制动缸压力变化是由 109 型机车分配阀控制的，109 型机车分配阀的动作是由制动管压力的变化而动作，那么制动管压力变化的控制是怎么控制的呢？

一、双阀口式中继阀与总风遮断阀

由 DK-1 型电空制动机控制关系可知，双阀口式中继阀是操纵电空制动控制器（或空气位下操纵空气制动阀）时的中间控制部件，用来控制制动管充、排风；而总风遮断阀用来控制制动管的充风风源。

双阀口式中继阀和总风遮断阀通过阀座安装于制动屏柜上，并经阀座与总风缸管、制动管、均衡风缸管、过充风缸管、总风遮断阀管 5 条空气管路连接，因此，阀座既是安装基座，又是管路连接基座（简称管座）。

均衡风缸用于储存压缩空气，并以均衡风缸压力变化为控制信号来控制双阀口式中继阀的动作。

1. 双阀口式中继阀

双阀口式中继阀是用来根据均衡风缸的压力变化来控制制动管压力变化的。

（1）构造。

双阀口式中继阀属于阀口式空气阀，就空气阀的结构特点而言，包括阀口式、柱塞式和滑阀式空气阀 3 种基本类型。尽管无论哪种结构特点的空气阀都是以连通或切断被控制的气路为动作目的，但其结构特点不同，则其连通或切断气路的方式也不同。例如，阀口式空气阀是通过控制阀与阀座之间所形成的阀口的开启或关闭来连通或切断气路的。

双阀口式中继阀主要由以下零部件组成，如图 2-10 所示。

1—螺盖；2—供气阀套；
3—供气阀弹簧；4—供气阀；
5—阀体；6—阀座；7—顶杆；
8—排气阀；9—排气阀弹簧；
10—排气阀套；11—内活塞；
12—膜板；13—外活塞；
14—过充盖；15—过充柱塞；
16—排气堵；17—缩堵

图 2-10　双阀口式中继阀结构图

① 活塞膜板（又称膜板活塞）：传感部件，用于感应不同压缩空气间的压力变化，从而带动顶杆左右移动，以开启或关闭排气阀口或供气阀口，最终实现连通或切断排、供气气路。活塞膜板由内、外活塞和橡胶膜板等组装而成。

② 供气阀机构：连通或切断供气气路的执行部件，主要由供气阀、供气阀套、供气阀弹簧及O形橡胶密封圈（简称O形圈）等组成。

③ 排气阀机构：连通或切断排风气路的执行部件，主要由排气阀、排气阀套、排气阀弹簧及O形圈等组成。

④ 顶杆：用来随活塞膜板移动并顶开供气阀口或排气阀口。

⑤ 阀座：为双向阀座结构，分别与供、排气阀形成供、排气阀口。

⑥ 过充柱塞："过充位"快速充风时，产生附加作用力并作用在活塞膜板上，以实现制动管的快速充风，并使制动管得到过充压力。

⑦ 其他零部件：包括阀体、端盖、缩堵、排气堵及橡胶密封件等。

双阀口式中继阀各内部空间分别与5条气路（即管路）连通：

① 过充柱塞左侧空间与过充风缸管连通；

② 活塞膜板左侧空间（称为中均室）与均衡风缸管连通；

③ 活塞膜板右侧及阀座中间的空间与制动管连通；

④ 排气室与大气连通；

⑤ 供气室与经总风遮断阀通过来的总风缸管连通。

（2）作用原理。

双阀口式中继阀的基本作用原理：根据均衡风缸压力变化使作用在活塞膜板两侧的作用力之差产生变化，从而使活塞膜板带动顶杆左右移动，顶开或关闭排气阀口或供气阀口，以连通或切断制动管的排风或供风气路，实现制动管的充、排风。双阀口式中继阀的工作过程包括以下4个动作状态。

① 充气缓解状态。

如图2-11所示，当均衡风缸压力增加时，活塞膜板左侧的压力升高，使其产生向右的作用力之差，因此，活塞膜板带动顶杆右移，并压缩供气阀弹簧推动供气阀右移，从而顶开供气阀口，则由总风遮断阀过来的总风缸压缩空气（以下简称总风，其压力为750~900 kPa）经开启的供气阀口向制动管充风，同时总风经缩堵（ϕ1.0）向活塞膜板右侧充风。

② 缓解后保压状态。

如图2-12所示，随着活塞膜板右侧和制动管压力的增加，逐渐平衡活塞膜板左侧的压力，在供气阀弹簧的作用下，使供气阀推动顶杆、活塞膜板左移，直到活塞膜板两侧压力平衡时，关闭供气阀口，从而切断制动管的充风气路。同时，顶杆、活塞膜板停止左移，不能打开排气阀口，使其处于供、排气阀口均不开启的保压状态。

当制动管发生泄漏时，双阀口式中继阀活塞膜板右侧的压力随之降低，在活塞膜板上产生向右的作用力之差，所以活塞膜板带动顶杆右移，顶开供气阀口，使总风向制动管内补风，同时活塞膜板右侧也得到补风。当活塞膜板右侧及制动管压力补充到与活塞膜板左侧压力平衡时，在供气阀弹簧作用下，关闭供气阀口，到此补风过程完成。可见，补风作用是随着制动管的泄漏而自动进行的。

图 2-11 中继阀充气缓解状态

图 2-12 中继阀缓解后保压状态

③ 制动状态。

如图 2-13 所示，当均衡风缸压力减小时，活塞膜板左侧的压力下降，使其产生向左的作用力之差，因此活塞膜板带动顶杆左移，并压缩排气阀弹簧推动排气阀左移，从而打开排气阀口，则制动管向大气排风，同时，膜板右侧的压缩空气经缩堵、排气阀口向大气排风。

图 2-13 中继阀制动状态

④ 制动后保压状态。

如图 2-14 所示，随着活塞膜板右侧和制动管压力的降低，逐渐平衡活塞膜板左侧的压力，在排气阀弹簧的作用下，使排气阀推动顶杆、活塞膜板右移，直到活塞膜板两侧压力平衡时，关闭排气阀口，从而切断制动管的排风气路。同时，顶杆、活塞膜板停止右移，不能打开供气阀口，使其处于排、供气阀口均不开启的保压状态。

同样，当制动管发生泄漏时，双阀口式中继阀也将进行自动补风作用。由于目前我国绝大多数车辆制动机采用二压力机构分配阀，只具有一次缓解性能，故实际运用中，通过转换装置将自动补风作用切除，以避免发生自然缓解而危及行车安全。

可见，制动管压力随着均衡风缸压力变化而变化，并且变化的大小和方向均相同。那么，为什么司机不直接控制制动管的充、排风，而是通过控制均衡风缸压力变化来控制动管的压力变化呢？

图 2-14 中继阀制动后保压状态

如前所述，又细又长的制动管贯穿于列车的首尾，其充、排风是由司机在机车上操纵实施的，而司机操纵台上反映制动管压力的压力表是连接在机车上的，因此该压力表只能即时反映机车附近的制动管压力，而不是全列车制动管压力的稳定值，如果司机通过直接控制制动管减压量来控制制动力大小来进行操纵的话，容易造成失误。所以，在制动机工作过程中，需设一个较易准确、迅速控制的参量为标准量，使制动管的压力依照该标准量的变化而变化，从而达到准确控制制动管减压量，以控制列车制动力大小的目的。由于均衡风缸容积较集中，并且其容积较小（4 L），因此，均衡风缸压力变化很适合作为标准参量。可见，均衡风缸的设置目的是：以均衡风缸压力变化为标准参量，依此准确地控制制动管减压量，从而达到准确控制列车制动力的目的。

⑤"过充位"快速充风。

为了适应列车运行于长大坡道或长大列车运行时对缓解充风速度的要求，DK-1 型电空制动机设置了"过充位"操纵，以实现列车的快速充风。

如图 2-15 所示，当司机将电空制动控制器手柄置于"过充位"时，连通了总风向过充风缸充风的气路，即过充柱塞左侧压力升高，推动过充柱塞右移，并作用在活塞膜板上，该作用力的大小相当于 30~40 kPa 压缩空气所产生的作用力；同时，连通总风经调压阀 55（用于调整、限定均衡风缸的定压。所谓定压，是指制动机工作过程中，均衡风缸的最高工作压力。有关标准规定，定压可选择 500 kPa 或 600 kPa）、缓解电空阀 258YV 向均衡风缸充风的气路，即活塞膜板左侧压力也升高。在二者共同作用下，活塞膜板带动顶杆迅速右移，顶开供气阀口，并且阀口开启较大，使总风迅速向制动管及活塞膜板右侧充风；当活塞膜板右侧压力及制动管压力与活塞膜板左侧压力平衡时，在供气阀弹簧的作用下，关闭供气阀口。可见，当电空制动控制器手柄置于"过充位"时，经双阀口式中继阀动作，能够实现制动管的快速充风，并使制动管压力得到过充压力，即超过定压 30~40 kPa。

图 2-15 中继阀"过充位"快速充风

如欲消除过充压力，可将电空制动控制器手柄由"过充位"转换至"运转位"，此时，均衡风缸仍保持定压，而过充风缸内的压缩空气经过充风缸小孔（$\phi 0.5$）缓慢排向大气，过充柱塞慢慢左移，使双阀口式中继阀的活塞膜板产生向左的微弱压力差，活塞膜板带动顶杆缓慢左移，微微打开排气阀口，则制动管压缩空气缓慢排出，直到消除过充压力而保持定压为止，从而避免列车产生自然制动。

进一步分析发现：若使双阀口式中继阀活塞膜板两侧沟通，即均衡风缸与制动管沟通，则无法在活塞膜板上形成有效作用力之差，从而不能打开其供、排气阀口，即双阀口式中继阀此时处于自锁状态。显然，使双阀口式中继阀呈自锁状态的条件是使制动管与均衡风缸沟通。

2. 总风遮断阀

总风遮断阀用于控制总风能否通往双阀口式中继阀的供气室,即控制制动管的供气风源。

(1) 构造。

总风遮断阀属于阀口式空气阀,主要由以下零部件组成,如图 2-16 所示。

图 2-16 总风遮断阀结构图

1—遮断阀盖;2—盖胶垫;3—作用弹簧;4—遮断阀套;5—遮断阀弹簧;
6—遮断阀;7—遮断阀胶垫螺母;8—遮断阀体;9—阀座

① 遮断阀机构:用于连通或切断总风通往双阀口式中继阀供气室气路的执行部件,主要由遮断阀、遮断阀套、遮断阀弹簧及 O 形圈等组成。其中,遮断阀套为传感元件,用于感应其两侧的作用力之差,从而带动遮断阀左右移动,以开启或关闭遮断阀口。

② 阀座:单向阀座结构,与遮断阀形成遮断阀口。

③ 遮断活塞弹簧:简称作用弹簧,为遮断阀套的动作提供作用力。

④ 其他零部件:包括阀体、端盖、橡胶密封件等。

总风遮断阀各内部空间分别与 3 条管路连通:

① 阀座右侧空间与总风缸管连通,并经遮断阀中心孔通往遮断阀套右侧空间;

② 阀座左侧空间与双阀口式中继阀供气室连通;

③ 遮断阀套左侧空间与总风遮断阀管连通。

(2) 作用原理。

总风遮断阀的基本作用原理:根据总风遮断阀管压力变化,从而使遮断阀套带动遮断阀左右移动,开启或关闭遮断阀口,以连通或切断总风通往双阀口式中继阀供气室的气路。总风遮断阀的工作过程包括以下两个动作状态:

① 阀口关闭状态。

当中立电空阀 253YV 得电时,总风向总风遮断阀管充风,遮断阀套左侧压力升高,使其产生向右的作用力之差,并带动遮断阀右移而关闭遮断阀口,切断总风通往供气室的通路。

② 阀口开启状态。

当中立电空阀 253YV 失电时,总风遮断阀管向大气排风,遮断阀套左侧压力降低,使其产生向左的作用力之差,并带动遮断阀套及遮断阀左移而开启遮断阀口,连通总风通往供气室的通路。

综上所述,总风遮断阀与双阀口式中继阀共同控制制动管的充风气路,而制动管的排风气路则是由双阀口式中继阀单独控制的。

三、电动放风阀与紧急阀

紧急制动是确保行车安全,避免意外、突发性事故的一种可靠措施。通常,就制动形式而言,包括常用制动和紧急制动。二者的共同点是都接受制动管减压量的控制而实施,区别在于:① 控制和实施紧急制动的制动管减压速度远远大于常用制动的制动管减压速度,同时也提高了空气波速和制动波速,缩短了动作时间;② 紧急制动时的制动管减压量大于常用制动的制动管减压量,减小了由于空气波、制动波传播过程中能量损失而造成的影响;③ 紧急制动时的制动力大于常用制动的制动力。

如前所述,中继阀用来控制制动管的充、排风,但所实现的制动管减压速度不能满足紧急制动的要求。因此,为确保行车安全,适应电空制动机的工作性能,并满足自动停车、车长阀制动及断钩保护的要求,DK-1 型电空制动机中设置了电动放风阀和紧急阀,用来迅速排放制动管压缩空气,提高空气波速和制动波速,可靠实现全列车的紧急制动。

1. 电动放风阀

DK-1 型电空制动机中,设有一个电动放风阀,用来接受紧急电空阀 94YV 得电或失电的控制,经其动作后,连通或关断制动管的放风气路,从而控制紧急制动的实施。电动放风阀在 SS_4 改进型、SS_8 型机车上装设在制动屏柜内。

(1) 构造。

电动放风阀属于阀口式空气阀,主要由橡胶膜板(简称膜板)、铜碗、芯杆、芯杆套、放风阀(简称阀)、放风阀弹簧、阀座等组成,如图 2-17、图 2-18 所示。

图 2-17 电动放风阀

1—紧急电空阀 94YV;2—阀体;3—制动管接管孔;4—总风缸接管孔

图 2-18 电动放风阀结构图

1—上盖；2—放风阀弹簧；3—放风阀；4—阀座；5—芯杆；6—下盖；7—橡胶膜板；
8—铜碗；9—螺钉；10—小孔；11—阀体；12—芯杆套

电动放风阀各内部空间分别与 3 条气路（或管路）连通：

① 放风阀上侧空间经阀体孔（ϕ25.4 mm）与制动管连通；

② 放风阀下侧及铜碗上侧空间经阀体孔（ϕ25.4 mm）与大气连通；

③ 铜碗及膜板下侧空间与紧急电空阀 94YV 的控制气路连通。

（2）作用原理。

电动放风阀的基本作用原理：根据紧急电空阀 94YV 的得、失电，来控制电动放风阀铜碗及膜板下侧空间的充、排风，使橡胶膜板和铜碗带动芯杆上下移动，以顶开或关闭放风阀口，从而控制制动管放风气路的连通与关断。电动放风阀的工作过程包括以下两个动作状态。

① 紧急制动状态。

如图 2-19 所示，当紧急电空阀 94YV 得电时，连通总风经紧急电空阀 94YV 向电动放风阀铜碗及膜板下侧空间充风的气路，橡胶膜板、铜碗推动芯杆上移而压缩放风阀弹簧，顶开放风阀口，连通制动管向大气放风的气路，使制动管压力迅速降低，实现全列车的紧急制动。

图 2-19 电动放风阀紧急制动状态

② 非紧急制动状态。

如图 2-20 所示，当紧急电空阀 94YV 失电时，连通电动放风阀铜碗及膜板下侧空间经紧急电空阀 94YV 向大气排风的气路，在放风阀弹簧的作用下，放风阀推动芯杆、铜碗、橡胶膜板下移，关闭放风阀口，切断制动管向大气放风的气路。此时，制动管的压力变化主要由中继阀控制，实现全列车制动系统的缓解、保压或常用制动。

图 2-20　电动放风阀非紧急制动状态

根据当前行车运用情况，发现电动放风阀的橡胶膜板容易破损而使制动系统失去紧急制动作用，这一点有待改进。但在没有改进前，运用中应注意其放风性能的检查和维修。

另外，为防止紧急制动初期，由于紧急电空阀 94YV 突然失电而造成断钩事故，一部分 SS 机车在电动放风阀上增设延时风缸。延时风缸与电动放风阀铜碗及膜板下侧空间相通，其容积为：① 组合式为 1.0 L，并且缸体上设有 $\phi 0.6$ mm 的排风缩堵；② 分散式为 1.5 L，并且缸体上设有 $\phi 0.8$ mm 的排风缩堵。这样，当紧急制动时，即使紧急电空阀 94YV 突然失电，也不会立即将电动放风阀铜碗及膜板下侧空间和延时风缸内的压缩空气全部排出。即放风阀口不会立即关闭而停止制动管的放风，从而在一定程度上避免了断钩事故的发生。

2. 紧急阀

紧急阀用来接受制动管压力迅速下降的控制，经其动作后，连通制动管的另一条放风气路，从而加速制动管的放风，提高制动波速，并且实现 DK-1 型电空制动机与自动停车、列车分离、车长阀制动、121（122）塞门制动的配合。同时，与电力机车电气线路联锁，用来切除牵引工况机车的动力源，使紧急制动作用更为可靠。紧急阀在 SS_4 改进型、SS_8 型机车上装设在制动屏柜内。

（1）构造。

紧急阀由紧急阀阀体与阀座两部分组成，如图 2-21 所示。阀座又称管座，其内部设一个空腔——紧急室（1.5 L）。

紧急阀属于阀口式空气阀，主要由以下零部件组成，如图 2-22 所示。

图 2-21　紧急阀

图 2-22 紧急阀结构图

Ⅰ—缩孔（φ1.8 mm）；Ⅱ—缩孔（φ0.5 mm）；Ⅲ—缩孔（φ1.0 mm）；1—阀盖；2—密封圈；3—上活塞；4—膜板；5—下活塞；6—螺母；7—活塞杆；8—安定弹簧；9—滤尘罩；10—放风阀座；11—阀上体；12—放风阀；13—放风阀导向杆；14—放风阀套；15—放风阀弹簧；16—顶杆；17—阀下体；18—罩；19—双断点微动开关；20—排风口罩

① 活塞膜板：传感部件，主要由上活塞、下活塞、橡胶膜板等组成，用于感应作用在活塞膜板上、下两侧的作用力之差，从而带动活塞杆上下移动，以关闭或开启放风阀口，切断或连通制动管的放风气路；同时，联动微动开关 95SA 断开或闭合电路 838-839。

② 活塞杆：随活塞膜板上下移动，关闭或顶开放风阀口。值得注意的是，活塞杆轴向中心开一通孔，并设 3 个缩孔：缩孔Ⅰ（φ1.8 mm）、缩孔Ⅱ（φ1.0 mm）、缩孔Ⅲ（φ0.5 mm），用来限制紧急室的充、排风速度。缩孔Ⅰ是在常用制动时，控制紧急室向制动管逆流速度的；缩孔Ⅱ是在充气缓解时，控制制动管向紧急室的充风速度的；缩孔Ⅲ是在紧急制动时，控制

紧急室向大气排风的速度。

③ 放风阀机构：连通或切断制动管放风气路并联动微动开关 95SA 的执行部件，主要由放风阀、放风阀座、放风阀导向杆、放风阀套、放风阀弹簧、顶杆等组成。

④ 微动开关：为双断点微动开关，代号为 95SA，用来控制电路 838-839 的闭合与断开。

⑤ 其他零部件：包括安定弹簧、滤尘罩、排风口罩、密封圈等。

紧急阀各内部空间分别与 3 条气路连通：

① 活塞膜板上侧空间与紧急室连通；

② 活塞膜板下侧及放风阀弹簧侧的空间与制动管连通；

③ 放风阀下侧空间经排气口与大气连通。

（2）作用原理。

紧急阀的基本作用原理：根据制动管的压力变化使作用在活塞膜板上、下两侧的作用力之差产生变化，从而使活塞膜板带动活塞杆上下移动，关闭或顶开放风阀口，以切断或连通制动管的放风气路；同时，联动微动开关 95SA 断开或闭合电路 838-839。由于紧急室经活塞杆上的 3 个缩孔与制动管相通，使紧急室压力随制动管压力变化而变化，那么，活塞膜板是如何形成向下的作用力之差，从而带动活塞杆下移，顶开放风阀口的呢？

如前所述，3 个缩孔的作用是限制紧急室的充、排风速度，所以，尽管紧急室压力随制动管压力变化而变化，但其变化速度小于制动管压力变化的速度，故必然在活塞膜板上产生作用力之差，且该作用力之差正比于制动管压力变化的速度。因此，当制动管压力迅速下降时，在活塞膜板上产生足够的向下的作用力之差，并带动活塞杆下移，顶开放风阀口。紧急阀的工作包括以下 3 个动作状态。

① 缓解状态。

如图 2-23 所示，当制动管压力升高时，活塞膜板下侧压力上升的速度大于上侧的，即活塞膜板产生向上的作用力之差，并带动活塞杆上移至上端，关闭放风阀口，从而切断制动管的放风气路；同时，顶杆不压缩微动开关 95SA，使其断开电路 838-839。与此同时，制动管经缩孔 Ⅰ、Ⅱ 向紧急室缓慢充风，直至两者压力相等为止。

图 2-23 紧急阀缓解状态

② 常用制动状态。

如图 2-24 所示，当制动管正常减压时，活塞膜板下侧压力下降的速度大于上侧的，即活塞膜板产生向下的作用力之差，并带动活塞杆下移，但不足以压缩放风阀弹簧而保持放风阀口关闭，且微动开关 95SA 断开电路 838-839。同时，紧急室经缩孔Ⅰ向制动管逆流，直至两者压力相等，并且在安定弹簧的作用下，使活塞膜板带动活塞杆重新上移至上端。

③ 紧急制动状态。

如图 2-25 所示，当制动管急剧减压时，活塞膜板下侧压力下降的速度远远大于上侧的，即活塞膜板产生较大的向下的作用力之差，并带动活塞杆下移，压缩放风阀弹簧而顶开放风阀口，从而连通制动管的放风气路；同时，推动顶杆下移并压缩微动开关 95SA，使其闭合电路 838-839。与此同时，紧急室经缩孔Ⅰ、Ⅲ向大气排风，当紧急室压力降到某一压力值时，在安定弹簧、放风阀弹簧的作用下，使活塞膜板、活塞杆重新上移至上端；并且放风阀、顶杆也一起上移，关闭放风阀口，切断制动管的放风气路，使微动开关 95SA 重新断开电路 838-839。

图 2-24 紧急阀常用制动状态　　　图 2-25 紧急阀紧急制动状态

可见，紧急阀是根据制动管和紧急室的充、排风速度不同而进行工作的，并且由制动管的压力变化来控制。其放风阀口的开启和微动开关 95SA 闭合电路 838-839 仅保持一定时间。该时间参数主要取决于缩孔Ⅲ孔径的大小，正常工作时调整为 15 s。

通过前面的分析可知，紧急阀放风阀口开启和微动开关 95SA 闭合电路 838-839 的保持时间取决于紧急室压力的排风速度，而紧急室是通过缩孔Ⅰ、Ⅲ进行排风的，并且缩孔Ⅲ的孔径小于缩孔Ⅰ的，因此，改变缩孔Ⅲ孔径的大小，即可达到调整放风阀口开启及微动开关 95SA 闭合电路 838-839 时间的目的。

此外，紧急制动后 15 s 内，若司机进行缓解操纵，则 DK-1 型电空制动机不能可靠实现缓解。这是因为缓解时，制动管是由总风经双阀口式中继阀的供气阀口得到充风的，而紧急制动后 15 s 内，紧急阀放风阀口开启所连通的制动管放风气路大于双阀口式中继阀供气阀口开启所连通的制动管充风气路，所以，若此时进行缓解操纵，则制动管不能得到可靠充风，即制动系统不能实现可靠缓解。

任务三　均衡风缸压力变化的控制

由本项目任务二可知,双阀口式中继阀是操纵电空制动控制器(或"空气位"下操纵空气制动阀)时的中间控制部件,以均衡风缸压力变化为控制信号来控制双阀口式中继阀的动作,从而控制制动管充、排风。那么均衡风缸的压力变化是怎么控制的呢?

一、电空制动控制器

电空制动控制器俗称"大闸",是DK-1型电空制动机的操纵部件。当司机操纵电空制动控制器时,通过控制相关电路的闭合与断开,即产生电信号,来控制全列车制动系统进行制动、缓解与保压。其基本结构、作用原理与司机控制器相似。

1. 构　造

电空制动控制器主要由操纵手柄、凸轮轴组装、静触头组及定位机构等组成,如图2-26所示。

(1)操纵手柄。

电空制动控制器操纵手柄共设6个工作位置,按逆时针排列顺序为:过充、运转、中立、制动、重联及紧急位,并且唯"重联位"方可取出或装入手柄。对于双端操纵的机车,两个电空制动控制器只配备一个操纵手柄,以确保行车安全。

(2)凸轮轴组装。

凸轮轴组装用于随操纵手柄进行同步转动,以控制和实现相应电路的闭合与断开,主要由转轴、轴承、调速垫圈、隔板、动触头等组成。由于该控制器的工作范围小于180°,因此一个凸轮动触头可以与两个对应的静触头构成两对独立的触头组,既减少了凸轮动触头个数,又使其结构紧凑。电空制动控制器共设9个动触头——两个圆形动触头和7个凸轮状动触头,并且这些动触头表面镀银7μm,以提

图2-26　电空制动控制器结构

高其导电性能，如图 2-27 所示。

图 2-27 电空制动控制器凸轮轴组装

（3）静触头组。

静触头组包括 18 个静触头，每个静触头均由触头座、触指、出线座及辅助连接片等组成。18 个静触头分两列安装在一个触头座上，一个凸轮动触头分别与一个或两个静触头构成一对或两对触头组。该电空制动控制器还预留几对触头（没有接线），以供今后发展旅客列车电空制动使用。当操纵电空制动控制器手柄在不同工作位置时，凸轮动触头分别与相关静触头接触或分离，从而使相应的电路闭合或开断，如图 2-28 所示。

图 2-28 动触头接触与分离

通常情况下，用触头闭合表来表示不同手柄位置下相应电路的闭合与断开情况，如图 2-29 所示。

（a）SS₄改进型机车触头闭合表

（b）SS₈型机车触头闭合表（Ⅰ端）

图 2-29 电空制动控制器触头闭合表

识读触头闭合表的要领有以下几点：

① 某一手柄位置下某一对触头组闭合时，则在该手柄位置下方及相应触头组下侧加注"●"表示，不闭合的触头组不加注"●"。

② 静触头连接导线的线号标注在该导线上侧。

由图 2-29 可知，当电空制动控制器手柄在各位置时，其工作结果如表 2-4 所示。

（4）定位机构。

定位机构用来固定电空制动控制器手柄在某一手柄位置上，使其不能轻易滑动而改变手柄的工作位置，避免造成误动作。定位机构主要由棘轮、杠杆、滚轮及弹簧组成。

2. 作　用

电空制动控制器 6 个手柄位置的作用见表 2-4。

表 2-4　电空制动控制器各位置手柄下电路工作情况及作用

手柄位置	得电导线		作　用
	SS₄改进型机车	SS₈型机车	
过充位	803、805、813、836（经405）	803、805、813、836（经466）、853	车辆快速缓解，机车保压
运转位	803、809、813、836（经405）	803、809（Ⅱ端：819）、813、836（经466）、853	正常运行位，全列车缓解
中立位	807、806、813	807、806、813、853	全列车保压
制动位	806、808、813	806、808、813	常用制动位，全列车制动
重联位	821	811（Ⅱ端：811与821连接）	换端操纵、重联（加补）机车位，不控制列车制动系统
紧急位	804、812、806、821	804、812、806、811（Ⅱ端：811与821连接）	紧急制动位，全列车紧急制动

二、空气制动阀

空气制动阀俗称"小闸"，是 DK-1 型电空制动机的操纵部件。空气制动阀用于"电空位"下，单独控制机车的制动、缓解与保压；"空气位"下，控制全列车的制动、缓解与保压。

1. 构　造

如图 2-30 所示，空气制动阀由阀体部分、凸轮盒部分及阀座等组成。

（1）阀座及凸轮盒部分。

① 阀座。

阀座既是空气制动阀的安装基座，又是空气制动阀与制动系统中经调压阀 53（或 54）通过来的总风管（简称调压阀管）、作用管、均衡风缸管 3 条管路的连接基座。

② 凸轮盒部分。

凸轮盒部分主要由操纵手柄、凸轮机构、单独缓解阀及微动开关、接线座等部分组成，如图 2-31 所示。

a. 操纵手柄与凸轮机构：操纵部件。司机通过操纵其手柄在不同的工作位置，实现对机车（或全列车）制动、缓解与保压的控制。

图 2-30　空气制动阀
1—操纵手柄；2—阀体；3—凸轮盒；
4—电空转换扳钮；5—阀座（管座）

操纵手柄简称手柄或小闸手柄。手柄设有 4 个工作位置，按逆时针排列顺序为：缓解位、运转位、中立位和制动位，并且唯"运转位"可取出或装入手柄。工作中，手柄须插入手柄座内，并通过手柄座与凸轮机构的转轴连接，以便在转动手柄时通过转轴带动凸轮一起转动。

图 2-31 空气制动阀剖面图
1—操纵手柄；2—联锁微动开关组；3—定位凸轮；4—作用凸轮；5—凸轮盒；6—单缓阀；
7—管座；8—作用柱塞；9—定位柱塞；10—排风堵；11—阀体；
12—电空转换柱塞；13—转轴；14—顶杆

凸轮机构用于随手柄转动而转动，以实现对作用柱塞阀和单断点微动开关的控制，并完成定位作用；此外，当下压手柄时，推动顶杆下移，以顶开单独缓解阀阀口。凸轮机构主要由转轴、顶杆、定位凸轮和作用凸轮等组成，如图 2-32 所示。其中，转轴为空心轴，使顶杆贯穿其中。定位凸轮一方面利用定位工作曲面与定位柱塞配合，实现手柄定位；另一方面，根据定位凸轮与单断点微动开关配合的工作曲面，联动该单断点微动开关，以闭合或断开相应电路。作用凸轮用于根据其工作曲面的变化来控制作用柱塞阀的工作。

b. 单独缓解阀：简称单缓阀，主要由单独缓解阀、单独缓解阀座套及单独缓解阀弹簧等组成。其中，单独缓解阀与其座套构成该阀的阀口。当下压手柄时，推动顶杆下移并顶开单缓阀阀口，从而连通作用管向大气排风的气路，以实现机车的单独缓解；当不下压手柄时，在单缓阀弹

图 2-32 空气制动阀凸轮机构

簧作用下，关闭单缓阀口，从而切断作用管向大气排风的气路。

c. 接线座与微动开关：空气制动阀与 DK-1 型电空制动机电气线路的联锁部件。司机操纵空气制动阀时，联动微动开关并改变 DK-1 型电空制动机的工作电路，使其满足不同工况的需要。

接线座主要由接线底板和接线端子等组成，其中，接线端子分别与导线 818、899、801、800（SS_8 机车 II 端：819、899、802、800）连接。

微动开关包括双断点微动开关和单断点微动开关两个微动开关。其中，双断点微动开关用来控制电空制动控制器电源电路 899-801（SS_8 机车 II 端：899-802，下同）与制动电空阀 257YV 单独得电电路 899-800 的转换，其电器代号为 3SA1（SS_8 机车 II 端：4SA1，下同）。双断点微动开关的工作由电空转换阀转换柱塞联动，当电空转换阀处于"电空位"时，转换柱塞脱离与微动开关 3SA1 的接触，使其闭合电路 899-801，并断开电路 899-800；当电空转换阀处于"空气位"时，转换柱塞压缩微动开关 3SA1，使其闭合电路 899-800，并断开电路 899-801。单断点微动开关作为串联联锁，用来控制排风 1 电空阀 254YV 得电电路 809-818（SS_8 机车 II 端：819-818，下同）的闭合与断开，其电器代号为 3SA2（SS_8 机车 II 端：4SA2，下同）。单断点微动开关由定位凸轮的相应工作曲面联动，当空气制动阀手柄处于"缓解位"或"运转位"时，定位凸轮相应工作曲面较低且不压缩微动开关 3SA2，使其闭合电路 809-818；当空气制动阀手柄处于"中立位"或"制动位"时，定位凸轮相应工作曲面较高且压缩微动开关 3SA2，使其断开电路 809-818。

（2）阀体部分。

阀体部分主要包括电空转换阀、作用柱塞阀及定位柱塞等，如图 2-33 所示。

图 2-33 空气制动阀阀体部分

1—作用柱塞；2—支承；3—转换柱塞；4—转换柱塞定位机构；
5—作用柱塞端盖；6—定位柱塞；7—作用柱塞套

① 电空转换阀。

电空转换阀用于控制"电空位"与"空气位"之间的转换，以实现 DK-1 型电空制动机"正常运行—故障运行"的转换。

电空转换阀属于柱塞式空气阀，主要由电空转换柱塞、电空转换柱塞阀套、定位机构及O形圈等组成，如图2-33所示。其中，电空转换柱塞上设有电空转换扳钮，由司机单独操纵，以实现"电空位"与"空气位"的转换；定位机构主要由定位柱塞、弹簧等组成，用于电空转换阀转换柱塞的定位；电空转换柱塞阀套简称阀套，其轴向4个位置上设径向通孔，从左向右依次与均衡风缸管、a管、作用管和b管4条气路连通。

电空转换阀由司机扳动电空转换扳钮而使其转换柱塞左右移动，并通过柱塞凹槽连通或切断相应气路，同时联动微动开关3SA1切换电路。其工作位置包括：

a. 电空位：当司机扳动电空转换扳钮置于"电空位"时，转换柱塞左移到左端，由柱塞凹槽连通作用管与b管之间的气路；同时，转换柱塞右端不压缩微动开关3SA1，使其闭合电路899-801，并断开电路899-800。

b. 空气位：当司机扳动电空转换扳钮置于"空气位"时，转换柱塞右移至右端，由柱塞凹槽连通均衡风缸与a管之间的气路；同时，转换柱塞右端压缩微动开关3SA1，使其闭合电路899-800，并断开电路899-801。

② 作用柱塞阀。

作用柱塞阀用于通过控制a管或b管的充、排风，来间接控制均衡风缸或作用管的充、排风，以实现空气制动阀在空气位下控制全列车（或在电空位下单独控制机车）的缓解、制动与保压。

作用柱塞阀属于柱塞式空气阀，主要由作用柱塞、作用柱塞阀套、作用柱塞弹簧及O形圈等组成。其中，作用柱塞阀套简称阀套，其轴向3个位置上设径向通孔，从左向右依次与a管、调压阀管、b管3条气路连通，并且作用柱塞两端与大气连通。

作用柱塞阀是通过司机操纵空气制动阀手柄，由作用凸轮工作曲面的变化使作用柱塞左右移动，经柱塞凹槽来连通或切断相应气路的。由于作用凸轮和定位凸轮的转动是同步的，并且微动开关3SA2由定位凸轮联动，所以，通常在分析作用柱塞阀工作时，应同时分析微动开关3SA2的动作，以避免遗漏。作用柱塞阀的工作取决于空气制动阀手柄的位置。

a. 缓解位：如图2-34（a）所示，当空气制动阀手柄置于缓解位时，作用凸轮工作曲面半径最大，所以推动作用柱塞弹簧左移至左端，由柱塞凹槽连通调压阀管、a管、b管与大气的气路；同时，定位凸轮相应工作曲面不压缩微动开关3SA2，使其闭合电路809-818。

b. 制动位：如图2-34（b）所示，当空气制动阀手柄置于制动位时，作用凸轮工作曲面半径最小，在作用柱塞弹簧的作用下，作用柱塞移至右端，由柱塞凹槽连通调压阀管与b管、a管与大气的气路；同时，定位凸轮相应工作曲面压缩微动开关3SA2，使其断开电路809-818。

c. 运转位：如图2-34（c）所示，当空气制动阀手柄置于运转位时，作用凸轮工作曲面居中，在作用柱塞弹簧的作用下，作用柱塞处于中间位置，由柱塞凹槽切断所有气路；同时，定位凸轮相应工作曲面不压缩微动开关3SA2，使其闭合电路809-818。

d. 中立位：如图2-34（d）所示，当空气制动阀手柄置于中立位时，作用凸轮工作曲面半径与运转位时相同，在作用柱塞弹簧的作用下，作用柱塞处于中间位置，由柱塞凹槽切断所有气路；同时，定位凸轮相应工作曲面压缩微动开关3SA2，使其断开电路809-818。

图 2-34 空气制动阀作用原理图——电空位

③ 定位柱塞。

定位柱塞工作端设有钢珠,并嵌在阀体内的定位柱塞端部;定位柱塞与定位凸轮的定位工作曲面相配合,实现空气制动阀手柄的定位作用。

2. 空气制动阀综合作用

空气制动阀的综合作用包括"电空位"和"空气位"两种工况。

(1)电空位。

将电空转换扳钮扳于电空位时,由电空转换阀实现以下两个作用:

- 转换柱塞凹槽连通作用管与6管的气路;
- 联动微动开关3SA1动作,闭合电路899-801,断开电路899-800。

① 缓解位。

如图 2-34(a)所示,当司机操纵空气制动阀手柄置于缓解位时,作用柱塞阀连通调压阀管与 a 管、b 管与大气的气路。所以，空气制动阀开通了作用管的排风气路（作用管→电空转换阀→b 管→作用柱塞阀→大气），实现机车的单独缓解；同时，微动开关 3SA1 闭合电路 899-801，微动开关 3SA2 闭合电路 809-818。

② 制动位。

如图 2-34（b）所示，当司机操纵空气制动阀手柄置于制动位时，作用柱塞阀连通 a 管与大气、调压阀管与 b 管的气路。所以，空气制动阀开通了作用管的充风气路（调压阀管→作用柱塞阀→b 管→电空转换阀→作用管），实现机车的单独制动；同时，微动开关 3SA1 闭合电路 899-801，微动开关 3SA2 断开电路 809-818。

③ 运转位。

如图 2-34（c）所示，当司机操纵空气制动阀手柄置于运转位时，作用柱塞阀切断所有气路。所以，空气制动阀既不开通作用管的充风气路，也不开通作用管的排风气路，实现机车缓解；同时，微动开关 3SA1 闭合电路 899-801，微动开关 3SA2 闭合电路 809-818。

此时，若电空制动控制器手柄在运转位，则经 899→3SA1→801→电空制动控制器触头→809→3SA2→818→排风 1 电空阀 254YV 得电，而开通另一条作用管排风气路，也可实现机车缓解。

④ 中立位。

如图 2-34（d）所示，当司机操纵空气制动阀手柄置于中立位时，作用柱塞阀切断所有气路。所以，空气制动阀不开通作用管的充、排风气路，实现机车的保压；同时，微动开关 3SA1 闭合电路 899-801，微动开关 3SA2 切断电路 809-818。

⑤ 下压手柄。

如图 2-34（d）所示，当司机下压空气制动阀手柄（通常是在中立位下）时，推动顶杆压缩单缓阀弹簧下移，并顶开单缓阀口，从而连通作用管向大气排风的气路（作用管→单缓阀口→大气），实现机车的单独缓解。

综上所述，当司机在电空位下操纵空气制动阀时，通过控制作用管或分配阀容积室的压力变化来控制 109 型分配阀均衡部的动作，最终实现机车的单独制动、缓解与保压。

（2）空气位。

将电空转换扳钮扳于空气位时，由电空转换阀实现以下两个作用：

• 转换柱塞凹槽连通均衡风缸管与 a 管的气路；

• 联动微动开关 3SA1 动作，闭合电路 899-800，单独使制动电空阀 257YV 得电；同时断开电路 899-801，从而切断电空制动控制器电源电路。此时，经电空制动控制器控制的所有电路处于无电状态，那么微动开关 3SA2 闭合与否都将使排风 1 电空阀失电。因此，空气位下分析空气制动阀工作时，不必考虑微动开关 3SA2 的闭合与断开。

① 缓解位。

如图 2-35（a）所示，当司机操纵空气制动阀手柄置于缓解位时，作用柱塞阀连通调压阀管与 a 管、b 管与大气的气路。所以，空气制动阀开通了均衡风缸的充风气路（调压阀管→作用柱塞阀→a 管→电空转换阀→均衡风缸管），经中继阀动作使制动管充风，最终实现车辆缓解而机车保压。

② 制动位。

如图 2-35（b）所示，当司机操纵空气制动阀手柄置于制动位时，作用柱塞阀连通 a 管与大气、调压阀管与 b 管的气路。所以,空气制动阀开通了均衡风缸的排风气路(均衡风缸管→电空转换阀→a 管→作用柱塞阀→大气),经中继阀动作使制动管排风,最终实现全列车的制动。

③ 中立位、运转位。

根据电空位的分析可知,空气制动阀中立位与运转位的区别在于微动开关 3SA2 的工作不同。由于此时这一区别已失去意义,空气位下空气制动阀中立位与运转位的作用相同。当司机操纵空气制动阀手柄置于中立位或运转位时,作用柱塞阀切断所有气路。所以,空气制动阀不开通均衡风缸的充、排风气路,使全列车保压,如图 2-35(c)所示。

④ 下压手柄。

其过程同电空位下压手柄,如图 2-35(d)所示。

图 2-35 空气制动阀作用原理图——空气位

综上所述,当司机在空气位下操纵空气制动阀时,通过控制均衡风缸的压力变化来控制中继阀的动作,最终实现全列车的制动、缓解与保压;并且,下压空气制动阀手柄时,通过控制作用管的排风来控制 109 型分配阀均衡部的动作,以实现机车的单独缓解。

无论是电空位下操纵,还是空气位下操纵,作用管或均衡风缸都是由调压阀管充风的,但两者的充风压力不同:电空位时,调压阀的调整值为 300 kPa;空气位时,调压阀的调整值为 500 kPa 或 600 kPa。这一问题将在以后进一步介绍。

三、电空阀

电空阀是通过电磁力来控制空气管路的连通或切断,从而实现远距离控制气动装置的电器。应用于电力机车上的电空阀种类较多:按电磁铁的形式可分为拍合式和螺管式;按组装方式可分为立式和卧式;按作用原理可分为开式和闭式。目前,国产 SS 系列电力机车统一装用螺管式电磁铁、立式安装的闭式电空阀。

1. 构造及作用原理

DK-1 型电空制动机除采用传统的 TFK_{1B} 型电空阀外,为满足系统的性能还装用 TFK 型电空阀(习惯称三通电空阀)。无论哪个种类的电空阀,均由电磁机构和气阀两部分组成。

(1) TFK_{1B} 型电空阀。

TFK_{1B} 型电空阀主要由电磁机构部分的励磁线圈、动铁心、铁心座、磁轭、接线座及气阀部分的阀座、上阀门、下阀门、弹簧、阀杆等组成。其中,上、下阀门与阀座分别构成上、下阀口,如图 2-36 所示。气阀部分被上、下阀口分成 3 个气室,且各气室分别与外部连通。一般地,下气室与风源连接,称为输入口;中气室通向控制对象,称为输出口;上气室与大气连通,称为排气口。

图 2-36 TFK_{1B} 电空阀结构原理图

1—阀杆;2—阀座;3—静铁心;4—心杆;5—线圈;6—铜套;7—动铁心;8—磁轭;9—橡皮防尘帽;10—橡胶垫;11—接线柱;12—滑块;13—密封垫;14—上阀门;15—下阀门;16—复原弹簧;17—O 形圈;18—下盖;δ_A—阀门行程;δ_B—铁心气隙

TFK$_{1B}$型电空阀的工作过程包括以下两个状态：

① 失电状态。

当励磁线圈失电时，励磁线圈内不产生电磁力，在弹簧作用下，推动下阀门、阀杆、上阀门、心杆、动铁心上移，从而关闭下阀口，并开启上阀口，连通输出口与排气口之间的气路。

② 得电状态。

当励磁线圈得电时，励磁线圈所产生的电磁力推动动铁心、心杆、上阀门、阀杆、下阀门压缩弹簧下移，从而关闭上阀口，并开启下阀口，连通输入口与输出口间的气路。

可见，所谓闭式电空阀，是指作用原理为得电时上阀口关闭而下阀口开启，失电时上阀口开启而下阀口关闭的电空阀。而开式电空阀的作用原理正好与此相反。

（2）TFK型电空阀。

TFK型电空阀是TFK$_{1B}$型电空阀的派生产品，其结构和作用原理与TFK$_{1B}$型电空阀相似，只是对阀体、上阀杆等零件做了少量改动，如图2-37所示。

TFK型电空阀与TFK$_{1B}$型电空阀的区别在于：前者可在排气口处集中引出，并根据需要接管或加堵，以实现三通的要求；而后者则无法在排气口处集中引出，且由于上阀门与滑道间有间隙，所以无法保证上气室的气密性。

2. DK-1型电空制动机中电空阀的功用

DK-1型电空制动机共使用13个闭式电空阀，各电空阀空气管路连接情况及其功用如下：

（1）撒砂电空阀。

撒砂电空阀共4个，代号分别为251YV、241YV、250YV、240YV。输入口接总风管，输出口经止回阀与撒砂器连接，排气口通大气。当电空制动控制器操纵紧急制动时，使其得电以完成自动撒砂，防止车轮在制动时滑行。

（2）过充电空阀。

过充电空阀代号为252YV。输入口接总风管，输出口接过充风缸管，排气口被堵。当电空制动控制器置于"过充位"时，使其得电并连通总风向过充风缸充风的气路，以控制双阀口式中继阀动作，使制动管快速充风，并得到过充压力。

（3）中立电空阀。

中立电空阀代号为253YV。输入口接总风管，输出口接总风遮断阀管，排气口通大气。当操纵电空制动控制器使其得电时，连通总风向总风遮断阀管充风的气路，以关闭总风遮断阀口，切断制动管供气风源；而其失电时，则开通制动管的供气风源。

（4）排风1电空阀。

排风1电空阀代号为254YV。输入口接作用管，

图2-37 TFK型电空阀结构图

1—阀杆；2—阀座；3—心杆；4—静铁心；
5—线圈；6—紫铜套；7—动铁心；8—磁轭；
9—压圈；10，11—O形圈；12—密封套；
13—上阀门；14—下阀门；15—复原弹簧；
16—下盖；δ_A—阀门行程；δ_B—铁心气隙

输出口和排气口通大气。当其得电时，连通作用管向大气排风的气路，以实现机车的缓解；而其失电时，则切断该排风气路。

（5）检查电空阀。

检查电空阀代号为 255YV。输入口接总风管，输出口接均衡风缸管，排气口被堵。当按下"充气按钮"使其得电时，连通总风向均衡风缸充风的气路，以完成制动管折角塞门开通状态的检查。

SS_8 机车取消了检查电空阀。

（6）排风2电空阀。

排风2电空阀代号为 256YV。输入口被堵，输出口接过充风缸管，排气口通大气。当其失电时，加快过充风缸的排风。

（7）制动电空阀。

制动电空阀代号为 257YV。输入口被堵，输出口与初制风缸和缓解电空阀 258YV 的排气口连接，排气口通大气。当其失电时，连通初制风缸和缓解电空阀 258YV 排气口向大气排风的气路；而其得电时，则切断该气路。

（8）缓解电空阀。

缓解电空阀代号为 258YV。输入口经止回阀 203、调压阀 55 接总风管，输出口接均衡风缸管，排气口与初制风缸和制动电空阀 257YV 输出口连接。当其得电时，连通总风经调压阀 55 向均衡风缸充风的气路，并使其得到定压，以实现制动管的正常充风；而其失电时，则连通均衡风缸与初制风缸、制动电空阀 257YV 输出口的气路。

可见，只有当制动电空阀 257YV、缓解电空阀 258YV 同时失电时，才连通均衡风缸向大气排风的气路。

（9）重联电空阀。

重联电空阀代号为 259YV。输入口接制动管，输出口接均衡风缸管，排气口被堵。当其得电时，连通均衡风缸与制动管之间的气路，以实现中继阀自锁；而其失电时，则切断该气路。

（10）紧急电空阀。

紧急电空阀代号为 94YV。输入口接总风管，输出口与电动放风阀铜碗及膜板下侧连通，排气口通大气。当其得电时，连通总风向电动放风阀铜碗及膜板下侧充风的气路，以控制电动放风阀开放制动管的放风气路；而其失电时，则连通电动放风阀铜碗及膜板下侧向大气排风的气路，以控制电动放风阀切断制动管的放风气路。

（11）停放制动电空阀。

SS_8 机车设有停车制动电空阀代号为 260YV。输入口接总风管，输出口与弹簧止轮器制动缸连通，排气口通大气。当其得电时，连通总风向弹簧止轮器制动缸充风的气路，以控制弹簧止轮器不起作用；而其失电时，则连通弹簧止轮器制动缸向大气排风的气路，以控制弹簧止轮器起作用，防止机车溜行。

各电空阀的管路连接及其功用见表 2-5。

表 2-5 各电空阀的管路连接及其功用

名称	代号	配管			功用
		输入口	输出口	排气口	
撒砂	251YV 241YV 250YV 240YV	总风管	撒砂管	大气	紧急制动时得电,自动撒砂防滑
过充	252YV	总风管	中继阀过充管	不通	过充位得电,使制动管得到过充压力(定压 30~40 kPa)
中立	253YV	总风管	总风遮断阀管	大气	中立、制动、重联、紧急位得电,切断中继阀的制动管供风风源
排风1	254YV	作用管	大气	大气	得电时,排放作用管的压缩空气,以实现机车制动机的缓解
检查	255YV	总风管	均衡风缸管	不通	与检查按钮配合,用于发车前检查判断制动管开通状态
排风2	256YV	不通	过充风缸管	大气	中立、制动、重联、紧急位失电,加速排放过充风缸的压缩空气,以避免影响中继阀的作用
制动	257YV	不通	初制风缸管	大气	失电时,排放初制风缸的压缩空气;得电时,关闭该气路
缓解	258YV	55调压阀管	均衡风缸管	初制风缸管	缓解、过充位得电,使总风经调压阀55向均衡风缸充风;失电时,连通均衡风缸与初制风缸的气路均衡风缸
重联	259YV	制动管	均衡风缸管	不通	重联、紧急位得电,连通制动管与均衡风缸的气路,使中继阀自锁
紧急	94YV	总风管	电动放风阀膜板下侧	大气	紧急位得电,以控制电动放风阀开放制动管的放风气路;失电时,关闭该气路
停放制动	260YV	总风管	弹簧止轮器制动缸	大气	按下"停车制动"按钮时,使其失电,控制弹簧止轮器起作用,防止机车溜行

注:SS_8 型电力机车取消了检查电空阀 255YV。

任务四 制动机的日常试验与列车制动系统的模拟操纵

通常情况下,DK-1 型电空制动机的作用原理是针对电空制动控制器、空气制动阀手柄置于不同手柄位置的操纵,来确定机车、车辆实施制动、缓解与保压的协调作用。所以,下面就电空制动控制器、空气制动阀各手柄位置下,SS_4 改进型、SS_8 型电力机车 DK-1 型电空制动机的工作过程逐一介绍。

需要注意的是,对于双端操纵的 SS_8 型电力机车,其不同操纵端的操纵方法完全一致,因此以 I 端操纵为例进行分析。

其作用过程见附图 2 所示。

一、电空位操纵

将电空转换扳钮扳至"电空位",则有:
① 气路:作用管与 b 管连通。
② 电路:微动开关 3SA1 闭合电路 899-801,并断开电路 899-800,即闭合电源电路。

1. 空气制动阀手柄在运转位,电空制动控制器手柄在各位的作用

该工况一般称为自动制动作用工况,即通过电空制动控制器来操纵全列车的制动、缓解与保压。

当空气制动阀手柄在运转位时,则有:
① 气路:不连通 a、b 管的充、排风气路。
② 电路:微动开关 3SA2 闭合电路 809-818,即为排风 1 电空阀 254YV 得电做准备。

(1) 运转位。

① 电空制动控制器:使导线 803、809、813 得电。

a. 导线 803 得电,经中间继电器 451KA 常闭联锁、中间继电器 452KA 常闭联锁、455KA 常闭联锁,使缓解电空阀 258YV、排风 2 电空阀 256YV 得电。一方面连通总风经调压阀 55(输出压力为定压)向均衡风缸充风的气路,即均衡风缸压力升高;另一方面关断过充风缸经 256YV 的排风气路。

b. 导线 809 得电,经微动开关 3SA2 使导线 818 得电,再经中间继电器 451KA 常闭联锁、中间继电器 452KA 常闭联锁、455KA 常闭联锁,使排风 1 电空阀 254YV 得电,连通作用管向大气排风的气路,即作用管压力降低。

c. 导线 813 得电,为实现 DK-1 型电空制动机与列车分离、制动管断裂、车长阀(或 121、122 塞门)制动及列车安全运行监控记录装置自动停车功能的配合做准备。

② 中继阀:包括两部分动作。

a. 总风遮断阀:由于中立电空阀 253YV 失电而连通总风遮断阀管向大气排风的气路,所以,遮断阀左移并打开遮断阀口,使总风充入双阀口式中继阀的供气室内。

b. 双阀口式中继阀:随着均衡风缸压力升高,活塞膜板带动顶杆右移而顶开供气阀口,连通总风向制动管及活塞膜板右侧充风的气路,即制动管压力升高;当活塞膜板右侧及制动管压力升高至与均衡风缸压力平衡时,在供气阀弹簧的作用下,关闭供气阀口,且不打开排阀口,即停止制动管充风。

③ 分配阀:包括三部分动作。

a. 主阀部:随着制动管压力升高,主活塞通过主活塞杆带动滑阀、节制阀下移,连通制动管向工作风缸充风的气路;同时,尽管连通作用管通往 156 塞门的气路,但由于 156 塞门的关断(电空位下,156 塞门关断),故 156 不开通作用管排大气的气路。

b. 紧急增压阀:随着制动管的压力升高,增压阀柱塞保持在下端,切断总风向作用管充风的气路。

c. 均衡部:随着排风 1 电空阀 254YV 得电而使作用管压力降低,均衡活塞带动空心阀杆下移,打开排气阀口,连通机车制动缸及均衡活塞上侧向大气排风的气路,即机车制动缸压力降低;当均衡活塞上侧及机车制动缸压力降低至与作用管压力平衡时,均衡活塞带动空

心阀杆上移而关闭排气阀口,且不顶开供气阀口,即停止机车制动缸的排风。

可见,机车制动机实现缓解作用。同时,随着制动管压力升高,车辆制动机也进行缓解。由于我国车辆制动机通常采用一次缓解性能的分配阀或三通阀,故车辆制动机产生完全缓解。

④ 紧急阀:制动管压力升高,使活塞膜板及活塞杆保持在上端,而不开启放风阀口,制动管压缩空气经缩孔Ⅰ、Ⅱ向紧急室充风,以备紧急制动时使用。

综上所述,该操纵可实现全列车的缓解,因此用于制动管正常充风及列车正常运行状态。

实际运行中,禁止"偷风"操纵。所谓"偷风",是指列车制动保压时,人为地将大闸手柄由中立位短时间地移至运转位或过充位,再移回中立位的操纵方法。因为车辆制动机通常为一次缓解的,不具备阶段缓解性能,即当制动管充风时,不论是否充到定压,一次缓解型制动机均进行完全缓解,所以,"偷风"操纵会使列车部分或全部车辆完全缓解,而形成列车制动力不足,极易造成人为行车事故,故严禁"偷风"操纵。

(2)过充位。

① 电空制动控制器:使导线803、805、813得电。

a. 导线803得电,经中间继电器451KA常闭联锁、中间继电器452KA常闭联锁、455KA常闭联锁,使缓解电空阀258YV、排风2电空阀256YV得电。一方面连通总风经调压阀55(输出压力为定压)向均衡风缸充风的气路,即均衡风缸压力升高;另一方面关断过充风缸经256YV的排风气路。

b. 导线805得电,使过充电空阀252YV(SS_8机车:经中间继电器455KA常闭联锁)得电,连通总风向过充风缸充风的气路,即过充风缸压力升高。

c. 导线813得电,为实现DK-1型电空制动机与列车分离、制动管断裂、车长阀(或121、122塞门)制动及列车安全运行监控记录装置自动停车功能的配合做准备。

② 中继阀:包括两部分动作。

a. 总风遮断阀:由于中立电空阀253YV失电而连通总风遮断阀管向大气排风的气路,所以,遮断阀左移而打开遮断阀口,使总风充入双阀口式中继阀的供气室内。

b. 双阀口式中继阀:随着均衡风缸和过充风缸压力的升高,活塞膜板带动顶杆迅速右移而顶开供气阀口,并且其开度较大,连通总风向制动管及活塞膜板右侧迅速充风的气路,即制动管压力迅速升高;当活塞膜板右侧及制动管的作用力升高至与活塞膜板左侧作用合力平衡时,在供气阀弹簧的作用下,关闭供气阀口,且不打开排气阀口,即停止制动管充风。

③ 分配阀:包括三部分动作。

a. 主阀部:随着制动管压力迅速升高,主活塞通过主活塞杆带动滑阀、节制阀迅速下移,连通制动管向工作风缸充风的气路;同时,尽管连通作用管通往156塞门的气路,但由于塞门156的关断,故塞门156不连通作用管排大气的气路。

b. 紧急增压阀:随着制动管压力迅速升高,增压阀柱塞保持在下端,切断总风向作用管充风的气路。

c. 均衡部:由于作用管压力不变,所以,均衡部保持不动,即处于其供、排气阀口均不开启的保压状态,机车制动机保压。同时,随着制动管压力迅速升高,车辆制动机进行快速缓解。

④ 紧急阀:制动管压力迅速升高,使活塞膜板及活塞杆保持在上端而不开启放风阀口,制动管压缩空气经缩孔Ⅰ、Ⅱ向紧急室充风,以备紧急制动时使用。

综上所述，该操纵可实现车辆制动机快速缓解，而机车制动机保压，因此，用于列车初充风或再充风。

通过上述分析可知：在电空位下操纵时，电空制动控制器手柄在运转位和过充位均可实现充风缓解，但两者是有区别的。前者使制动管正常充风并得到定压（500 kPa 或 600 kPa），以实现全列车制动系统的正常缓解；而后者则使制动管快速充风，并得到过充压力（定压 30～40 kPa），以实现车辆制动系统的快速缓解，同时保持机车制动。

显然，当电空制动控制器手柄由过充位移至运转位时，制动管由过充压力降至定压，即产生 30～40 kPa 的减压量，而该减压量足以使列车制动系统产生有效制动作用。那么，这一作用岂不与运转位的作用相矛盾吗？造成运转位和过充位制动管充风速度、大小不同的根本原因在于：过充位时使过充风缸得到充风。所以，当电空制动控制器手柄由过充位移至运转位时，均衡风缸压力保持定压不变，而过充风缸由于过充电空阀 252YV 的失电而关断其充风气路；同时，过充风缸内原有的压缩空气经风缸小孔（ϕ0.5 mm）向大气缓慢排风，即过充风缸压力缓慢降低。因此，双阀口式中继阀活塞膜板上缓慢形成向左的压力差，使其微微开启排气阀口，制动管缓慢排风，即制动管压力缓慢降低。对于分配阀（以 109 型分配阀为例）而言，随着制动管缓慢减压，在主活塞上产生微小的向上的压力差，但其不足以带动节制阀、滑阀克服阻力上移，即保持制动管与工作风缸连通的气路，因此，工作风缸向制动管逆流，致使主活塞不能产生足够的向上的压力差而使其保持原缓解状态。随着过充风缸压缩空气的缓慢排出，当制动管压力缓慢降低到与均衡风缸压力平衡时，双阀口式中继阀关闭排气阀口，使制动管停止减压，而工作风缸也随之停止减压，并且保持在定压。可见，当电空制动控制器手柄由过充位移至运转位时，既消除了制动管的过充压力，使其恢复到定压，又避免了列车制动系统产生制动（称为自然制动）。事实上，当电空制动控制器手柄移至运转位时，由于排风 1 电空阀 254YV 的得电，还要使机车进行缓解。

（3）制动位。

① 电空制动控制器：使导线 806、808、813 得电。

a. 导线 806 得电，经转换开关 463QS 使中立电空阀 253YV 得电，连通总风向总风遮断阀管充风的气路，即总风遮断阀管压力升高。

b. 导线 808 得电，为自动控制过量减压量做准备。

c. 导线 813 得电，为实现 DK-1 型电空制动机与列车分离、制动管断裂、车长阀（或 121、122 塞门）制动及列车安全运行监控记录装置自动停车功能的配合做准备。

此时，由于缓解电空阀 258YV 和制动电空阀 257YV 同时失电，所以连通了均衡风缸向初制风缸 58 降压及向大气排风的气路，即均衡风缸减压。若电空制动控制器手柄一直置于制动位，则当均衡风缸减压 190～230 kPa 时，压力开关 208 动作，并联动微动开关 208SA 闭合电路 808-800，使制动电空阀 257YV 得电，切断均衡风缸排大气的气路，即停止均衡风缸减压，使其获得 190～230 kPa 的过量减压量。同时，排风 2 电空阀 256YV 失电，连通过充风缸经 256YV 排风的气路。

此外，因初制风缸的设置，使得均衡风缸产生一个确保全列车制动系统可靠制动的最小为 45～55 kPa 的较快减压量，以使后部车辆中较迟钝的三通阀或分配阀也能起制动作用。

② 中继阀：包括两部分动作。

a. 总风遮断阀：由于中立电空阀 253 YV 得电而连通总风向总风遮断阀管充风的气路，

所以，遮断阀右移而关闭遮断阀口，切断总风充往双阀口式中继阀供气室的气路。

b. 双阀口式中继阀：随着均衡风缸压力的降低，活塞膜板带动顶杆左移并打开排气阀口，连通制动管及活塞膜板右侧向大气排风的气路，即制动管压力降低；当制动管及活塞膜板右侧压力降低到与均衡风缸压力平衡时，在排气阀弹簧的作用下，关闭排气阀口，且不打开供气阀口，即停止制动管排风。

③ 分配阀：包括3部分动作。

a. 主阀部：随着制动管压力的降低，主活塞通过主活塞杆带动节制阀上移，连通制动管向局减室降压的气路，以实现局部减压作用；随着制动管压力进一步降低，主活塞通过主活塞杆带动节制阀、滑阀继续上移，连通工作风缸向作用管充风的气路，即作用管压力升高，而工作风缸压力降低；当工作风缸压力降低至与制动管压力平衡时，在自重及稳定弹簧的作用下，主活塞通过主活塞杆带动节制阀下移，切断工作风缸向作用管充风的气路，即作用管停止充风。

b. 紧急增压阀：随着制动管压力的降低，增压阀柱塞仍保持在下端，切断总风向作用管充风的气路。

c. 均衡部：随着作用管压力的升高，均衡活塞带动空心阀杆上移，顶开供气阀口，连通总风向机车制动缸及均衡活塞上侧充风的气路，即机车制动缸压力升高；当机车制动缸及均衡活塞上侧压力升高至与作用管压力平衡时，在供气阀弹簧的作用下，均衡活塞和空心阀杆下移，关闭供气阀口，且不打开排气阀口，即停止机车制动缸的充风。

可见，机车制动机实现制动作用。同时，随着制动管压力降低，车辆制动机也进行制动。

④ 紧急阀：制动管压力降低，使活塞膜板带动活塞杆下移，但不足以顶开放风阀口紧急室经缩孔Ⅰ向制动管逆流，直至紧急室压力与制动管压力平衡时为止；在安定弹簧的作用下，活塞膜板带动活塞杆上移到上端。

综上所述，该操纵可实现全列车的常用制动，并能自动控制制动管过量减压量（190～230 kPa），因此，用于列车调速或停车。

实际运行中，既可进行"一段制动法"操纵，又可进行"两段制动法"操纵。所谓一段制动法，是指施行制动后不再进行缓解，根据列车减速情况追加减压，使列车停于预定地点的操纵方法。而两段制动法则是指进站前施行制动，待列车速度降至所需要的速度时进行缓解，充风后再次施行制动，使列车停于预定地点的操纵方法。

当在制动位实施追加制动时，须待第一次减压排风完成后，再施行追加减压。这是因为减压排风未完成就进行追加减压，相当于施行了一次大减压，列车因制动力过强而增加冲击，也容易使后部车辆产生紧急制动作用。同时，追加减压量不应超过第一次减压量，否则因列车制动力急剧增加，不利于平稳操纵。

在制动位下，还可以进行"长波浪式制动"和"短波浪式制动"。所谓长波浪式制动，是指减压量小、列车减速慢、制动距离长的制动操纵方法。长波浪式制动的优点是列车在较长的距离内，基本保持匀速减速运行，且用风量小，使空气压缩机工作量小；缺点是闸瓦与轮箍摩擦时间长，易发热，因此在使用时，应注意制动距离不宜过长，以免闸瓦过热而使制动失效，或轮箍过热强缓。另外，在起伏坡道的线路上，也可用小闸调整机车的制动力。所谓短波浪式制动，是指减压量大（一般在100 kPa以上）、列车减速快、制动距离短的制动操纵方法。短波浪式制动的优点是闸瓦不易过热；缺点是制动频繁，空气压缩机工作量大。因此使用时，应掌握好缓解时机，防止因缓解过早使列车速度剧增，并且严防充风不足，错过下一次制动时机，而造成超速或放飚事故。

（4）中立位。

电空制动控制器：使导线806、807、813得电。

a. 导线806得电，经转换开关463QS使中立电空阀253YV得电，连通总风向总风遮断阀管充风的气路，即总风遮断阀管充入总风。

b. 导线807得电，经二极管262V（SS_8机车：经455KA常闭联锁262V）使制动电空阀257YV得电，切断初制风缸或均衡风缸向大气排风的气路。

c. 导线813得电，为实现DK-1型电空制动机与列车分离、制动管断裂、车长阀（或121、122塞门）制动及列车安全运行监控记录装置自动停车功能的配合做准备。

同时，缓解电空阀258YV失电，切断总风经调压阀55向均衡风缸充风的气路，所以，均衡风缸既不充风，也不排风，即均衡风缸压力不变，导致中继阀、分配阀及车辆制动机、紧急阀均不动作而保持原状态，相应的制动管、工作风缸、紧急室、作用管、机车制动缸压力均不变，即全列车制动系统呈保压状态。

实际使用中，电空制动控制器手柄置于中立位，通常有两种情况：一种为制动前置于中立位，即由运转位移至中立位；另一种是制动后置于中立位，即由制动位移至中立位。前者由于电空制动控制器手柄在运转位时，均衡风缸得到充风并达到定压，压力开关209联动微动开关209SA闭合电路807-827，所以，当电空制动控制器手柄移至中立位时，由得电导线807经微动开关209SA、二极管263V、中间继电器451KA常闭联锁、中间继电器452KA常闭联锁、455KA常闭联锁（SS_8机车：不经此联锁），使缓解电空阀258YV维持得电，保持均衡风缸压力为定压，完成制动前的准备工作。而后者由于电空制动控制器手柄在制动位时，均衡风缸减压40 kPa以上，使压力开关209联动微动开关209SA闭合电路822-800，并断开电路807-827，所以，当电空制动控制器手柄移至中立位时，使缓解电空阀258YV失电，从而切断均衡风缸的充、排风气路，实现制动系统制动后的保压。

（5）紧急位。

① 电空制动控制器：使导线812、806、821（SS_8机车：811）、804得电。

a. 导线812得电，经107QPF（SS_8机车：1YVF）使撒砂电空阀251YV、241YV得电，连通总风向撒砂器充风的气路，完成自动撒砂作用，以防止制动滑行。

b. 导线806得电，经转换开关463QS使中立电空阀253YV得电，连通总风向总风遮断阀管充风的气路。

c. 导线821得电，对于SS_8机车，经Ⅱ端电空制动控制器重联位使导线821得电，使3个电空阀得电：

• 经二极管260V使中立电空阀253YV得电，作用同上。

• 经二极管264V（SS_8机车：经264V、273V）使制动电空阀257YV得电，切断初制风缸及均衡风缸的排风气路；同时，因缓解电空阀258YV失电，故切断均衡风缸的充风气路。

• 使重联电空阀259YV得电，连通均衡风缸与制动管之间的气路，从而实现双阀口式中继阀自锁，以保证制动管压力不再受该双阀口式中继阀动作的控制。

同时，排风2电空阀256YV失电，连通过充风缸向大气排风的气路，从而快速排空过充风缸，以保证紧急制动时制动管压力迅速下降。

d. 导线804得电，此时有两方面的作用：一方面，若机车有级位，即机车处于牵引工况，零位继电器558KA（SS_8机车：10 KA）失电，则导线804经558KA（SS_8机车：10 KA）常闭联锁，最终引起控制电路工作，使主断路器跳闸，切除机车牵引动力，保证机车由牵引工况转变为制动工况；另一方面，由导线804得电，使紧急电空阀94YV得电，连通总风向电动放风阀铜碗及膜板下侧充风的气路，即铜碗及膜板下侧压力升高。

② 电动放风阀：随着铜碗及膜板下侧压力的升高，膜板、铜碗推动心杆上移，顶开放风阀口，连通制动管向大气放风的气路，即制动管压力迅速降低。

③ 紧急阀：随着制动管压力的迅速降低，活塞膜板带动活塞杆迅速下移而顶开放风阀口，连通制动管向大气放风的气路，即加速制动管放风；同时，联动微动开关95SA闭合电路838-839。待15s后，因紧急室压缩空气经缩孔Ⅰ、Ⅲ排风使其压力与制动管压力趋于一致时，在弹簧作用下，关闭放风阀口；同时，联动微动开关95SA断开电路838-839。

④ 中继阀：一方面因中立电空阀253YV得电使遮断阀口关闭，以切断制动管的供气风源；另一方面，由于重联电空阀259YV的得电使双阀口式中继阀处于自锁状态，并且排风2电空阀256YV失电而排放过充风缸内的压缩空气，使其失去对制动管压力变化的控制作用。

⑤ 分配阀：包括三部分动作。

a. 主阀部：随着制动管压力迅速下降，主活塞通过主活塞杆带动节制阀、滑阀迅速上移至上端，连通工作风缸向作用管充风的气路，并且气路的开启程度较大，即作用管压力迅速升高。

b. 紧急增压阀：随着制动管压力迅速下降及作用管压力迅速升高，增压阀柱塞迅速上移至上端，从而连通总风向作用管充风的气路，即作用管压力迅速升高，并且由低压安全阀将其压力限定在450 kPa。

c. 均衡部：随着作用管压力迅速升高，均衡活塞带动空心阀杆迅速上移而顶开供气阀口，并且其开启程度较大，连通总风向机车制动缸及均衡活塞上侧充风的气路，即机车制动缸压力迅速升高；当机车制动缸压力及均衡活塞上侧压力迅速升高至与作用管压力（即450 kPa）平衡时，在供气阀弹簧作用下，关闭供气阀口，且不打开排气阀口，停止机车制动缸的充风。

可见，机车制动机实现紧急制动作用。同时，随着制动管压力迅速下降，车辆制动机也进行紧急制动。

综上所述，该操纵可实现全列车的紧急制动（又称非常制动），并伴随自动撒砂及切除牵引工况机车的机车动力源，以确保列车的运行安全，因此，用于列车运行过程中当产生危及行车安全或人身安全的紧急情况。值得注意的是，紧急制动后，须15 s后再充风缓解。

（6）重联位。

① 电空制动控制器：导线821得电，对于SS_8机车，经Ⅱ端电空制动控制器重联位使导线821得电，使3个电空阀得电：

a. 经二极管260V使中立电空阀253YV得电，使总风遮断阀口关闭。

b. 经二极管264V（SS_8机车：经264V、273V）使制动电空阀257YV得电，切断初制风缸及均衡风缸的排风气路；同时，因缓解电空阀258YV失电，故切断均衡风缸的充风气路。

c. 使重联电空阀259YV得电，连通均衡风缸与制动管之间的气路，从而实现双阀口式中继阀的自锁，以保证制动管压力不再受该双阀口式中继阀动作的控制。

同时，排风2电空阀256YV失电，连通过充风缸向大气排风的气路，从而快速排空过充风缸，以保证紧急制动时制动管压力迅速下降。

可见，均衡风缸既不充风，也不排风，即其压力不变。

② 中继阀：一方面因中立电空阀253YV的得电而使遮断阀口关闭，以切断制动管的供气风源；另一方面，由于重联电空阀259YV的得电使双阀口式中继阀处于自锁状态，再加上排风2电空阀256YV失电而排放过充风缸内的压缩空气，所以使中继阀失去对制动管压力变化的控制作用。

③ 中继阀：分配阀由于制动管压力不变，故使其保持不动而维持原状态。同时，车辆制动机也保持原状态。

④ 紧急阀：因制动管压力不变，故使其保持原状态。

综上所述，该操纵使电空制动控制器失去对全列车制动系统的控制作用，因此，用于重联机车、补机、无动力回送机车及本务机车非操纵端；此时，全列车制动系统由本务机车操纵端进行控制。

2. 电空制动控制器手柄在运转位，空气制动阀手柄在各位的作用

该工况一般称为单独制动作用，即通过空气制动阀来单独操纵机车的制动、缓解与保压。

当电空制动控制器手柄在运转位时，则有：导线803和导线809得电，使机车、车辆制动机保持缓解。

（1）制动位。

① 空气制动阀：作用柱塞在其凸轮和弹簧作用下右移至右端，开通a管与大气、总风经调压阀53与b管的气路，则连通总风向作用管充风的气路（总风→53→作用柱塞阀→b管→电空转换阀→作用管）；同时，微动开关3SA2断开电路809-818，使排风1电空阀254YV失电，从而切断作用管向大气排风的气路。所以，作用管压力升高。

② 分配阀均衡部：随着作用管压力的升高，均衡活塞带动空心阀杆上移，并顶开供气阀口，连通总风向机车制动缸及均衡活塞上侧充风的气路，即机车制动缸压力升高。当机车制动缸及均衡活塞上侧压力升高至与作用管压力平衡时，在供气阀弹簧作用下，关闭供气阀口，且不打开排气阀口，停止机车制动缸的充风。

综上所述，该操纵可实现机车的单独制动。

（2）中立位。

① 空气制动阀：作用柱塞在其凸轮和弹簧作用下处于中间位置，切断a管、b管、调压阀管及大气间的气路，使作用管既不通大气，也不与调压阀管连通；同时，微动开关3SA2断开电路809-818，使排风1电空阀254YV失电，从而切断作用管向大气排风的气路。所以，作用管压力不变。

② 分配阀均衡部：由于作用管压力不变，使均衡部保持不动而维持原状态，所以，机车制动缸压力不变。

综上所述，该操纵可实现机车的单独保压，因此，用于机车单独制动前的准备及制动后的保压。

（3）缓解位。

① 空气制动阀：作用柱塞在其凸轮和弹簧作用下左移至左端，开通b管与大气、总风经调压阀53与a管的气路，则连通作用管向大气排风的气路（作用管→电空转换阀→b管→作

用柱塞阀→大气）；同时，微动开关 3SA2 闭合电路 809-818，使排风 1 电空阀 254YV 得电，从而连通另一条作用管向大气排风的气路。所以，作用管压力降低。

② 分配阀均衡部：随着作用管压力的降低，均衡活塞带动空心阀杆下移，打开排气阀口，连通机车制动缸及均衡活塞上侧向大气排风的气路，即机车制动缸压力降低。当机车制动缸及均衡活塞上侧压力降低至与作用管压力平衡时，均衡活塞带动空心阀杆上移，关闭排气阀口，且不顶开供气阀口，停止机车制动缸的排风。

综上所述，该操纵可实现机车的单独缓解，并且其缓解速度较空气制动阀在运转位的缓解速度快。

（4）运转位。

① 空气制动阀：作用柱塞在其凸轮和弹簧作用下处于中间位置，切断 a 管、b 管、调压阀管及大气间的气路。同时，微动开关 3SA2 闭合电路 809-818，使排风 1 电空阀 254YV 得电，从而连通作用管向大气排风的气路，所以，作用管压力下降。

② 分配阀均衡部：随着作用管压力的降低，均衡活塞带动空心阀杆下移，打开排气阀口，连通机车制动缸及均衡活塞上侧向大气排风的气路，即机车制动缸压力降低。当机车制动缸及均衡活塞上侧压力降低至与作用管压力平衡时，均衡活塞带动空心阀杆上移，关闭排气阀口，且不打开供气阀口，停止机车制动缸的排风。

综上所述，该操纵可实现机车的单独缓解。

事实上，空气制动阀运转位实现机车的单独缓解是在电空制动控制器运转位的前提下进行的。若电空制动控制器手柄不在运转位，则导线 809 失电，致使排风 1 电空阀 254YV 失电，因此，即使空气制动阀手柄在运转位，也不能实现机车的单独缓解。这一点，与空气制动阀在缓解位有根本的区别。

（5）下压手柄。

① 空气制动阀：当下压空气制动阀手柄时，推动转轴内的顶杆下移，从而顶开单缓阀口，连通作用管向大气排风的气路，即作用管压力降低。

② 分配阀均衡部：随着作用管压力的降低，均衡活塞带动空心阀杆下移，打开排气阀口，连通机车制动缸及均衡活塞上侧向大气排风的气路，即机车制动缸压力降低。当机车制动缸及均衡活塞上侧压力降低至与作用管压力平衡时，均衡活塞带动空心阀杆上移，关闭排气阀口，且不打开供气阀口，停止机车制动缸的排风。

综上所述，该操纵可实现机车的单独缓解。

下压手柄操纵，通常是在空气制动阀中立位下进行的。

3. 电空制动控制器手柄在制动位或制动后的中立位，空气制动阀手柄在缓解位或下压手柄的作用

该工况一般称为电空制动控制器制动，空气制动阀单独缓解作用，即在全列车制动系统制动时，由空气制动阀单独缓解机车制动。

通过前面的讨论可以知道，若电空制动控制器手柄在制动位或制动后的中立位，则使制动管获得一定的减压量，即全列车制动系统进行常用制动。

当空气制动阀手柄移至缓解位（或下压手柄）时，由作用柱塞阀（或单缓阀）连通作用管向大气排风的气路，即作用管→电空转换阀→b 管→作用柱塞阀→大气（或作用管→单缓阀口→大气），则作用管压力降低，导致分配阀均衡部的均衡活塞带动空心阀杆下移而打口排气阀口，连通机车制动缸向大气排风的气路，即机车制动缸压力降低；待机车制动缸压力与作用管压力平衡时，关闭排气阀口，停止机车制动缸的排风。

可见，该操纵可实现保持车辆制动的同时，单独缓解机车制动。但在操纵过程中，应避免"大劈叉制动"。所谓"大劈叉制动"，是指电空制动控制器减压的同时，将空气制动阀手柄移至缓解位（或下压手柄），这种车辆制动而机车不产生制动的操纵方法称为"大劈叉制动"，也叫"拉弓闸"。"大劈叉制动"使用不当时，极易损伤甚至拉断车钩，同时因机车不制动，会使列车制动力下降。

二、空气位操纵

为确保行车安全可靠，DK-1型电空制动机特设置"空气位操纵"。空气位操纵只是作为DK-1型电空制动机电气线路部分故障后的一种应急补救操纵措施，以避免在区间造成"途停"而影响线路的正常通过。因此，空气位操纵时，不具备"电空位"操纵时那样齐全的性能，而只保证控制列车制动和缓解的基本功能。

空气位操纵，就是将电空制动机转换成空气制动机，并且由空气制动阀来操纵全列车制动系统的制动、缓解与保压。空气位操纵时须进行如下基本转换：

（1）将电空转换扳钮扳至"空气位"，则有：

① 气路：连通均衡风缸与 a 管的气路。

② 电路：微动开关 3SA1 断开电路 899-801，即切断电源电路，并且闭合电路 899-800，使制动电空阀 257YV 单独得电，以保证空气位正常操纵。

（2）调整调压阀 53（SS_8 机车：53、54），使其整定值达到定压。

（3）将转换阀 153 置于"空气位"。

由于微动开关 3SA1 已切断电源电路，所以，微动开关 3SA2 闭合电路 809-818 与否均不能使排风 1 电空阀 254YV 得电。可见，在分析其工作过程中，不必考虑微动开关 3SA2 的工作状态，以简化分析过程。

（1）缓解位。

① 空气制动阀：作用柱塞在其凸轮及弹簧作用下左移至左端，开通总风经调压阀 53 与 a 管、b 管与大气的气路，则连通总风向均衡风缸充风的气路（总风→调压阀 53→作用柱塞阀→a 管→电空转换阀→均衡风缸），即均衡风缸压力升高。

② 中继阀：包括两部分动作。

a. 总风遮断阀：由于中立电空阀 253YV 失电而连通总风遮断阀管向大气排风的气路，所以，遮断阀左移而打开遮断阀口，使总风充入双阀口式中继阀的供气室内。

b. 双阀口式中继阀：随着均衡风缸压力的升高，活塞膜板带动顶杆右移而顶开供气阀口，连通总风向制动管及活塞膜板右侧充风的气路，即制动管压力升高；当活塞膜板右侧及制动管压力升高至与均衡风缸压力平衡时，在供气阀弹簧作用下，关闭供气阀口，且不打开排气阀口，即停止制动管充风。

③ 分配阀：包括 3 部分动作。

a. 主阀部：随着制动管压力的升高，主活塞通过主活塞杆带动滑阀、节制阀下移，连通制动管向工作风缸充风的气路；同时，尽管连通作用管通往 156 塞门的气路，但由于 156 塞门的关断（空气位下，156 塞门关断），故 156 不开通作用管排大气的气路，即作用管压力不变。

b. 紧急增压阀：随着制动管的压力升高，增压阀柱塞保持在下端，切断总风向作用管充风的气路。

c. 均衡部：作用管压力不变，均衡部不动作，即机车制动缸压力不变。

可见，机车制动机实现保压作用。同时，随着制动管压力升高，车辆制动机进行缓解。由于我国车辆制动机通常采用一次缓解性能的分配阀或三通阀，故车辆制动机产生完全缓解。

④ 紧急阀：随着制动管压力升高，使活塞膜板及活塞杆保持在上端，而不开启放风阀口，制动管压缩空气经缩孔Ⅰ、Ⅱ向紧急室充风，以备紧急制动时使用。

综上所述，该操纵可实现车辆缓解、机车保压。

（2）制动位。

① 空气制动阀：作用柱塞在其凸轮及弹簧作用下右移至右端，开通 a 管与大气、总风经调压阀 53 与 b 管的气路，则连通均衡风缸向大气排风的气路（均衡风缸→电空转换阀→a 管→作用柱塞阀→大气），即均衡风缸压力降低。

② 中继阀：包括两部分动作。

a. 总风遮断阀：由于中立电空阀 253 YV 失电而连通总风遮断阀管的排风气路，所以，遮断阀左移而开启遮断阀口，连通总风充往双阀口式中继阀供气室的气路。

b. 双阀口式中继阀：随着均衡风缸压力的降低，活塞膜板带动顶杆左移并打开排气阀口，连通制动管及活塞膜板右侧向大气排风的气路，即制动管压力降低；当制动管及活塞膜板右侧压力降低到与均衡风缸压力平衡时，在排气阀弹簧作用下，关闭排气阀口，且不打开供气阀口，即停止制动管排风。

③ 分配阀：包括三部分动作。

a. 主阀部：随着制动管压力的降低，主活塞通过主活塞杆带动节制阀上移，连通制动管向局减室降压的气路，以实现局部减压作用；随着制动管压力进一步降低，主活塞通过主活塞杆带动节制阀、滑阀继续上移，连通工作风缸向作用管充风的气路，即作用管压力升高，而工作风缸压力降低；当工作风缸压力降低至与制动管压力平衡时，在自重及稳定弹簧作用下，主活塞通过主活塞杆带动节制阀下移，切断工作风缸向作用管充风的气路，即作用管停止充风。

b. 紧急增压阀：随着制动管压力的降低，增压阀柱塞仍保持在下端，切断总风向作用管充风的气路。

c. 均衡部：随着作用管压力的升高，均衡活塞带动空心阀杆上移，顶开供气阀口，连通总风向机车制动缸及均衡活塞上侧充风的气路，即机车制动缸压力升高；当机车制动缸及均衡活塞上侧压力升高至与作用管压力平衡时，在供气阀弹簧作用下，均衡活塞和空心阀杆下移，关闭供气阀口，且不打开排气阀口，即停止机车制动缸的充风。

可见，机车制动机实现制动作用。同时，随着制动管压力降低，车辆制动机也进行制动。

④ 紧急阀：制动管压力降低，使活塞膜板带动活塞杆下移，但不足以顶开放风阀口，紧急室经缩孔Ⅰ向制动管逆流；当紧急室压力降低至接近制动管压力时，在安定弹簧作用下，活塞膜板带动活塞杆上移到上端。

综上所述，该操纵可实现全列车的常用制动，因此，用于列车减速或停车。

尽管空气制动阀手柄如果一直保持在制动位，可使均衡风缸和制动管减压到零，但在实际操纵中，不允许将空气制动阀手柄长时间停放制动位，以免引起制动管过量减压而延误缓解时机。

（3）中立位或运转位。

对于空气制动阀，作用柱塞在其凸轮及弹簧作用下处于中间位置，切断 a 管、b 管、调压阀及大气间的气路，即均衡风缸压力不变。

所以，均衡风缸既不充风，也不排风，即均衡风缸压力不变，导致中继阀、分配阀及车辆制动机、紧急阀均不动作而保持原状态，相应的制动管、工作风缸、紧急室、作用管、机车制动缸压力均不变，即全列车制动系统呈保压状态。

（4）下压手柄。

① 空气制动阀：当下压空气制动阀手柄时，推动转轴内的顶杆下移，从而顶开单缓阀口，连通作用管向大气排风的气路，即作用管压力降低。

② 分配阀均衡部：随着作用管压力的降低，均衡活塞带动空心阀杆下移，打开排气阀口，连通机车制动缸及均衡活塞上侧向大气排风的气路，即机车制动缸压力降低。当机车制动缸及均衡活塞上侧压力降低至与作用管压力平衡时，均衡活塞带动空心阀杆上移，关闭排气阀口，且不打开供气阀口，停止机车制动缸的排风。

综上所述，该操纵可实现机车的单独缓解。下压手柄操纵，通常在是空气制动阀中立位进行的。

三、DK-1 型电空制动机与机车其他系统的配合作用

由于 DK-1 型电空制动机是建立在电控的基础上而又采用积木式结构，这就不仅有利于扩展其制动机自身的功能，而且也为与机车其他系统的协调配合提供了极为有利的条件。有理由相信，随着 DK-1 型电空制动机在运用中的不断完善和改进，其配合的内容也将会逐渐增多。

下面以 SS_4 改进型、SS_8 型电力机车 I 端操纵为例，分析 DK-1 型电空制动机与机车其他系统的配合作用。其作用过程见附图 1 和附图 2 所示。

1. 列车分离保护（车长阀、121 塞门制动）

DK-1 型电空制动机与列车分离的配合用于防止列车分离（或制动管断裂）时而造成再次断钩事故的发生。而与车长阀制动的配合则用于当车长阀制动时，DK-1 型电空制动机随之产生紧急制动，以保证列车首尾运行状态的一致性，防止断钩等事故的发生，提高行车的安全性。

无论是制动管断裂、列车分离、车长阀制动，还是 121 塞门制动，都是直接开通制动管放风气路，从而使制动管压力迅速下降。因此，其与 DK-1 型电空制动机的配合过程相同。

设电空制动控制器手柄在过充位、运转位、中立位或制动位，即机车处于牵引工况（或惰行工况、制动工况制），则有导线 813 得电。当制动管断裂（或列车分离、车长阀制动，121 塞门制动）时，制动管迅速放风。

（1）紧急阀。

随着制动管压力迅速下降，紧急活塞带动活塞杆迅速下移而顶开其放风阀口，连通制动管的放风气路；同时，联动微动开关 95SA 闭合电路 838-839。待 15 s 后，因紧急室压缩空气经缩孔Ⅰ、Ⅲ排风使其压力与制动管压力趋于一致时，在弹簧作用下，关闭放风阀口；并且联动微动开关 95SA 断开电路 838-839。

（2）电路部分。

导线 813→464QS→95SA→中间继电器 451KA 得电，其常开联锁闭合而常闭联锁断开：

① 451KA 常开联锁闭合，导线 813→464QS→451KA→451KA 自持。

② 451KA 常闭联锁断开，使缓解电空阀 258YV 失电，从而切断均衡风缸的充风气路；同时，排风 2 电空阀 256YV 失电。

③ 451KA 常闭联锁断开，使排风 1 电空阀 254YV 失电，从而切断作用管的排风气路。

④ 451KA 常开联锁闭合，导线 813→二极管 261V→451KA→导线 821→二极管 264V（SS_8 机车：二极管 264V、273V）→导线 800→制动电空阀 257YV 得电，从而切断均衡风缸和初制风缸的排风气路。同时，经导线 821 也使 253YV、259YV 得电，以保证紧急制动可靠实施。

⑤ 451KA 常开联锁闭合，导线 813→451KA→导线 804 得电。此时产生两方面的作用：一方面，若机车有级位，即机车处于牵引工况，零位继电器 558KA（SS_8 机车：10KA）失电，则导线 804 经 558KA（SS_8 机车：10KA）常闭联锁，最终引起控制电路工作，使主断路器跳闸，切除机车牵引动力，保证机车由牵引工况转变为制动工况；另一方面，由导线 804 得电，使紧急电空阀 94YV 得电，连通总风向电动放风阀铜碗及膜板下侧充风的气路，即铜碗及膜板下侧压力升高。

（3）电动放风阀。

随着铜碗及膜板下侧压力的升高，膜板、铜碗推动心杆上移，顶开放风阀口，连通制动管向大气放风的气路，即制动管压力迅速降低。

（4）中继阀：包括两部分动作。

① 总风遮断阀：因中立电空阀 253YV 得电使遮断阀口关闭，以切断制动管的供气风源。

② 双阀口式中继阀：由于重联电空阀 259YV 得电，使双阀口式中继阀处于自锁状态，并且排风 2 电空阀 256YV 失电后排放过充风缸的压缩空气，使其失去对制动管压力变化的控制作用。

（5）分配阀：包括 3 部分动作。

① 主阀部：随着制动管压力迅速下降，主活塞通过主活塞杆带动节制阀、滑阀迅速上移至上端，连通工作风缸向作用管充风的气路，即作用管压力迅速升高。

② 紧急增压阀：随着制动管压力迅速下降及作用管压力迅速升高，增压阀柱塞迅速上移至上端，从而连通总风向作用管充风的气路，即作用管压力迅速升高，并且由低压安全阀将其压力限定在 450 kPa。

③ 均衡部：随着作用管压力迅速升高，均衡活塞带动空心阀杆迅速上移而顶开供气阀口，连通总风向机车制动缸及均衡活塞上侧充风的气路，即机车制动缸压力迅速升高；当机车制动缸压力及均衡活塞上侧压力迅速升高至与作用管压力平衡时，在供气阀弹簧作用下，关闭供气阀口，且不打开排气阀口，停止机车制动缸的充风。

可见，机车制动机实现紧急制动作用。同时，随着制动管压力迅速下降，车辆制动机也进行紧急制动。

综上所述，可以得到如下结论：

① 当列车分离、制动管断裂及车长阀、121塞门制动时，DK-1型电空制动机与之配合协调动作，产生紧急制动作用，并切除牵引工况机车的动力，以保证列车运行的安全。

② 当制动管断裂、列车分离和车长阀、121塞门制动引起紧急制动后，若要继续运行，则需将电空制动控制器手柄先移至重联位，再移回运转位，使中间继电器451KA失电解锁，待制动系统恢复正常后方能重新发车。

2. 与列车安全运行监控记录装置自动停车功能的配合

该配合用于列车安全运行监控记录装置自动停车功能起作用时，自动控制DK-1型电空制动机进行紧急制动，以确保行车安全。

设电空制动控制器手柄在过充位、运转位、中立位或制动位，即机车处于牵引工况（或惰行工况、制动工况），则有导线813得电。

（1）电路部分。

当列车安全运行监控记录装置自动停车功能起作用时，使继电器391KA得电动作，其常开联锁闭合，则导线813→464QS→导线838→391KA常开联锁（闭合）→导线839→中间继电器451KA得电，其常闭联锁断开而常开联锁闭合：

① 451KA常开联锁闭合，导线813→464QS→451KA→451KA自持。

② 451KA常闭联锁断开，使缓解电空阀258YV失电，从而切断均衡风缸的充风气路；同时，排风2电空阀256YV失电。

③ 451KA常闭联锁断开，使排风1电空阀254YV失电，从而切断作用管的排风气路。

④ 451KA常开联锁闭合，导线813→二极管261V→451KA→导线821→二极管264V（SS_8机车：二极管264Y、273V）→导线800→制动电空阀257YV得电，从而切断均衡风缸和初制风缸的排风气路。同时，经导线821也使253YV、259YV得电，以保证紧急制动可靠实施。

⑤ 451KA常开联锁闭合，导线813→45→导线804得电。此时产生两方面的作用：一方面，若机车有级位，即机车处于牵引工况，零位继电器558KA（SS_8机车：10KA）失电，则导线804经558KA（SS_8机车：10KA）常闭联锁，最终引起控制电路工作，使主断路器跳闸，切除机车牵引动力，保证机车由牵引工况转变为制动工况；另一方面，由导线804得电，使紧急电空阀94YV得电，连通总风向电动放风阀铜碗及膜板下侧充风的气路，即铜碗及膜板下侧压力升高。

（2）电动放风阀。

随着铜碗及膜板下侧压力的升高，膜板、铜碗推动心杆上移，顶开放风阀口，连通制动管向大气放风的气路。

（3）紧急阀。

随着制动管压力的迅速降低，紧急活塞带动活塞杆迅速下移而顶开紧急阀放风阀口，连通制动管向大气放风的气路，加速制动管放风；同时，联动微动开关95SA闭合电路838-839。待15 s后，因紧急室压缩空气经缩孔Ⅰ、Ⅲ排风使其压力与制动管压力趋于一致时，在弹簧作用下，关闭放风阀口；同时，联动微动开关95SA断开电路838-839。

（4）中继阀：包括两部分动作。

① 总风遮断阀：因中立电空阀253YV得电使遮断阀口关闭，以切断制动管的供气风源。

② 双阀口式中继阀：由于重联电空阀 259YV 的得电使双阀口式中继阀处于自锁状态，并且排风 2 电空阀 256YV 失电而排放过充风缸的压缩空气，使其失去对制动管压力变化的控制作用。

（5）分配阀：包括 3 部分动作。

① 主阀部：随着制动管压力的迅速下降，主活塞通过主活塞杆带动节制阀、滑阀迅速上移至上端，连通工作风缸向作用管充风的气路，即作用管压力迅速升高。

② 紧急增压阀：随着制动管压力迅速下降及作用管压力迅速升高，增压阀柱塞迅速上移至上端，从而连通总风向作用管充风的气路，即作用管压力迅速升高，并且由低压安全阀将其压力限定在 450 kPa。

③ 均衡部：随着作用管压力迅速升高，均衡活塞带动空心阀杆迅速上移而顶开供气阀口，连通总风向机车制动缸及均衡活塞上侧充风的气路，即机车制动缸压力迅速升高；当机车制动缸压力及均衡活塞上侧压力迅速升高至与作用管压力平衡时，在供气阀弹簧作用下，关闭供气阀口，且不打开排气阀口，停止机车制动缸的充风。

可见，机车制动机实现紧急制动作用。同时，随着制动管压力迅速下降，车辆制动机也进行紧急制动。

综上所述，可以得到如下结论：

① 当列车安全运行监控记录装置自动停车功能起作用时，DK-1 型电空制动机与之配合协调动作，产生紧急制动作用，并切除牵引工况机车的动力，以保证列车运行的安全。

② 列车安全运行监控记录装置自动停车功能引起紧急制动后，若要继续运行，则需扳动恢复自动停车信号电器屏上的恢复开关，使继电器 391KA 失电，待自停系统和制动系统恢复正常后方能重新发车。

当 391KA 或自停系统发生故障时，可用转换开关 464QS 进行切除，以免影响制动机正常工作。

3. 与动力制动的配合

动力制动是电传动机车采用的又一种较为可靠的制动形式。为使空气制动与动力制动能协调作用，充分利用动力制动的效能，保证列车既安全又经济地运行，DK-1 型电空制动机设置了与动力制动联锁配合的功能。

1）动力制动前微量空气制动的投入与消除

该方式又称电空联锁性能。当实施动力制动时，其制动力通过机车牵引电机电磁反转矩产生于机车动轮踏面与轨道之间。因此，动力制动的制动力集中在机车部分，即机车动轮对轨道产生较大的反作用力。特别是在曲线下坡道上施用动力制动时，该反作用力的横向分力将加剧轨道的横移，而不利于列车的正常行车。为了改善列车在曲线下坡道运行施用动力制动时，造成轨道横移的不良影响，在动力制动初始阶段，DK-1 型电空制动机自动产生 40~50 kPa 减压量的空气制动，并保持 25 s 左右后，该空气制动自动消除。

设电空制动控制器手柄在运转位或过充位，空气制动阀手柄在运转位，即机车处于牵引工况或惰行工况，则有：

① 导线 803、809（或 805）、813 得电；

② 均衡风缸充有定压，制动管充有定压或过充压力，即全列车实现缓解或仅保持机车制动。

（1）列车空气制动的自动产生。

① 电路部分。

对于 SS₄ 改进型电力机车，当司机将司机控制器换向手柄置于"制动位"时，导线 405 得电。一方面经控制电路使励磁接触器得电，其常开联锁 91KM 闭合；同时使风速时间继电器 530KT 常开联锁闭合。另一方面经电空制动控制器使导线 836 得电。当司机操纵司机控制器调速手柄离开"0 位"移向"制动区"时，导线 415 得电，导线 415→530KT→导线 855→常开联锁 91KM 闭合→导线 856→466QS→导线 857→465QS→导线 841→电子时间继电器 454KT 得电并开始延时；同时，导线 841→中间继电器 453KA 常闭联锁→中间继电器 452KA 得电，其常开联锁闭合而常闭联锁断开：

a. 中间继电器 452KA 常闭联锁断开，使排风 1 电空阀 254YV 失电，从而切断作用管经排风 1 电空阀 254YV 向大气排风的气路。

b. 中间继电器 452KA 常闭联锁断开，使缓解电空阀 258YV 失电，从而切断均衡风缸的充风气路；也使排风 2 电空阀 256YV 失电，连通过充风缸经 256YV 排风的气路。同时，由于制动电空阀 257YV 的失电，所以，连通均衡风缸经初制风缸向大气排风的气路，当均衡风缸减压 20 kPa 时，压力开关 209 联动微动开关 209SA 闭合电路 822-800，断开电路 827-807。

c. 中间继电器 452KA 常开联锁闭合，导线 836→452KA→209SA→导线 800→制动电空阀 257YV 得电，从而切断均衡风缸经初制风缸向大气排风的气路，以控制均衡风缸减压量达到 40～50 kPa。

对于 SS₈ 型电力机车，当司机将司机控制器换向手柄置于"制动位"时，导线 466 得电。一方面经控制电路使预备中间继电器 25KA 得电；另一方面经电空制动控制器使导线 836 得电。此时，导线 466→25KA 常开闭合→271V→465QS→导线 841→电子时间继电器 454KT 得电并开始延时；同时，导线 841→中间继电器 453KA 常闭联锁→中间继电器 452KA 得电，其常开联锁闭合而常闭联锁断开：

a. 中间继电器 452KA 常闭联锁断开，使排风 1 电空阀 254YV 失电，从而切断作用管经排风 1 电空阀 254 YV 向大气排风的气路。

b. 中间继电器 452KA 常闭联锁断开，使缓解电空阀 258YV 失电，从而切断均衡风缸的充风气路；也使排风 2 电空阀 256YV 失电，连通过充风缸经 256YV 排风的气路。同时，由于制动电空阀 257YV 的失电，所以，连通均衡风缸经初制风缸向大气排风的气路，当均衡风缸减压 20 kPa 时，压力开关 209 联动微动开关 209SA 闭合电路 822-800，断开电路 827-807。

c. 中间继电器 452KA 常开联锁闭合，导线 836→455KA→452KA→209SA→800→257YV 得电，从而切断均衡风缸经初制风缸向大气排风的气路，以控制均衡风缸减压量达到 40～50 kPa。

② 中继阀：包括两部分动作。

a. 总风遮断阀：由于中立电空阀 253 YV 失电使遮断阀口开启，连通总风充往双阀口式中继阀供气室的气路。

b. 双阀口式中继阀：随着均衡风缸压力的降低，活塞膜板带动顶杆左移并打开排气阀口，连通制动管及活塞膜板右侧向大气排风的气路，即制动管压力降低；当制动管及活塞膜板右侧压力降低到与均衡风缸压力平衡时，在排气阀弹簧作用下，关闭排气阀口，且不打开供气阀口，制动管产生 40～50 kPa 的减压量。

③ 分配阀：包括 3 部分动作。

a. 主阀部：随着制动管压力的降低，主活塞通过主活塞杆带动节制阀上移，连通制动管向局减室降压的气路，以实现局部减压作用；随着制动管压力的进一步降低，主活塞通过主活塞杆带动节制阀、滑阀继续上移，连通工作风缸向作用管充风的气路，即作用管压力升高，而工作风缸压力降低；当工作风缸压力降低至与制动管压力平衡时，在自重及稳定弹簧作用下，主活塞通过主活塞杆带动节制阀下移，切断工作风缸向作用管充风的气路，作用管停止充风。

b. 紧急增压阀：随着制动管压力的降低，增压阀柱塞仍保持在下端，切断总风向作用管充风的气路。

c. 均衡部：随着作用管压力的升高，均衡活塞带动空心阀杆上移，顶开供气阀口，连通总风向机车制动缸及均衡活塞上侧充风的气路，即机车制动缸压力升高；当机车制动缸及均衡活塞上侧压力升高至与作用管压力平衡时，在供气阀弹簧作用下，均衡活塞和空心阀杆下移，关闭供气阀口，且不打开排气阀口，停止机车制动缸的充风。

可见，机车制动机实现常用制动作用。同时，随着制动管压力的降低，车辆制动机也进行制动。

（2）列车空气制动的自动消除。

① 电路部分。

待延时约 25 s 后，电子时间继电器 454KT 接通中间继电器 453KA 的供电电路而使中间继电器 453KA 得电，其常闭联锁断开而常开联锁闭合。

对于 SS_4 改进型电力机车，453KA 常闭联锁断开，使中间继电器 452KA 失电复原，则有：

a. 中间继电器 452KA 常闭联锁闭合，若电空制动控制器在运转位，则由导线 809 使排风 1 电空阀 254YV 得电，连通作用管经排风 1 电空阀 254YV 的排风气路，作用管压力降低。

b. 中间继电器 452KA 常闭联锁闭合，使缓解电空阀 258YV 得电，从而连通均衡风缸的充风气路并切断其排风气路，均衡风缸充风至定压。同时，排风 2 电空阀 256YV 得电。

c. 中间继电器 452KA 常开联锁断开，使制动电空阀 257YV 恢复失电，排放初制风缸压缩空气，为再次制动做准备。

同时，453KA 常开联锁闭合，导线 841→270V→453KA 常闭联锁闭合→排风 1 电空阀 254YV 得电，从而连通作用管经排风 1 电空阀 254 YV 的排风气路，作用管压力降低。

对于 SS_8 型电力机车，453KA 常闭联锁断开，使中间继电器 452KA 失电复原，则有：

a. 中间继电器 452KA 常闭联锁闭合，若电空制动控制器在运转位，则由导线 809 使排风 1 电空阀 254YV 得电，连通作用管经排风 1 电空阀 254YV 的排风气路，作用管压力降低。

b. 中间继电器 452KA 常闭联锁闭合，使缓解电空阀 258YV 得电，从而连通均衡风缸的充风气路并切断其排风气路，均衡风缸充风至定压。同时，排风 2 电空阀 256YV 得电。

c. 中间继电器 452KA 常开联锁断开，使制动电空阀 257YV 恢复失电，排放初制风缸压缩空气，为再次制动做准备。

同时，453KA 常开联锁闭合，导线 841→270V→453KA→排风 1 电空阀 254YV 得电，从而连通作用管经排风 1 电空阀 254YV 的排风气路，作用管压力降低。

② 中继阀：包括两部分动作。

a. 总风遮断阀：由于中立电空阀 253 YV 失电使遮断阀口打开，使总风充入双阀口式中继阀的供气室内。

b. 双阀口式中继阀：随着均衡风缸压力的升高，活塞膜板带动顶杆右移而顶开供气阀口，连通总风向制动管及活塞膜板右侧充风的气路，即制动管压力升高，直至恢复原压力。

③ 分配阀：包括 3 部分动作。

a. 主阀部：随着制动管压力的升高，主活塞通过主活塞杆带动滑阀、节制阀下移，连通制动管向工作风缸充风的气路；同时，尽管连通作用管通往 156 塞门的气路，但由于 156 塞门的关断，故 156 不开通作用管排大气的气路。

b. 随着制动管压力的升高，增压阀柱塞保持在下端，切断总风向作用管充风的气路。

c. 均衡部：随着排风 1 电空阀 254YV 得电而使作用管压力降低，均衡活塞带动空心阀杆下移，打开排气阀口，连通机车制动缸及均衡活塞上侧向大气排风的气路，直至机车制动缸压力降低为零。

可见，机车制动机实现缓解作用。同时，随着制动管压力的升高，车辆制动机也进行缓解。

综上所述，当司机操纵司机控制器进行动力制动时，DK-1 型电空制动机自动控制全列车制动系统产生 40～50 kPa 的减压量所引起的空气制动，并且维持 25 s 后自动消除。

当司机操纵换向手柄移出"制动位"而停止动力制动时，导线 405（SS_8 机车：466）失电，从而使 452KA、453KA、454KT 失电，相关电路复原，为下一次动力制动或空气制动做准备。

2）动力制动不足时，追加空气制动

SS_4 改进型电力机车上设有风压继电器 544 YJ（SS_8 机车：544KP，下同），整定值为 150 kPa。其目的是用于动力制动和空气制动同时施用时，若机车制动缸压力超过 150 kPa，则自动切断动力制动的励磁电源，以避免因制动力过大而造成制动滑行。但是，实际运行中，根据动力制动的性能、特点和列车运行的需要，往往需同时实施动力制动和空气制动，以提高列车制动力，确保行车安全。为了解决这一问题，DK-1 型电空制动机设置了在动力制动的基础上，追加空气制动的功能。下面，简要分析其工作过程。

司机操纵司机控制器实施动力制动 25 s 后，由于中间继电器 453KA 维持得电，因此，导线 415→530KT→导线 855→常开联锁 91KM 闭合→导线 856→466QS→导线 857→465QS→导线 841→270V→453KA→导线 862→451KA→排风 1 电空阀 254YV 得电（SS_8 机车：导线 466→25KA→271V→465QS→导线 841→270V→453KA→254YV），从而保持作用管排风气路的开通。当需要追加空气制动时，司机将电空制动控制器手柄移至制动位，缓解电空阀 258YV 和制动电空阀 257YV 同时失电，从而连通均衡风缸排风气路，致使制动管也产生减压量，因此车辆进行制动。而对机车而言，尽管制动管压力下降使分配阀主阀部连通工作风缸向作用管充风的气路，但因排风 1 电空阀 254YV 得电而保持了作用管的排风气路，所以，作用管的压力不可能达到 150 kPa，即机车制动缸压力不会达到 150 kPa 而维持风压继电器 544W 不动作，从而实现了动力制动和空气制动的同时实施。这样，在动力制动工况下，补充车辆的空气制动，既简化操纵程序，又安全可靠。

值得注意的是：上述作用的实现，须符合先动力制动 25 s 后，再追加空气制动的操纵方法（即同时操纵动力制动和空气制动；或先操纵动力制动，25 s 内再操纵空气制动；或先操纵空气制动，再操纵动力制动），否则动力制动和空气制动的配合，将受风压继电器 544YJ 的限制。

另外，在动力制动工况下，遇有危及行车安全和人身安全的紧急情况时，仍可实施紧急制动。此时，由于作用管的充风较快，而使机车制动缸得到较大的充风，所以，风压继电器544YJ 动作，从而切除动力制动，以避免造成制动滑行。

转换开关 465QS 的设置，主要是考虑不同运行区段使用动力制动的要求有所不同，故不作硬性规定，可根据运行需要及效果进行选择。此外，当其相应电路故障而影响正常运行时，可进行切除。

3）SS₄ 改进型电力机车空电联合制动

电力机车空气-电阻联合制动是以机车准恒速加馈电阻制动以及 DK-1 型电空制动机技术为基础，为适应重载、高速列车的需要而发展起来的一种技术装备。它是通过司机控制器手柄级位、机车速度、加馈电阻制动电流以及联合制动、电制动、DK-1 型电空制动机状态、主断路器闭合状态、分相无电区等模拟或数字信号的输入，经电子柜内单片机硬件、软件处理后，对 DK-1 型电空制动机和加馈电阻制动发出控制指令，并经空电联合制动控制环节，自动对列车制动机、机车制动机实施制动减压、保压或充风缓解，同时对电制动进行必要的干预。在充分利用电制动的前提下，使两种制动方式有机地结合起来，维持列车在给定速度带中安全运行，保证长大重载列车的安全运行。

空电联合制动的切换由制动屏柜内联合制动电器屏上空电联合转换开关 466QS 完成，该开关有 3 个位置："0 位"切除、"Ⅰ位"自动缓解空气制动、"Ⅱ位"手动缓解空气制动。

列车运行在长大坡道上时，电空制动控制器手柄置于"运转位"，空气制动阀手柄置于"运转位"。若空电联合转换开关 466QS 在"Ⅰ位"，则司机只需转动司机控制器给定手轮，给定机车运行速度指令，空电联合制动装置将在机车电制动力已达最大，而列车继续加速到超过给定速度 5 km/h 时，发出一级减压指令（制动管减压 50 kPa）；如果速度还继续上升到超过给定速度 15 km/h 时，发出二级减压指令（制动管追加减压 20 kPa，即减压 70 kPa）。为发挥电制动作用，空气制动投入后，电制动将维持最大。当列车速度低于给定速度 15 km/h 时，将自动缓解列车空气制动。若空电联合转换开关 466QS 在"Ⅱ位"，则列车空气制动的缓解只能靠司机将电空制动控制器手柄从运转位移置中立位，再移回运转位来完成。在空气制动缓解后，为延长列车充风时间，电制动还将维持最大制动力达 1 min。空电联合制动过程中，司机根据运行要求可以随时人工干预空气制动，对制动管追加减压或充风缓解。同时，运行中只要机车存在电制动力，机车制动缸压力将自动缓解。

当空电联合转换开关 466QS 处于"1 位"时，为确保行车安全，在通过分相无电区断电时，空电联合制动将锁定在断电时的状态，只有在合闸以及重新给定司机控制器，司机按动操纵台面上的解锁恢复按钮，空电联合制动将从锁定点开始恢复工作。空电联合制动的锁定和解锁可在司机操纵台空电联合显示灯上显示。

此外，在机车加馈电阻制动故障后，空电联合制动装置将自动实行制动管减压。

空电联合制动的控制过程包括以下几方面。

（1）空电联合制动工作指令。

导线 899（电源）→空气制动阀上的 3SA（1）→导线 801→电空制动控制器 1AC（运转、过充、中立、制动位）→导线 813→空电联合转换开关 466QS（Ⅰ、Ⅱ位）→导线 833→电子柜 AE。

当电子柜接收到导线833送入的电压信号（DC 110 V），而电子柜本身也处于准恒速加馈电阻制动位（即电子柜处于A组、司机控制器调速手柄置于制动位）时，电子柜的空电联合制动环节开始工作。

从上述工作可知，只有DK-1型电空制动机处于电空位，且电空制动控制器手柄置于除重联位、紧急位以外的各位，以及空电联合转换开关466QS处于Ⅰ位或Ⅱ位时，导线833才有电。这就保证了只有DK-1型电空制动机处于电空位，本务机车操纵端电子柜的空电联合制动控制环节才能投入工作，而非操纵端和重联机车的电子柜的空电联合制动控制环节不能工作。另外，通过空电联合转换开关可切除电子柜的空电联合制动控制环节的工作指令，使电子柜的空电联合制动控制环节停止工作。

（2）制动缸压力自动缓解。

在空电联合制动过程中，当电子柜检测到的电阻制动电流不小于30 A时，电子柜将发出制动缸缓解指令。该指令为一常开联锁，发出指令时，使得导线445与845连通，则有：

① 导线405（司机控制器制动位有电）→空电联合转换开关466QS（Ⅰ、Ⅱ位）→导线445→电子柜AE常开联锁闭合→导线845→中间继电器457KA得电。

② 导线405→中间继电器457KA常开联锁→导线828→中间继电器452KA常闭联锁→导线862→中间继电器451KA常闭联锁→导线863→排风1电空阀254YV得电。

③ 作用管（包括容积室）压缩空气→排风1电空阀254YV下阀口→大气。

由于作用管压缩空气自动排大气，通过分配阀均衡部动作后，使机车制动缸压缩空气也排大气，实现缓解。

（3）制动管减压控制。

在空电联合制动过程中，当机车电制动力按准恒速特性控制已达最大，且列车继续加速超过给定速度5 km/h时，电子柜发出一级减压指令，即电子柜内列车缓解继电器得电，其常开联锁闭合，导线846与847连通。同时，制动减压继电器得电1 s后失电，其常开联锁使导线847与848连通1 s后断开，常闭联锁使导线850与849断开1 s后连通。

① 空电联合转换开关466QS处于Ⅰ位。

导线803（电空位下电空制动控制器置运转、过充位时有电）→466QS（Ⅰ位）→导线846→AE联锁→导线847→AE联锁（闭合1 s）→导线848→455KA。

导线847→455KA常开联锁→导线848→455KA。

即中间继电器455KA得电并自锁。

导线803→455KA常开联锁（闭合）→导线849→AE联锁（断开1 s后闭合）→导线850→456KA。

中间继电器456KA比455KA晚1 s得电。

455KA断开，切断254YV经导线818得电的电路；455KA断开，使258 YV、256YV失电；其余各电空阀和中间继电器与电空制动控制器运转位相同。

所以，缓解电空阀258YV、制动电空阀257YV同时失电，连通均衡风缸向大气排风的气路，均衡风缸压力下降。

由于电子柜发出一级减压指令时，电制动电流已达最大值，电子柜还将发出制动缸自动缓解指令。即导线405→466QS→导线445→AE联锁→导线845→457KA得电。经电路：导线405→457KA常闭闭合→452KA→451KA→254YV，使排风1电空阀254YV得电，作用管排大气，实现制动缸的自动缓解。

在中间继电器 455KA 得电 1 s 后，中间继电器 456KA 得电，则有：导线 405→电空制动控制器 1AC→导线 836→中间继电器 456KA 常开闭合→导线 822→209SA→导线 800→257YV，使制动电空阀 257YV 得电，切断了均衡风缸的排气口。由于均衡风缸压缩空气只经制动电空阀 257YV 排气口排风 1 s，其余与初制风缸均衡，所以均衡风缸只减压 50 kPa 左右。同样中继阀使制动管减压 50 kPa 左右后自动保压，车辆产生初制动作用。

因在制动管减压、保压过程中，中立电空阀 253YV 一直失电，所以总风遮断阀没有关闭制动管的风源，使制动管的漏泄能够得到补充。

② 空电联合转换开关 466QS 处于Ⅱ位。

导线 803→466QS（Ⅰ位）→导线 846→466QS（Ⅱ位）→导线 847→AE 联锁（闭合 1 s）→导线 848→455KA。

导线 847→455KA 常开闭合→导线 848→455KA。

即中间继电器 455KA 得电并自锁。

其余电路、气路及各阀作用与空电联合转换开关 466QS 处于Ⅰ位时完全相同，均衡风缸、制动管减压 50 kPa 后自动保压，机车制动缸自动缓解，而车辆产生初制动作用。

（4）制动管追加减压。

① 自动追加减压。

在空电联合制动过程中，电子柜发出一级减压指令，且制动管已减压 50 kPa 后，如果列车速度继续上升，达到大于给定速度 15 km/h；或一级减压投入后，列车速度不再上升，也不再下降（或下降很慢），5 min 内不能达到缓解点，电子柜将发出二级减压指令，即电子柜内制动减压继电器得电 1 s 后失电，其常闭联锁使导线 850 与 849 断开 1 s 后再连通。由中间继电器 456KA 得电电路可知，中间继电器 456KA 将失电 1 s 后再得电。这时 456KA 的常开联锁使得导线 836 与 822 断开 1 s 后再连通，制动电空阀 257YV 失电 1 s 后再得电。

由于制动电空阀 257YV 失电 1 s 后再得电，均衡风缸压缩空气将经制动电空阀 257YV 上阀口排大气 1 s。这时均衡风缸追加减压 20 kPa，同时制动管也追加减压 20 kPa。

② 人工追加减压。

在空电联合制动装置进行一级减压后，司机可以通过移动电空制动控制器手柄达到追加制动管减压的目的。

当电空制动控制器手柄从运转位移至制动位再放中立位时，由于导线 803 失电，中间继电器 455KA、456KA 均失电，空电联合制动装置失去对 DK-1 型电空制动机的控制作用。这时除排风 1 电空阀 254YV 受中间继电器 457KA 控制仍保持得电外，其余电路与电空位下电空制动控制器手柄在制动位和中立位完全相同，均衡风缸、制动管追加减压，其减压量受电空制动控制器手柄在制动位停留时间的控制。

（5）制动管充气缓解。

① 自动充气缓解。

在空电联合制动装置已进行空气制动后，且电空制动控制器手柄仍在运转位，转换开关 466QS 在Ⅰ位。当列车速度下降到小于给定速度 15 km/h 时（该缓解点速度应大于 35 km/h），电子柜发出缓解指令，即电子柜内原得电的缓解继电器失电，其常开联锁断开导线 846-847，使中间继电器 455KA 失电。接着 455KA 常开联锁断开中间继电器 456KA 的电源，中间继电器 456KA 失电。DK-1 型电空制动机恢复到电空制动控制器在运转位时的状态，均衡风缸、制动管充风缓解，全列车制动机缓解。

如果电空制动控制器手柄仍在运转位，转换开关 466QS 在Ⅱ位，电子柜发出的缓解指令，不能影响中间继电器 455KA、456KA 的得电。

② 人工充气缓解。

由中间继电器 455KA 得电电路可知，只要导线 803 失电后再得电，中间继电器 455KA 将解锁后失电，同时中间继电器 456KA 也将失电。

在转换开关 466QS 处于Ⅰ位，但还没自动缓解前，或转换开关 466QS 处于Ⅱ位时，将电空制动控制器手柄从运转位移至中立位，让导线 803 失电后，手柄再回运转位，中间继电器 455KA、456KA 将失电，DK-1 型电空制动机将恢复到电空制动控制器的运转位状态，均衡风缸、制动管充风缓解，全列车制动机缓解。

（6）通过分相区时空电联合制动的锁定与解锁。

由于空电联合制动的速度控制指令是由司机控制器的给定手柄提供的，在通过分相无电区时，因机车主电路、辅助电路的要求，重新闭合主断路器之前，司机控制器给定手柄应回"0"位。这时，空电联合制动指令的改变将影响列车制动机的正常工作。为保证列车制动性能，空电联合采用如下电路和操作方法：

① 在通过分相区前，司机先按分闸按钮，再断辅机和司机控制器给定手柄回"0"位，则有：

导线 405→466QS（Ⅰ、Ⅱ位）→导线 445→主断路器辅助联锁 4QF（分闸时闭合）→446QS（Ⅰ位）→458KlA。

导线 445→空电恢复按钮 485SB→458KA 常开联锁→446QS（Ⅰ位）→458KlA。

即中间继电器 458KA 得电并自锁，同时：

导线 445→458KA 常开联锁（闭合）→导线 831→电子柜 AE。

导线 780（DC 24 V 电源线）→458KA 常开联锁（闭合）→空电恢复指示灯 39EL→导线 700（DC 24 V 负线）。

电子柜接收到导线 831 输入的 DC 110 V 信号后，将自动锁定空电联合制动状态。同时，司机操纵台上空电恢复指示灯 39EL 亮。

② 在通过分相区后，司机先合闸，再启动辅机，重新给定司机控制器。确认完毕，按压司机操纵台上空电恢复按钮 485SB 后，中间继电器 458KA 解锁并失电。导线 831 失电，同时司机操纵台上空电恢复指示灯 39EL 灭；电子柜从锁定点恢复空电联合制动的控制。

以上作用只在空电联合转换开关 466QS 处于Ⅰ位时存在。

空电联合制动发生作用时，原 DK-1 型电空制动机的电空联锁性能将被切除。只有空电联合转换开关处于"0"位时，电空联锁性能才起作用。

4. 检查制动管折角塞门开通状态

列车制动系统正常工作的基本前提是贯穿列车首尾的制动管处于开通状态。如果某一制动管折角塞门关断，那么自该折角塞门以后的所有制动机将失去控制，不可避免地造成列车制动力不足，从而危及行车安全。这方面的行车事故屡见不鲜，因此，在列车运行中，必须保证全列车制动管的畅通无阻。但由于我国铁路运输的特殊情况及其他种种原因，运行中关断制动管折角塞门的现象时有发生,由此而引起的事故是极为严重和可怕的。为避免此类事故的发生,铁路部门除制定严密的操作管理规程外,还要求制动机本身应具备便于检查制动管折角塞门开通与否的功能。

根据客、货运输的特点和需要,SS_4 改进型电力机车的 DK-1 型电空制动机设置了此项功能,而 SS_8 型电力机车的制动机则没有设置此项功能。下面按照检查制动管折角塞门开通状态的操纵方法来分析其工作过程。

(1)将电空制动控制器手柄置于运转位。

导线 803 得电,且全列车处于缓解状态。

(2)按下"检查充气 481SB"按钮,直到制动管压力超过定压 100 kPa 为止。

当按下检查充气按钮时,导线 803→570QS1→481SB→检查电空阀 255YV 得电,连通总风向均衡风缸迅速充风的气路,即均衡风缸压力迅速升高,经中继阀动作,使制动管压力也迅速升高,直到制动管压力表指针指向超过定压 100 kPa 时为止。该作用过程中,由于制动管又细又长,且制动管压力表安装在机车的制动管支管上,所以,此时制动管压力表的读数只反映机车附近制动管的压力,而列车后部的制动管的压力比该值小得多。

(3)松开"检查充气 481SB"按钮并立即按下"检查消除 483SB"按钮,观察制动管压力表读数的变化。

当松开检查充气按钮并按下检查消除按钮时,首先,确定电空阀 255YV 失电,从而切断总风向均衡风缸充风的气路;其次,导线 803→570QS1→483SB→重联电空阀 259YV 得电,从而连通均衡风缸与制动管之间的气路,并使中继阀处于自锁状态。此时,均衡风缸过充量随列车前部制动管的过充量向后衰减,即制动管压力表读数下降。可见,制动管压力衰减快且幅度大,则可确认制动管畅通;反之,则可怀疑制动管通路受阻。

综上所述,可得到如下结论:

① 该操纵用于检查制动管折角塞门的开通状态,确保列车的行车安全。

② 操作步骤:

a. 将电空制动控制器手柄置于运转位。

b. 先按下检查充气按钮,待制动管压力超过定压 100 kPa 时为止。

c. 松开检查充气按钮并立即按下检查消除按钮,观察制动管压力衰减情况,以判断制动管折角塞门的开通情况。

③ 判断方法:

在较短时间内,制动管恢复定压,则为制动管畅通,无关断现象。

在一定时间内,制动管不能恢复定压,应引起警惕,可视为制动管不畅通,有折角塞门关断,须采取必要措施,并且制动管压力与定压差值越大,则关断处所离机车越近。

此方法只能定性地判断,并且随牵引车辆数的变化而有所变化。

④ 使用时的注意事项:

a. 制动管过充量不宜过高,一般控制在 100 kPa 左右。

b. 在消除过程中,即使制动管畅通,但由于受中继阀灵敏度的限制,恢复到与定压完全一致也是不可能的。通常,恢复到比定压高出 10 kPa 即属正常。

c. 对于单机,由于制动管容积小,所以,按下消除按钮时,只要制动管略有下降即可认为该装置作用正常。

⑤ 列车行驶过程中，严禁按压"检查充气"按钮，以防发生过量供给。所谓过量供给，是指司机误操作或制动机某部件发生故障，使制动管压力超过定压的现象。发生过量供给后，车辆副风缸压力也随之升高，当制动管恢复定压或发生泄漏时，虽然司机并未施行减压制动，但列车也会产生自然制动，从而造成轮箍弛缓、晚点等行车事故。

5. 补风转换作用

制动管的泄漏是不可避免的，其泄漏量的标准根据各国的具体情况而制定。我国目前的标准为每分钟泄漏不大于 20 kPa。在制动保压过程中，制动管的泄漏量若不能得到及时补充，则随保压时间的延续，制动管的实际减压量会随之增加，制动缸压力也随之增大。可见，列车制动力是变化的，这给操纵带来不便。但我国目前的车辆制动机受其性能的限制，制动管不宜具有补风性能，因为一旦制动管补风，就有可能会使车辆制动机产生自然缓解现象，这是非常危险的。考虑到制动机性能将随铁路运输事业发展的需要而日臻完善，DK-1 型电空制动机增加了补风转换作用。

补风转换作用由转换开关 463QS 控制实现。在不补风位时，转换开关 463QS 闭合电路，电空制动控制器制动位或中立位，使导线 806 经转换开关 463QS 向中立电空阀 253YV 供电，从而使总风遮断阀口关闭，以切断制动管的补风风源。而在补风位时，转换开关 463QS 断开电路，这样，即使电空制动控制器在制动位或中立位，也不能使中立电空阀 253YV 得电，从而保证总风遮断阀口开启，使制动管具有补风风源，因而当制动管泄漏时也能得到补充。

6. SS_8 型电力机车的新增配合

SS_8 型电力机车 DK-1 型电空制动机，增设了与旅客列车电空制动装置、速度分级控制系统、速度监控装置和弹簧止轮器等的配合。

（1）与旅客列车电空（或电控）制动装置的配合。

当旅客列车电空制动装置准备投入使用时，将机车电空制动屏柜"列车电空制动"转换开关 468QS 置于"Ⅰ"位或"Ⅱ"位。

① 列车缓解：将电空制动控制器手柄置于"运转位"或"过充位"，导线 803 得电→455KA 闭合→452KA 闭合→451KA 闭合→导线 837→44KM 闭合→210SA→468QS→41KM 得电，接通旅客列车电空制动装置缓解电路 898-875，使旅客列车电空制动装置进行缓解；同时，司机台"列车缓解"信号灯亮。当制动管压力达到定压时，压力开关 210 联动 210SA 切断电路 898-875，使旅客列车电空制动装置停止缓解，"列车缓解"信号灯灭。

② 列车保压：将电空制动控制器手柄置于"中立位"，导线 807 得电→455KA 闭合→262V→导线 800→44KM 闭合→468QS→42KM 得电，接通旅客列车电空制动装置保压电路 898-876，使旅客列车电空制动装置进行保压；同时，司机台"列车保压"信号灯亮。此时，若电空制动控制器手柄是由运转位或过充位移至中立位，则在导线 800 得电的同时，导线 837 也得电（导线 807→455KA 闭合→导线 817→209SA→导线 827→263V→452KA 闭合→451KA 闭合→导线 837），使 41KM、42KM 同时得电，全列车保压。若电空制动控制器手柄是由制动位移至中立位，则只有导线 800 得电，使 42KM 得电，全列车保压。

③ 列车制动：将电空制动控制器手柄置于"制动位"，导线 808 得电→208SA 联锁闭合→42KM 闭合→468QS→43KM 得电，接通旅客列车电空制动装置制动电路 898-877，使旅客列车电空制动装置进行制动；同时，司机台"列车制动"信号灯亮。当均衡风缸减压 190～

230 kPa 时，208SA 断开电路 808-840，使 43KM 失电，从而控制旅客列车电空制动装置停止制动；同时，司机台"列车制动"信号灯熄灭。

④ 列车紧急：将电空制动控制器手柄置于"紧急位"，导线 804 得电→468QS→44KM 得电，接通旅客列车电空制动装置紧急电路 898-878，使旅客列车电空制动装置进行紧急制动；同时，司机台"列车紧急"信号灯亮。

若旅客列车不具备电空制动性能或其发生故障，应将机车电空制动屏柜"列车电空制动"转换开关 468QS 置于"0"位，而采用空气制动控制旅客列车制动机。

（2）与速度分级控制系统及速度监控装置的配合。

① 与速度分级控制系统的配合：当速度分级控制系统根据线路信号发出轻微、一级制动、二级制动或紧急制动信号给机车微机控制系统时，机车微机控制系统使导线 840 得电，导线 840→466QS→455KA 得电：

a. 455KA 常闭断开→254YV 失电，关断作用管的排风气路。

b. 455KA 常闭断开→258YV、256YV 失电，同时 257YV 失电，开通均衡风缸的排风气路，全列车制动系统进行常用制动。

当制动机达到一级常用减压量时，机车微机控制系统发出保压信号，使空气制动系统处于保压状态；若需要追加二级制动，系统重复上述过程，直到达到二级制动减压量后保压。

c. 455KA 常开闭合，当均衡风缸减压 190～230 kPa 时，压力开关 208 动作并联动 208SA 闭合电路 808-800，则导线 899→455KA7-8 常开闭合→导线 808→208SA→导线 800→257YV 得电，使均衡风缸最大只能达到过量减压量。

当列车速度降到限速以下时，速度分级控制系统根据线路信号向机车微机控制系统发出缓解信号，经机车微机控制系统处理后向机车空气制动系统发出缓解指令，全列车缓解。

若两级常用制动后，在指定区间内列车速度仍未能降到限速以下，则速度分级控制系统直接向机车空气制动系统发出"紧急制动"指令，全列车进行紧急制动。

② 与速度监控装置的配合：其控制过程与上述过程相同。所不同的是：速度监控装置直接向机车空气制动系统发出常用制动、缓解或紧急制动指令。

（3）与弹簧止轮器的配合。

司机按下停放制动按钮 487SB 或 488SB 时，停放制动电空阀 260YV 失电，使弹簧止轮器的蓄能制动器制动缸排风，来实现机车停放制动，以防止机车的溜放。

四、DK-1 型电空制动机的操作规程与试验验收规则

1. DK-1 型电空制动机操作规程

正确地使用制动机是机车操纵技术的重要内容之一，特别是对 DK-1 型电空制动机来说，与一般机车空气制动机在结构、操作及性能等方面有较大的不同，使用时间也不长，因此，如何正确掌握其操作方法是很关键的问题。

1) SS_4 改进型电力机车

（1）电空位操作。

① 操作前的准备工作。

a. 检查控制电源屏上的电空制动用自动开关 615QA 扳钮应朝上，处于闭合位。

b. 检查电空制动屏柜：
- 转换阀 154 在制动管定压为 500 kPa 时，置于货车位；在制动管定压为 600 kPa 时，置于客车位。
- 转换阀 153 处于正常位。
- 开关板 502 上的 3 个转换开关 463QS、464QS、465QS 均应朝下，处于闭合位。其中，转换开关 463QS 因目前尚未使用适应补风的车辆制动机，故不宜朝上处于补风位。转换开关 464QS、465QS 则在相应的电路有故障或各段另有规定时，可分别朝上处于切除位。
- 调压阀 55 输出压力调整为定压。调整时以司机操纵台制动管压力表读数为准。

c. 除 155、156、121 塞门外，开通所有与制动机系统有关的塞门。

d. 电空转换扳钮均处于"电空位"。非操纵节机车电空制动控制器手柄在重联位、空气制动阀手柄在运转位时将手柄分别取出后，并在操纵节机车电空制动控制器、空气制动阀的相应位置装入手柄。

e. 空气制动阀下方调压阀 53 调整压力为 300 kPa。调整时以司机操纵台制动缸压力读数为准。

完成上述各项准备工作并对制动机进行规定的机能检查后，即可使用电空位操作。

② 操作中的注意事项。

a. 操纵电空制动控制器可对全列车进行制动与缓解；操作空气制动阀可对机车进行单独制动与缓解。

b. 电空制动控制器紧急制动后，若需要缓解全列车时，须在紧急位停留 15 s 以上才能返回运转位进行缓解。

c. 电空制动控制器手柄在过充位、运转位、中立位和制动位时，由于其他原因引起紧急制动作用，电空制动控制器手柄应先置重联位或紧急位，需经 15 s 以后，再回运转位才能缓解列车。

准备工作中的 b、c 操作，只是在机车出库前或一般的机能检查时，为缩短检查时间的简易方法。

（2）空气位操作。

① 操作前的准备工作。

a. 将操纵节机车空气制动阀上的电空转换扳钮移至"空气位"，并将手柄移至缓解位。

b. 将操纵节机车空气制动阀下方调压阀 53 的输出压力值调整为定压。

c. 将电空制动屏柜上的转换阀 153 由"正常位"转换至"空气位"。

上述 c 项操作，在一般的机能检查时可不必进行。但在运行途中，必须转为空气位操作时，应全部完成上述 3 项操作，以确保顺利转换。

② 操作中的注意事项

a. 操作空气制动阀可对全列车进行制动与缓解。单缓机车则要下压其手柄。

b. 电空制动控制器手柄应放运转位，也可从重联位取出。

c. 需紧急制动时，应按压紧急按钮或开放手动放风塞门 121，并将空气制动阀手柄置于制动位。

d. 此时因制动管有补风作用，在中立位停留一段时间后，要监视速度的变化，以免因车辆的陆续自然缓解而丧失制动时机。

e. 由于空气位操作只是一种补救措施，因此在操作时必须格外注意，做到正、副司机密切协调，方能确保运行的安全。

f. 若非操纵节机车处于空气位，或处于电空位但无电空制动电源，应将非操纵节机车中继阀的制动管塞门 115 关断。

g. 空气位操纵，只允许短时间低速维持故障运行，到达安全地方后，应及时恢复电空制动，以确保运行安全。

（3）本、补机重联操作。

当机车作为本务机车运行时，制动机操作方法与上述电空位或空气位操作相同。当机车作为补机运行时，该机车制动机受本务机控制，因此补机需做以下处理（此时补机操纵节 570DK 应闭合）：

① 与同型号机车重联。

a. 两机车间平均管、总风联管、制动管均开通。

如某节机车无电空制动电源或处于空气位，还应将该节机车中继阀座下方的制动管塞门 115 关断。

b. 两机车间平均管、总风联管没有开通。

- 将两节机车电空制动控制器手柄置重联位或取出；空气制动阀手柄置运转位或取出。
- 将重联操纵节机车重联转换阀 93 的转换按钮置于"本机位"。
- 将重联非操纵节机车重联转换阀 93 的转换按钮置于"补机位"。
- 将重联操纵节机车的分配阀缓解塞门 156 开放。
- 如某节机车无电空制动电源或处于空气位，还应将该节机车中继阀座下方的制动管塞门 115 关断。

② 与不同型号机车重联。

同上述 b 项情况。

（4）退乘操作。

运行后的退乘及机能检查试验完成后的操作要点：

① 切断电空制动电源。

② 关闭总风缸塞门 111、113。

③ 确认控制风缸 102 的压力为 900 kPa 时，及时关闭膜板塞门 97。

（5）无动力回送操作。

① 空气制动阀手柄置于运转位或取出。

② 关断两节机车的制动管塞门 115，并开放分配阀缓解塞门 156 及无动力回送塞门 155。

③ 两节机车分配阀低压安全阀的整定值调整为 180~200 kPa。

④ 两节机车的重联转换阀 93 与本务机车相同。

⑤ 关断两节机车的总风缸塞门 112。

（6）电-空联锁的作用。

使用电-空联锁时，制动机应工作在电空位下，且操纵节机车电空制动控制器在运转位。电空制动屏开关板上的转换开关 465QS 应朝下（电空联锁位）。

一次电空联锁结束，且调速手柄回"0"后，如需再一次实现电空联锁，应将"电空制动控制器"手柄移中立位后再回运转位。

电空联锁作用时，空气制动经 25 s 自动缓解后，电阻制动力不足时，可追加空气制动。机车制动缸压力能自动缓解。

（7）空电联合制动的作用。

当操纵节机车在电空位，电空制动控制器手柄置于运转位或过充位，空电联合制动转换开关 466QS 处于Ⅰ位或Ⅱ位，电子柜为 A 组，司机控制器在制位时，可产生空电联合制动作用。

① 若 466QS 处于Ⅰ位，则在通过分相无电区时，应先断主断，再断辅机，并将调速手柄回"0"；分相完毕后，先合主断，再合辅机，给定调速手柄，确认完毕后，按司机台上的空电恢复按钮。

② 空电联合制动中，若需司机人工干预，可将电空制动控制器手柄置于制动位、中立位追加减压；也可将电空制动控制器手柄置于中立位再回运转位或过充位，以提前缓解。

③ 若 466QS 处于Ⅱ位，只能将电空制动控制器手柄置于中立位再回运转位或过充位缓解空气制动。缓解空气制动后，电制动将维持最长 1 min。

2）SS_8 型电力机车

（1）电空位操作。

① 操作前的准备工作。

a. 检查控制电源屏上的电空制动用自动开关 37QA 和列车电控制动自动开关 36QA 扳钮应朝上，处于闭合位。

b. 检查电空制动屏柜。

- 转换阀 153 处于正常位。
- 开关板 502 上的 5 个转换开关 463QS、464QS、465QS、466QS、467QS 均应朝下，处于闭合位。其中，转换开关 463QS、464QS、465QS 作用同 SS_4 改进型电力机车。466QS 用于控制空电联合常用制动功能的切除与否。467QS 用于控制空电联锁功能的切除与否。
- 调压阀 55 输出压力调整为制动管定压。调整时以司机操纵台制动管压力表读数为准。

c. 除 155、156、121 和 122 塞门外，开通所有与制动机系统有关的塞门。

d. 电空转换扳钮均处于"电空位"。非操纵端电空制动控制器手柄在重联位、空气制动阀手柄在运转位时将手柄分别取出后，于操纵端在电空制动控制器、空气制动阀处于相应的位置时将手柄装入。

e. 空气制动阀下方调压阀 53 或 54 调整压力为 300 kPa。调整时以司机操纵台制动缸压力读数为准。

完成上述各项准备工作并对制动机进行规定的机能检查后，即可使用电空位操作。

② 操作中的注意事项。

a. 操纵电空制动控制器可对全列车进行制动与缓解；操作空气制动阀可对机车进行单独制动与缓解。

b. 电空制动控制器紧急制动后，若需要缓解全列车时，须在紧急位停留 15 s 以上才能返回运转位进行缓解。

c. 电空制动控制器手柄在过充位、运转位、中立位和制动位时，由于其他原因引起紧急制动作用，电空制动控制器手柄应先置重联位或紧急位，需经 15 s 以后，再回运转位才能缓解列车。

准备工作中的 b、c 两项操作，只是在机车出库前或一般的机能检查时，为缩短检查时间的简易方法。

（2）空气位操作。

① 操作前的准备工作。

a. 将操纵端空气制动阀上的电空转换扳钮移至"空气位"，并将手柄移至缓解位。

b. 将操纵端空气制动阀下方调压阀 53 和 54 的输出压力值调整为定压。

c. 将电空制动屏柜上的转换阀 153 由"正常位"转换至"空气位"。

上述 c 项操作，在一般的机能检查时可不必进行。但在运行途中，必须转为空气位操作时，应全部完成上述 3 项操作，以确保顺利转换。

② 操作中的注意事项。

a. 操作空气制动阀可对全列车进行制动与缓解，单缓机车则要下压其手柄。

b. 电空制动控制器手柄应放运转位，也可从重联位取出。

c. 需紧急制动时，应按压紧急按钮或开放手动放风塞门 121、122，并将空气制动阀手柄置于制动位。

d. 此时因制动管有补风作用，在中立位停留一段时间后，要监视速度的变化，以免因车辆的陆续自然缓解而丧失制动时机。

e. 由于空气位操作只是一种补救措施，因此在操作时必须格外注意，做到正、副司机密切协调，方能确保运行的安全。

f. 空气位操纵，只允许短时间低速维持故障运行，到达安全地方后，应及时恢复电空制动，以确保运行安全。

（3）退乘操作。

运行后的退乘及机能检查试验完成后的操作要点：

① 切断电空制动电源。

② 关闭总风缸塞门 113。

③ 确认控制风缸 102 的压力为 900 kPa 时，及时关闭膜板塞门 97。

（4）无动力回送操作。

① 空气制动阀手柄置于运转位或取出。

② 关断制动管塞门 115，并开放分配阀缓解塞门 156 及无动力回送塞门 155。

③ 分配阀低压安全阀的整定值调整为 180～200 kPa。

④ 确认总风缸压力大于 600 kPa 时，先关断塞门 151，再按下司机台上的"停车制动按钮"，待蓄能制动器完全上闸后，手动缓解全部蓄能制动器并保持 151 关断，以确保无动力回送机车的安全。

⑤ 关断总风缸塞门 112。

（5）电-空联锁的作用。

使用电-空联锁时，制动机应工作在电空位下，且操纵端电空制动控制器在运转位。电空制动屏开关板上的转换开关 465QS 应朝下（电空联锁位）。

一次电空联锁结束，且调速手柄回"0"后，如需再一次实现电空联锁，应将"电空制动控制器"手柄移中立位后再回运转位。

电空联锁作用时，空气制动经 25 s 自动缓解后，电阻制动力不足时，可追加空气制动。机车制动缸压力能自动缓解。

2. DK-1 型电空制动机的试验方法

DK-1 型电空制动机的检查、试验，主要用来检查 DK-1 型电空制动机的各项作用是否正常。它是通过电空制动控制器、空气制动阀手柄在各工作位置间的顺序转换，同时观察压力表指针的变化情况来分析、判断 DK-1 型电空制动及其各部件是否处于良好状态。DK-1 型电空制动机试验分为装车前试验和装车后试验。其中，装车前试验是在 DK-1 型电空制动机试验台上进行的；而装车后试验通常是在单机上试验，主要包括检修试验（即"八步闸"试验）和日常试验（即"五步闸"试验）。

1）DK-1 型电空制动机单机检修试验

（1）试验前的检查。

① 确认各管路和电路连接正确。

② 确认各塞门及有关电路开关处于正常工况。

③ 确认空气压缩机工作正常。

④ 确认非操纵节机车电空制动控制器处于"重联位"，空气制动阀处于"运转位"。操纵节机车两手柄均置"运转位"。

⑤ 确认两节机车空气制动阀上的电空转换扳钮在"正常位"。

（2）电空位试验。

① 缓解状态下各压力值检查。

电空制动控制器、空气制动阀手柄均置"运转位"，检查各压力表针指示应符合下列要求：

a. 总风缸——750～900 kPa。

b. 均衡风缸——定压。

c. 制动管——定压（允许与均衡风缸压力差不大于 10 kPa）。

d. 制动缸——0 kPa。

② 紧急制动性能检查。

电空制动控制器在"运转位"停放不少于 90 s 后，移至紧急制动位。

a. 制动管压力由定压降至零的时间不大于 3 s。

b. 制动缸压力升至 400 kPa 的时间不大于 5 s。

c. 制动缸最高压力为（450±10）kPa，安全阀应动作。

d. 机车自动撒砂。

e. 机车有级位时，主断路器自动跳闸；否则，主断路器不跳闸。

③ 紧急制动后的单独缓解性能检查。

a. 将空气制动阀手柄移至"缓解位"并下压手柄，制动缸压力应下降，并能缓解至零。

b. 待制动缸压力降至零后，再将空气制动阀手柄移至"运转位"，制动缸压力不回升。

④ 列车充风性能检查。

将电空制动控制器手柄置于"运转位",制动管充风速度应符合表 2-6 的规定。

表 2-6 制动管充风速度

制动管定压 500 kPa	制动管定压 600 kPa
制动管压力由零升至 480 kPa 的时间不大于 9 s	制动管压力由零升至 480 kPa 的时间不大于 11 s

⑤ 初制动减压和均衡风缸、制动管泄漏检查。

a. 将电空制动控制器手柄移至"中立位",制动管压力每分钟下降应不大于 10 kPa。检查完毕后,将电空制动控制器手柄移回运转位。

b. 将电空制动控制器手柄移至"制动位",待制动管减压 40~60 kPa 后置于"中立位",并保持 1 min,均衡风缸泄漏量每分钟不大于 5 kPa;制动管泄漏量每分钟不大于 10 kPa。检查完毕后,将电空制动控制器手柄移回运转位。

⑥ 阶段制动性能及最大有效减压量、过量减压量的检查。

a. 电空制动控制器手柄置于"运转位"20 s 以上后,再将其手柄在"制动位"与"中立位"间移动,施行阶段制动,直至达到全制动最大有效减压量。检查阶段制动是否稳定,制动管减压量与制动缸压力比例应符合表 2-7 的规定。

表 2-7 制动管减压量与制动缸压力比例表

制动管定压	制动管定压 500 kPa			制动管定压 600 kPa		
制动管减压量/kPa	40~50	100	140	40~50	100	170~180
制动缸压力/kPa	90~130	240~270	340~380	90~130	240~270	400~435

b. 最后将电空制动控制器手柄移至"制动位",制动管获得过量减压量(见表 2-8)。待压力稳定后,制动缸压力变化每分钟不应大于 10 kPa。

表 2-8 制动管过量减压量

制动管定压/kPa	500	600
制动管过量减压量/kPa	190~240	210~290

⑦ 过充性能检查。

a. 将电空制动控制器手柄移至"过充位",制动管压力应超过定压 30~40 kPa,并且制动缸压力不缓解。

b. 当电空制动控制器手柄移回"运转位"后,制动缸压力应缓解到零,制动管过充压力在 120~180 s 内自动消除。

⑧ 常用全制动以及制动缸泄漏量检查。

a. 将电空制动控制器手柄移至"制动位",均衡风缸减压速度和制动缸压力升压速度应符合表 2-9 的规定。

表 2-9 均衡风缸减压速度与制动缸压力升压速度

制动管定压 500 kPa	制动管定压 600 kPa
均衡风缸减压 140 kPa 的时间为 5~7 s	均衡风缸减压 170 kPa 的时间为 6~8 s
制动缸由零升至 340~380 kPa 的时间为 6~8 s	制动缸由零升至 400~435 kPa 的时间为 7~9.5 s

b. 关断分配阀供给塞门，检查制动缸泄漏量每分钟不大于 10 kPa。检查完毕后开通供给塞门。

⑨ 缓解性能检查。

将电空制动控制器手柄移回"运转位"，均衡风缸、制动管应恢复定压。制动缸压力下降速度应符合表 2-10 的规定。

表 2-10 制动缸压力下降速度

制动管定压 500 kPa	制动管定压 600 kPa
制动缸压力由 340~380 kPa 下降至 40 kPa 的时间不大于 7 s	制动缸压力由 400~435 kPa 下降至 40 kPa 的时间不大于 8.5 s

⑩ 单独制动与单独缓解性能检查。

a. 将空气制动阀手柄在"中立位"与"制动位"间来回移动，阶段制动作用应稳定。

b. 将空气制动阀手柄在"中立位"与"运转位"间来回移动，阶段缓解作用应稳定。

c. 将空气制动阀手柄由"运转位"移至"制动位"，制动缸压力由零升至 280 kPa 的时间不大于 4 s。

d. 当空气制动阀手柄移回"运转位"时，制动缸压力由 300 kPa 下降至 40 kPa 的时间不大于 5 s。

⑪ 重联位性能检查。

将电空制动控制器手柄由"运转位"移至"制动位"，待制动管减压后再将手柄移至"重联位"，制动管应保压。

（3）空气位试验。

扳动空气制动阀上的电空转换扳钮置于"空气位"，并将其下方的调压阀的输出值调整为定压。

① 缓解状态下各压力值检查。

将空气制动阀手柄置于"缓解位"并下压手柄各压力值应符合下列要求：

a. 总风缸——750~900 kPa。

b. 均衡风缸——定压。

c. 制动管——定压（允许与均衡风缸压力差不大于 10 kPa）。

d. 制动缸——0 kPa。

② 常用全制动及单独缓解性能检查。

a. 将空气制动阀手柄置于"制动位"，再回"中立位"，均衡风缸减压速度和制动缸压力升压速度应符合表 2-9 的规定。

b. 下压空气制动阀手柄，制动缸压力应能缓解。停止下压空气制动阀手柄，制动缸压力停止下降。

③ 缓解性能检查。

将空气制动阀手柄移回"运转位"，并下压手柄，均衡风缸与制动管压力应能升至定压，制动缸压力应能缓解至零。

④ 阶段制动性能检查。

将空气制动阀手柄在"制动位"与"中立位"间移动，阶段制动作用应稳定。

（4）辅助性能检查。

空气位试验完成后，将制动机恢复到电空位，即可进行辅助性能检查。在每项辅助性能检查之前，均应使制动机恢复到缓解状态，并将电空制动控制器、空气制动阀手柄置于"运转位"。

① 检查按钮作用检查。

按压充气按钮，均衡风缸与制动管压力同时上升至超过定压 100 kPa；松开该按钮，并迅速按下消除按钮，均衡风缸与制动管压力停止上升，并略有下降。

② 电-空联锁性能检查。

将司机控制器换向手柄置于"制动位"，启动各风机，并将调速手柄离开"0"位。制动管应减压（45±5）kPa，且制动缸升压。延时 20～28 s 后，制动管应自动恢复定压，且制动缸压力自动缓解。

③ 断钩保护性能检查。

开放制动管手动放风塞门，产生紧急制动作用：

a. 制动管压力应快速降至零，并不得自动缓解。

b. 制动缸压力升至（450±10）kPa。

c. 机车自动撒砂。

d. 自动选择切除机车牵引动力。

④ 失电制动性能检查。

切除电空制动机电源，制动管压力应按常用制动减压速度减压，并且制动缸压力上升。

⑤ 无动力回送性能检查。

将电空制动机调整到无动力回送状态，并将电空制动控制器手柄置于"重联位"，空气制动阀手柄置于"运转位"。

a. 当制动管压力为定压时，总风缸压力应在低于制动管定压 140～180 kPa 之间。制动阀手柄置于"运转位"。

b. 当制动管压力下降后，制动缸最高压力应限制在 200～180 kPa。

DK-1 型电空制动机单机检修试验的验收项目、方法及操作顺序见表 2-11。

表 2-11 DK-1 型电空制动机"八步闸"试验

序号	电空制动控制器					空气制动阀				检查要求（制动管定压 500 kPa）
	过充位	运转位	中立位	制动位	重联位	紧急位	缓解位	运转位	中立位	制动位	
第一步		5	1			2	3	4			1. 制动管、均衡风缸、总风缸均为规定压力；制动缸压力为0。 2. 制动管压力 3 s 内降为 0；制动缸压力 5 s 内升至 400 kPa，最高压力达到 450 kPa；自动撒砂；有级位时切除主断。 3. 同时下压手柄，制动缸压力应能缓解到 0。 4. 制动缸压力不得回升。 5. 制动管充至 480 kPa 的时间在 9 s 内
第二步			7 9	6 8 10							6. 制动管减压 40～60 kPa 后，均衡风缸、制动管的泄漏量分别不大于 5 kPa/min、10 kPa/min。 7. 制动管减压 40～60 kPa，制动缸压力为 90～130 kPa。 8. 制动管减压 100 kPa，制动缸压力为 240～270 kPa。 9. 制动管减压 140 kPa，制动缸压力为 340～380 kPa。 10. 制动管减压 190～240 kPa 时，制动缸压力变化不大于 10 kPa/min
第三步	11	12									11. 均衡风缸压力为定压，制动管压力为过充压力（定压+30～40 kPa），制动缸不缓解。 12. 120～180 s 左右过充压力消除，制动管恢复定压，制动缸压力应缓解为 0
第四步		15		13 14							13. 均衡风缸减压 140 kPa 的时间为 5～7 s，制动缸压力升至 340～380 kPa 的时间为 6～8 s。 14. 关断分配阀供给塞门，制动缸的泄漏量不大于 10 kPa/min。 15. 制动缸压力由 340～380 kPa 降至 40 kPa 的时间不大于 7 s，均衡风缸、制动管恢复定压

续表

序号	电空制动控制器					空气制动阀				检查要求（制动管定压 500 kPa）
	过充位	运转位	中立位	制动位	重联位	紧急位	缓解位	运转位	中立位	制动位	
第五步			(16,17,18,19 阶梯图形)								16. 阶段制动作用应稳定、正常。 17. 阶段缓解作用应稳定、正常。 18. 制动缸压力由 0 升至 280 kPa 的时间不大于 4 s。 19. 制动缸压力由 300 kPa 降至 40 kPa 的时间不大于 5 s
第六步				20			21				20. 均衡风缸、制动管应减压后保压。 21. 本务节机车制动缸压力为 250 kPa 时，重联节机车制动缸压力应为 225～275 kPa。 注：1～20 项检查中，重联节机车制动机的制动与缓解应与本务节机车制动机协调一致
第七步		22, 23, 24, 25									22. 按压"充气"按钮，均衡风缸与制动管压力同时上升，并超过定压 100 kPa；松开该按钮，迅速按下"消除"按钮，均衡风缸与制动管压力停止上升，并略有下降。 23. 司机控制器换向手柄置于"制位"，调速手柄离开"0 位"，制动管应减压(45±5)kPa，且制动缸升压。延时 20～28 s 后，制动管应自动恢复定压，制动缸压力自动缓解。 24. 开放制动管手动放风塞门，应产生紧急制动，并不得自动缓解。 25. 切断电空制动电源，应产生常用制动；闭合电源，制动机恢复正常
第八步	空气位操作程序： 1. 将电空转换扳钮扳至"空气位"； 2. 将调压阀 53 调至定压； 3. 空气位试验完毕后将电空转换扳钮复位至"电空位"						26, 27, 28, 29, 30 (阶梯图形)				26. 同时下压手柄，制动管、均衡风缸皆为定压，制动缸压力为 0。 27. 均衡风缸减压 140 kPa 的时间为 5～7 s，制动缸压力升至 340～380 kPa 的时间为 6～8 s。 28. 下压手柄，制动缸压力应能缓解；停止下压手柄，制动缸压力停止下降。 29. 均衡风缸、制动管恢复定压。 30. 阶段制动作用应稳定

2）DK-1 型电空制动机单机日常试验

在日常运用的交接班过程中，通常只进行单机日常试验，其试验顺序、检查项目及方法见表 2-12。

表 2-12 DK-1 型电空制动机"五步闸"试验

序号	电空制动控制器					空气制动阀				检查要求（制动管定压 500 kPa）
	过充位	运转位	中立位	制动位	重联位	紧急位	缓解位	运转位	中立位	制动位	
一步		1				2	3				1. 制动管、均衡风缸、总风缸均为规定压力；制动缸压力为 0。 2. 制动管压力 3 s 内降为 0；制动缸压力 5 s 内升至 400 kPa，最高压力达到 450 kPa；自动撒砂；有级位时切除主断。 3. 同时下压手柄，制动缸压力应能缓解到 0。 4. 制动缸压力不得回升。 5. 制动管充至 480 kPa 的时间在 9 s 内
二步		5	7	6					4		6. 均衡风缸常用最大有效减压量的时间为 5～7 s，制动缸压力升至 340～380 kPa 的时间为 6～8 s。 7. 均衡风缸、制动管的泄漏量分别不大于 5 kPa/min、10 kPa/min
三步	8		9								8. 均衡风缸压力为定压，制动管压力为过充压力（定压 30～40 kPa），制动缸不缓解。 9. 120～180 s 过充压力消除，制动管恢复定压，制动缸压力应缓解为 0
四步								12	11	10	10. 制动缸压力由 0 升至 280 kPa 的时间在 4 s 内，最终达到 300 kPa。 11. 制动缸压力不变。 12. 制动缸压力由 300 kPa 降至 40 kPa 的时间不大于 5 s
五步	空气位操作程序： 1. 将电空转换扳钮扳至"空气位"； 2. 将调压阀 53 调至定压； 3. 空气位试验完毕后将电空转换扳钮复位至"电空位"						13	16	15	14	13. 同时下压手柄，制动管、均衡风缸皆为定压，制动缸压力为 0。 14. 均衡风缸减压 140 kPa 的时间为 5～7 s。 15. 均衡风缸、制动管、制动缸的泄漏量分别不超过 5 kPa/min、10 kPa/min、10 kPa/min。 16. 均衡风缸、制动管恢复定压

另外，运行中，对列车制动机还要进行相关的全部试验和简略试验，以确保列车运行的安全可靠。其使用时机如下：

（1）列车制动机全部试验。

① 列检所对解体到达后，编组列车发车前，无调车作业的中转列车，可施行一次。

② 区段列检所和一般列检所对始发和有调车作业的中转列车。

③ 列检所对运行途中自动制动机发生故障的到达列车。

④ 电动车组、内燃车组的列车出段前或返回停留地点后。

（2）列车制动机持续一定时间的全部试验。

列车在接近长大下坡道区间的车站，应进行持续一定时间的全部试验，列检应填发制动效能证明书并交给司机。具体试验和晾闸的地点、办法由铁路局规定。

长大下坡道为：线路坡度超过 6‰，长度为 8 km 及其以上；线路坡度超过 12‰，长度为 5 km 及其以上；线路坡度超过 20‰，长度为 2 km 及其以上。

（3）列车制动机简略试验。

① 区段列检所和一般列检所，对无调车作业的中转列车。

② 更换机车或更换乘务组时。

③ 无列检作业的始发列车发车前。

④ 列车风管有分离情况时。

⑤ 列车停留超过 20 min 时。

⑥ 列车摘挂补机，或第一机车的自动制动机损坏交由第二机车操纵时。

【思考与练习】

1. 简述空气制动阀的综合作用特点。
2. 电空制动屏柜上主要安装了哪些部件？
3. 默写 SS_4 改进型机车电空制动控制器触头闭合表。
4. 简述 109 型分配阀紧急增压阀紧急制动状态及非紧急制动状态的作用特点。
5. "电空位"转"空气位"时，应做哪些工作？其注意事项有哪些？
6. 简述双阀口式中继阀充气缓解状态及缓解后保压状态的作用原理。
7. 简述双阀口式中继阀制动状态及制动后保压状态的作用原理。
8. 如何实现过充后的快速缓解和缓慢消除？过充压力分别从哪里消除？
9. 均衡风缸的设置目的是什么？
10. 简述 109 型分配阀主阀部制动状态及制动后保压状态的作用原理。
11. 简述 109 型分配阀主阀部缓解状态及紧急制动状态的作用原理。
12. 简述重联阀与哪些管道连接。
13. 简述分配阀与哪些管道连接。
14. 请对均衡风缸不增压的故障进行分析、判断及处理。
15. 请对均衡风缸充风正常，列车管充风缓慢的故障进行分析、判断及处理。

项目三　CCBⅡ电空制动系统控制及主要部件的构造与作用

【项目描述】

本项目介绍了 HXD$_{3C}$ 型电力机车制动系统所用风源系统及主要部件；着重介绍了制动控制部分，包括 CCBⅡ制动机中各主要部件的构造与作用、CCBⅡ的控制关系、CCBⅡ气路的综合作用及系统的安全保护和主要部件的备份等内容；也对制动系统中的停放制动装置、停放制动辅助缓解装置、升弓控制装置及撒砂鸣笛装置等辅助管路系统进行了简要介绍；同时对制动系统的操作进行了描述。

【学习目标】

（1）熟悉 HXD$_{3C}$ 型电力机车制动系统所用风源系统及主要部件；
（2）掌握 CCBⅡ制动机中各主要部件的构造及作用；
（3）掌握 CCBⅡ的控制关系；
（4）掌握 CCBⅡ气路的综合作用及系统的安全保护和主要部件的备份；
（5）掌握制动系统中的停放制动装置；
（6）掌握停放制动辅助缓解装置；
（7）熟悉升弓控制装置及撒砂鸣笛装置等辅助管路系统；
（8）了解制动系统的操作。

【学习任务】

任务一　CCBⅡ电空制动系统概述

空气管路与制动系统的布置如图 3-1 所示。

图 3-1　空气管路与制动系统布置

空气管路与制动系统的组成如图3-2所示。

图3-2 空气管路与制动系统组成

空气管路与制动系统的控制关系如图3-3所示。

图3-3 空气管路与制动系统的控制关系

CCBⅡ制动系统控制部分及辅助功能控制部分集成在空气制动柜中，其布置如图3-4所示。

图 3-4 制动柜布置图

1—辅助控制模块；2—总风截断塞门，代号 B01A24；3—干燥风缸，代号 B01U83；4—辅助干燥器，代号 B01U82；5—辅助压缩机，代号 B01U80；6—电空控制单元，代号 B01B20；7—气路接口；8—监控传感器接口；9—升弓钥匙塞门，代号 B01U99；10—气路接口；11—预留空间；12—I/O 模块；13—辅助压缩机按钮，代号 B01U86；14—微处理器，代号 B01B46；15—电器接口，代号 B01B47

任务二　风源系统

风源系统的作用是为机车及车辆的制动系统提供符合要求的干燥、洁净的压缩空气。

HXD_{3C} 型电力机车采用两台螺杆式空气压缩机组作为系统风源，排风量每台不小于 2 400 L/min。配套使用两个双塔干燥器和两个微油过滤器作为风源滤水、滤油的处理装置。其双塔干燥器的空气处理量为每台不小于 2.4 m^3/min。

机车采用 2 个容积均为 800 L 的风缸串联作为压缩空气的储存容器，风缸采用车内立式安装。为了满足机车重联功能及客车总风供风功能，在机车端部安装了总风软管和平均软管。

风源系统原理图如图 3-5 所示。

图 3-5 风源管路图

A1—空气压缩机组；A2—软管；A3—安全阀；A4—双塔干燥器；A5—微油过滤器；A6—最小压力阀；A7—安全阀；A8—单向阀；A10—截断塞门；A11—第一总风缸；A12—排水塞门；A15—第二总风缸；B02—限流缩堵

风源部件布置如图 3-6、图 3-7 所示。

图 3-6 机械间 I 端风源

图 3-7 机械间 II 端风源

一、空气压缩机组

该空气压缩机组为螺杆式压缩机组,其驱动电机为三相交流异步电动机,如图 3-8 所示。该空气压缩机组具有温度、压力控制装置,可以实现无负荷启动。冷却器排风口向下,以满足机械间的独立通风要求。空气压缩机组的开停状态由总风压力开关进行自动控制,也可以通过手动按钮强行控制开停。

图 3-8 空气压缩机组

1. 技术参数

该型空气压缩机组技术参数见表 3-1。

表 3-1　空气压缩机组技术参数

型　号	SL22-66	TSA-230AVI-II	BT-2.6/10AD3
排风量/（L/min）	2 750	2 400	2 600
工作压力/kPa	1 000	1 000	1 000
转速/（r/min）	2 920	2 955	2 940
工作温度/℃	−40～+50	−40～+50	−40～+50
润滑油型号	ANDEROL 3057M	ANDEROL 3057M	ANDEROL 3057M
油量/L	6～7	7.9	7
工作电压/V	380	380	380
频率/Hz	50	50	50
控制电压/V	110	110	110
防护等级	IP55	IP55	IP55
外形尺寸（L×W×H）/mm	1 346×563×838	1 305×685×875	1 305×685×890
安装尺寸/mm	809×460	809×460	809×460
安装螺栓/mm	M16×130	M16×120	M16×110
排气含油率/$\times 10^{-6}$	≤5	≤5	≤5
管路接口	G1	G1	G1
质量/kg	395×（1±3%）	420×（1±3%）	430×（1±3%）
机组噪声/dB（A）	≤102	≤102	≤102

2. 控制模式

HXD$_{3C}$机车压缩机具有间歇工作和延时工作两种模式。当压缩机需要频繁启动（如牵引客车需要大量风源）或发生轻微的机油乳化现象时，可以操作机车显示屏将压缩机设置在延时工作模式。延时工作模式可以有效地减少由于压缩机频繁启动造成对电机及机头的损害，同时可以减缓压缩机机油乳化现象。

HXD$_{3C}$设有两个空气压力调节器，控制空气压缩机的启停动作。

在间歇工作制下，启停压力见表 3-2。

表 3-2　间歇工作制下启停压力

序号	启动压力	启动台数	位置	控制开关	停止压力
1	680 kPa<P<750 kPa	1	远离操作端	P50.72	900 kPa
2	P<680 kPa	2	两端	P50.75	900 kPa

注：P——总风缸压力。

在延时工作制下，启停压力见表 3-3。

表 3-3　延时工作制下启停压力

序号	加载压力	启动台数	位置	控制开关	空载压力
1	680 kPa≤P<750 kPa	1	远离操作端	P50.72	900 kPa
2	P<680 kPa	2	两端	P50.75	900 kPa

间歇、延时工作制的转换见表 3-4。

表 3-4 间歇、延时工作制的转换

序号	转换模式	转换时压力	执行过程
1	间歇→延时	$P<750$ kPa	压力至 900 kPa 后,进入延时模式
2	间歇→延时	$P\geqslant 750$ kPa	压缩机先不启动,压力低于 750 kPa 启动,待压力至 900 kPa 后,进入延时模式
3	延时→间歇	$P<750$ kPa	压力至 900 kPa 后停止工作,进入间歇模式
4	延时→间歇	$P\geqslant 750$ kPa	压缩机不工作,进入间歇模式

注:加载——压缩机释放压力空气;
  空载——压缩机工作但不释放压力空气;
  空载计时——单次空载运转时间超过 20 min,该机组停止运行;空载计时内,压缩机进入加载工作,其空载计时清零。

3. 工作原理

螺杆压缩机由阴阳两个螺杆形的转子旋转进行空气的压缩和输送,900 kPa 的压缩空气由一级压缩产生。其工作示意图如图 3-9 所示。

图 3-9 空气压缩机组工作示意图

1—联轴节;2—外壳连接体;3—离心风扇;4—压缩机;5—阳转子;6—阴转子;7—温控器;8—油控制单元;9—油过滤器;10—排油阀;11—温度开关;12—挡板;13—回油过滤器;14—油细分离器;15—压缩机壳;16—安全阀;17—泄荷阀;18—最小压力阀;19—压力开关;20—进气阀;21,22—压缩空气出口;23—空气冷却器;24—冷却器;25—油冷却器;26—真空指示器;27—空滤器;28—三相电机;29—压缩空气进口;30—风扇蜗壳;31—冷却空气

(1)空气压缩过程。

空气通过空滤器(27)和进气阀(20)吸入压缩机体(4),被压缩后,通过与转子连接

的输送口被推进压缩机壳（15）。

如果压缩机启动时，压缩机壳里无空气压力，最小压力阀（18）将保持关闭状态，以便使压缩机壳内迅速建立起空气压力，帮助润滑油尽快循环。

当压缩机壳内空气压力达到约 650 kPa 时，最小压力阀打开并将压缩空气送出。送出的压缩空气达到系统的规定压力后，压缩机受总风压力开关控制自动停机，最小压力阀将自动关闭，将系统和压缩机壳内的通路隔断。

每次压缩机停机后，压缩机壳内的空气压力被自动释放。压缩机停机后，最小压力阀（18）和进气阀（20）关闭。在进气口，由于压缩机体空气逆流而压力升高，导致泄荷阀（17）打开。压缩机壳（15）里压缩空气可通过减压阀流进空滤器后排向大气，从而快速将压缩机壳里空气压力降低到约 180 kPa。剩余的压力通过泄荷阀上的缩孔被缓慢排放至 0 kPa。

停机时间大于 14 s 后，可以实现空压机的无负荷再启动。

（2）油循环过程。

当压缩机运转时，在压缩机壳（15）里建立起的空气压力将壳内的润滑油通过油过滤器输送到轴承、传动装置和压缩机体内油喷射点。这些油用于润滑、密封并带走空气压缩产生的热量。

压缩机传送的空气/油混合物通过输送口并打在壳内挡板（12）上，这一过程属于油粗级过滤。之后，压缩空气又经过油细分离器（14）进行精级过滤。精级过滤分离的油被收集到油细分离器底部，在压缩机壳内空气压力作用下，通过回油过滤器（13）返回到压缩机体内。

（3）其他。

当压缩机运转时，如果在压缩机壳内没有建立起空气压力，压缩机将不能被充分润滑和冷却。在这种情况下，转子可能被快速损坏。

当润滑油温度高于 83 ℃，油控制单元（8）中温控器（7）打开到油冷却器（25）的通道，对润滑油进行冷却。当润滑油温度低于 83 ℃，油冷却器的通道保持关闭，油被直接传送到压缩机体。通过这种方式可达到润滑油的最佳操作温度，可以有效避免机油乳化。

压缩机壳里空气/油混合物的温度由输送口的温度开关（11）监测。如果温度高于设定值（110±5）℃，温度开关动作，压缩机停止工作。

若环境温度较低（-20 ℃ 以下），压缩机可以通过一个油加热器对润滑油进行预热约 20 min（根据环境温度预热时间有所调整）后再启动空气压缩机。

4. 维 护

压缩机组应定期进行维护，以保证其安全可靠地运行。常规维护可参考表 3-5。

表 3-5 维护项目

维护周期	维护项目
每 100 运转小时	检查油位及机油状态
每 300～500 运转小时	检查油位并进行补油
	检查空气过滤器上的真空指示器状态
每 1 500 运转小时或 1 年（先到为准）	检查空气过滤器，如有必要则更换滤芯
	清洗冷却器
	更换润滑油，更换油过滤器滤芯，检查回油过滤器的状态

续表

维护周期	维护项目
每 3 000 运转小时或 2 年（先到为准）	更换润滑油，更换油过滤器滤芯，清洗回油过滤器
	测试温度开关状态
每 6 000 运转小时或 4 年（先到为准）	更换油系分离器
	维护回油过滤器
	测试控制和监视元件
	检查油控制单元
	检查弹性支承
	运转试验
每 12 000 运转小时	空压机组的全面检修，更换转子体
	全面检修电机

注：维修周期在极限环境条件下可能缩短（如长期高温、高相对湿度等）。在这种情况下，建议通过油样分析来确定更换间隔。

（1）机油轻微乳化处理。

如果发现机油有轻微乳化现象，可进行如下操作来去除乳化现象：

① 压缩机静置 1~2 h，微开压缩机排油口（位于机头底部和散热器底部），将位于下层的液态水排出，直至有油排出关闭排油口。

② 打开总风缸下方的排水塞门，使乳化的压缩机组连续运转 60 min 以上，停机后观察润滑油的状态，如果恢复正常，则可继续使用。

③ 如果乳化现象减轻但没有完全恢复，再连续运转 30 min，观察机油状态，可重复进行上述操作，直至乳化消失。

④ 使用延时工作模式，运行机车压缩机组减缓机油乳化。

图 3-10 为机油轻微乳化的情况。

（2）机油重度乳化处理。

如果发现机油严重乳化，切勿自行处理，应及时联系主机厂及压缩机供货商进行分析处理。

图 3-11 为机油重度乳化的情况。

图 3-10 机油轻微乳化

图 3-11 机油重度乳化

5. 故障排除

压缩机组故障排除见表3-6。

表3-6 压缩机组故障排除

故障现象	原因分析	解决措施
电机转向错误	电机的电源线相序错误	按电路图正确连接电源线，并检查电机转向
压缩机组无法启动	断电	检查电源电路
	线缆连接松动	检查线缆连接，拧紧接线端子
	电机保护开关断开	给保护开关解锁
	电机损坏	查找电机故障，必要时更换电机
	温度开关未连接或线缆断路	检查电缆连接
	温度开关断开	按维护文件进行故障排除
压缩机启动困难	压缩机损坏	按维护文件拆除压缩机，并返厂检修
	启动时，供给电压过低	检查机车供电电压
	环境温度过低	压缩机预热或连续工作以提高环境温度
压缩机在达到定压前停止工作	电机保护开关断开	给保护开关解锁
	压缩机启停压力控制开关故障	检查压力开关或调整压力值
	温度开关断开	按维护文件进行故障排除
安全阀有排风声	压缩机损坏	按维护文件拆除压缩机，并返厂检修
	压缩机用安全阀损坏或故障	更换安全阀
无压缩空气排出或排出量少，工作周期延长	空气滤器器滤芯污染	更换滤芯
	压缩系统密封不严	排除泄漏
	压缩机损坏	按维护文件拆除压缩机，并返厂检修
压缩空气中含油量过高	压缩机损坏	按维护文件拆除压缩机，并返厂检修
	压缩机外壳内油位过高	排油以降低油位至刻度线间
	油温过高	检查温度开关
	油细分离器故障	检查油细分离器或更换
高油耗	压缩机损坏	按维护文件拆除压缩机，并返厂检修
	油温过高	检查温度开关
油从空气滤清器溢出	压缩机损坏	按维护文件拆除压缩机，并返厂检修

二、空气干燥器

该空气干燥器为双塔无热、再生吸附式干燥器，如图3-12所示。每个压缩机组配备一个干燥器，用来过滤压缩空气中的水及水蒸气。

图 3-12　干燥器外形图

1. 技术参数

该空气干燥器技术参数见表 3-7。

表 3-7　空气干燥器技术参数

最大工作压力/kPa	1 100
工作温度/℃	−40~50
入口最高温度/℃	60
压力损失/kPa	<40
出口相对湿度	满足 ISO-8573 水 2 级
电磁阀功率/W	14
加热功率/W	50×2
防护等级	IP65
空气处理量/（L/min）	2 700
工作周期/s	90±4
长×宽×高/mm	475×340×980
质量/kg	135

2. 结　构

空气干燥器结构如图 3-13 所示，主要包括：

- 两个干燥塔（1），每个塔内集成一个油分离器和一定量的干燥剂。
- 带有计时功能的脉冲电磁阀（3）。

- 带可更换再生节流孔（5）的双逆止阀（2）。
- 排放阀（4），还配备了一个恒温器控制器。
- 消音器（6）和冷凝排放盖（改装置无消音器）。

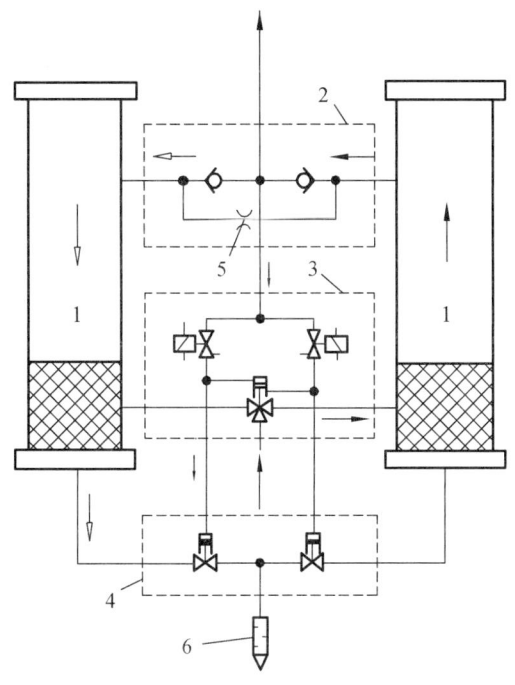

图 3-13 空气干燥器结构示意图

1—干燥塔；2—双逆止阀；3—脉冲电磁阀；4—排放阀；5—节流孔；6—消音器；
⟶——主气流； ⇒——再生空气； →——控制空气

每个电磁阀的工作状态用一个指示灯指示器显示。当电磁阀作用时，指示灯亮，对应的塔处于再生状态，如图 3-14 所示。

图 3-14 干燥器工作指示图

A 塔显示—A 塔进入再生状态；B 塔显示—B 塔进入再生状态；A 阀加热—A 塔排污阀进入加热状态；
B 阀加热—B 塔排污阀进入加热状态；电源指示—干燥器得电指示；
电源开关—控制干燥器得失电

3. 工作原理

无热吸附式双塔干燥器的再生和吸附工作在两个塔中同时进行，当压缩空气在一个塔内通过干燥剂进行干燥时，另一塔内的干燥剂被干燥的空气吹扫进行再生处理。

到达干燥器的饱和压缩空气里的油和冷凝物在首先通过油分离器时被提取出来。饱和的压缩空气接着通过干燥塔的干燥剂，压缩空气里的水分子被吸收，干燥器出口压缩空气的相对湿度达到35%以下。

部分干燥后的压缩空气通过再生节流孔（5）进入再生塔，吸收饱和干燥剂表面的水分，并将其排放到大气。

两个工作塔交替作为干燥塔和再生塔进行工作。

4. 流程叙述

图 3-15 所示为空气干燥器的工作状态，图中 B 塔（右）在干燥阶段，A 塔（左）在再生阶段。

图 3-15　空气干燥器工作示意图

电空阀（左）得电工作，排气阀（左）打开，进气阀（Aj）关闭。由于电空阀（右）失电，排气阀（右）关闭，进气阀（Bj）打开。

压缩空气经 P1 口和打开的进气阀（Bj），在油分离器里进行旋转，在离心力作用下将油和水滴甩向油分离器的内壁后收集到排气阀（右）。压缩空气随后通过干燥剂，其中的水及水蒸气被吸收，使干燥器出口压缩空气的相对湿度小于 35%。

压缩空气通过出气止回阀（BC）和 P2 口从干燥器排出之前，部分干燥的压缩空气通过再生节流孔进入再生塔（A 塔），带走干燥剂表面的液态水后从排气阀（左）排放到大气，再生塔中的干燥剂得到干燥。

电空阀（左）在半个工作周期（90 s）前 18 s 失电，排气阀（左）关闭，进气阀（Aj）开放，控制管路中压缩空气通过电空阀排放到大气。通过节流孔，再生塔（A 塔）中空气压力将增加到与干燥塔（B 塔）相同的空气压力。半个周期时（90 s），原干燥塔变为再生塔，原再生塔变为干燥塔。电空阀（右）得电，排气阀（右）开放，进气阀（左）开放。

压缩机停止工作，干燥器也同时停止工作。干燥器的两个电空阀都失电，控制管路被排空，排气阀两侧均关闭，进气阀停留在干燥器停止工作时的位置。

5. 故障处理

干燥器故障处理见表 3-8。

表 3-8 干燥器故障处理

故障现象	原因分析	解决措施
总风缸出现凝结水	干燥剂吸附饱和或油污失效	当发现总风缸出现冷凝水时，首先要确定净化系统的故障所处的位置和原因，然后做相应处理，恢复系统正常工作。若确认不属于系统故障造成的总风缸出水，则须开盖检查干燥剂的状态。如干燥剂颗粒表面变成棕黑色，说明已油污失效，必须更换；若干燥剂颗粒表面呈淡黄色，但手感潮湿，说明系偶然事故使干燥剂吸附饱和，可不必更换，待装置正常工作一段时间后，干燥剂可逐步再生复原
	干燥器本身发生故障，已不能正常工作	
	排气阀故障，使油水分离器长期不能排污，积水过多和干燥剂再生不良而失效	
当压缩机输送空气时，消音器不排放空气	节流孔（5）阻塞	从逆止阀拆除阻气门并清洗
	电空阀不得电	检查电源 更换有缺陷的电路板 检查阀磁铁上的连接器（电缆连接）
	排气阀冻住	解冻排气阀 检查加热器筒、恒温器和电缆连接 更换有缺陷的零件
空气从电空阀排气口稳定排放（如果空气干燥器单元正常工作，当压缩机输送空气时，电空阀每次往复时，必须排放少量空气）	阀座脏或损坏，或者磁铁电枢上橡胶密封有缺陷	拆除电空阀 清洗阀座；如果必要，修理或者更换衬套
	电空阀有缺陷或电路板故障	检修电空阀，或者更换电路板

三、辅助风源

1. 辅助压缩机

该装置采用克诺尔公司的 LP115 型辅助压缩机组作为辅助风源（见图 3-16），将其和升弓控制模块、升弓风缸及风表相连。辅助空压机组的控制开关在空气控制柜上，按下开关后，辅助空压机开始工作，升弓控制模块上的压力开关对压缩机的启停进行自动控制。

图 3-16　辅助压缩机 LP115

为保证压缩空气和管路的清洁，辅助压缩机配有小型的单塔干燥器和再生风缸。

（1）辅助压缩机技术参数。

辅助压缩机技术参数见表 3-9。

表 3-9　辅助压缩机技术参数

型　号	LP115
工作方式	单缸往复式空压机
压缩方式	一级压缩
润滑方式	飞溅润滑
转　向	从电机端观察，顺时针
最大出口压力	800 kPa
最大出口温度	220 ℃
允许连续运行时间	10 min
ISO 2151-1 m 距离时的声压级	71～73 dB（A）
工作质量	约 15.7 kg
工作温度范围	－40～＋50 ℃
额定电压	110 V
防护等级	IP54
电　机	直流电机

（2）辅助压缩机组成。

辅助风源由直流电机、空压机和干式空气过滤器组成，如图3-17所示。该装置结构紧凑，为单级压缩，自带法兰安装。直流电机通过联结器和空压机连接。干式空气滤清器可以为压缩机提供纯净的空气。

图 3-17　辅助压缩机结构

1—电机旋向观察孔；2—拆卸尺寸；3—压缩空气出口；4—空气入口；5—干式空气过滤器；
6—联结器；7—直流电机；8—压缩机；9—排油口；10—加油口；
11—电机旋向指示牌；12—接地装置

（3）辅助压缩机的工作原理。

空压机单级工作，吸入的空气由干式空气过滤器清洁并在气缸内进行压缩，其工作原理如图3-18所示。

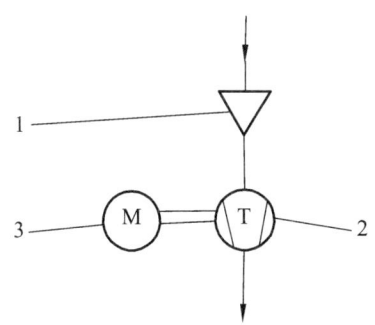

图 3-18　电动空压机组气路图

1—干式空气过滤器；2—空压机；3—直流电机

（4）辅助压缩机的控制方式。

辅助压缩机的控制方式分为人工控制和自动控制两种。

① 当机车初次升弓，或进行升弓装置试验时，采用人工控制方式。操作时需要操作者持续按下辅助空气压缩机启动按钮（位于空气控制柜内），并观察升弓压力表的指示值，在满足升弓压力要求后松开按钮。

② 机车投入运用后，采用自动控制方式。当辅助风缸压力低于 480 kPa（压力开关 U43.02 监测）时，辅助压缩机自动投入工作；当辅助风缸压力达到 735 kPa 时，压缩机自动停止工作。

2. 辅助干燥器

辅助压缩机同辅助干燥器配合使用，去除辅助压缩机产生的水蒸气，保证辅助管路内压缩空气的洁净。

（1）辅助干燥器的组成（见图 3-19）。

图 3-19 辅助干燥器组成

1—排污口；2—软管连接处；3—壳体；4—空气出口至干燥风缸；5—空气出口；
6—过滤筒；7—控制口；8—空气入口

（2）辅助干燥器的工作原理（见图3-20）。

图3-20 辅助干燥器工作原理示意图
1—去压缩机；2—排气口；3—控制压力；4—去风缸；5—接再生风缸

① 干燥阶段（左侧）。

辅助压缩空气从1号口进入辅助干燥器，并经过干燥塔进行干燥，干燥后的压缩空气分为两路：其中一路直接通过5号口进入再生风缸（3 L）；另一路经过内部单向阀后通过4号口进入机车辅助风缸。

② 再生阶段（右侧）。

当机车辅助风缸压力达到735 kPa时，干燥器出口内部连通辅助干燥器排污控制3号口，空气出口上的压力开关动作，外部切断辅助压缩机的电源。空气出口上的压力同时打开干燥器内的排污阀，再生风缸内洁净的压缩机空气反吹干燥塔将其表面的水气、油污带走并从排污阀排出，完成再生工作。

四、其他风源部件

1. 总风缸

使用两个800 L的总风缸直立安装在机械间内作为储风设备，设计压力为1.0 MPa，风缸材质为16MnDR。风缸缸体采用6 mm厚的钢板按直径750 mm卷制后焊接，缸头采用7 mm厚钢板热压成碟形封头，并按照TB/T 304—2011《机车用总风缸技术条件》进行组焊、加工。

2. 安全阀

在干燥器前后各有一个安全阀。A3安全阀的开启压力为1 100 kPa，A7安全阀的开启压力为950 kPa，以确保机车空气系统的安全。

3. 总风低压保护开关

当总风压力低于（500±20）kPa时，P50.74开关动作，机车牵引封锁（动力制动仍可投入），确保机车内保留有能够安全停车用的压缩空气。

4. 微油过滤器

对通过干燥器后的压缩空气进行油污处理，保证通过微油过滤器后的压缩空气满足 ISO8573 油 2 级要求。该过滤器需进行定期排污处理。

5. 低压维持阀

低压维持阀保证干燥器内部快速建立起压力，使干燥器可以进行再生、干燥工作，开通压力为 600 kPa。同时对两台干燥器间通道进行隔离。

6. 截断塞门（A10）

截断塞门（A10）用于机车无火回送操作。当机车进行无火操作时关闭该塞门，机车只有第二总风缸投入运用，保证机车快速达到无火行车状态。

任务三　CCB Ⅱ 制动控制系统部件介绍

第二代计算机控制制动系统（CCB Ⅱ）是为在客运和货运机车上使用而设计的。该制动系统将 26L 型制动机和电子空气制动（EAB）设备兼容。

CCB Ⅱ 系统是基于现场总线的微处理器电空制动控制系统，除了紧急制动作用的开始，所有逻辑都是微机控制的。

CCB Ⅱ 系统包括 5 个主要部件：

- LCDM——制动显示屏；
- EBV——电子制动阀；
- EPCU——电-空控制单元；
- M-IPM——集成处理器模块；
- RIM/CJB——继电器接口模块。

1. 制动显示屏

制动显示屏（LCDM）位于司机室操纵台左侧，外观见图 3-21。制动显示屏是 CCB Ⅱ 制动机的主要显示和操作装置。它由 10.4 寸液晶显示器、下方 8 个功能键和左侧 3 个亮度调节键组成。功能键用来实现操作菜单的选择及制动功能的锁定。操作菜单可以用中文或英文来显示。

HXD_3 机车上配有两台 LCDM，每一个司机室内设有一个。由 TCMS 控制的司机室开关接触器，控制每一个司机室 LCDM 的得电。当一个司机室的 LCDM 得电后，其信号送到制动系统主机（IPM），主机根据此信号激活对应的司机室的制动阀（EBV），使其控制机车的制动系统；而另外

图 3-21　制动显示屏外观

一个司机室的 LCDM 没有上电，其制动阀（EBV）没有被激活。

制动屏在机车正常操作时，实时显示均衡风缸、制动管、总风缸和制动缸的压力值，也实时显示制动管充风流量和空气制动模式的当前状况，如图 3-22 所示。

图 3-22 制动屏显示内容

通过显示屏还可以了解制动机的故障信息。

通过显示屏还可以对制动机进行如下操作：

可对制动机各模块进行自检，可以进行本机/补机、均衡风缸压力设定、制动管投入/切除、客车/货车、补风/不补风、风表值标定、故障查询等功能的选择和应用（见图 3-22）。

2. 电子制动阀

操作者通过图 3-23 所示的电子制动阀控制器（EBV）命令微机。EBV 在 LON 网络上，由自动制动、单独制动手柄发出动作信号。除紧急制动外，EBV 是全电子化阀，紧急制动时，在电子启动紧急制动的同时，在 EBV 背部（21 管阀）还装有空气阀，启动 EPCU 进入紧急制动。

图 3-23 电子制动阀

（1）自动制动手柄位置。

自动制动手柄包括运转位、初制动（最小减压位）、全制动（最大减压位）、抑制位、重联位、紧急位。初制动和全制动之间是常用制动区。手柄向前推为常用制动或紧急制动作用，手柄向后拉为缓解作用。在重联位时，通过插针可将手柄固定在此位置。

运转位：均衡风缸控制部分（ERCP）响应手柄位置，给均衡风缸充风到设定值；BPCP响应均衡风缸压力变化，列车管被充风到均衡风缸设定压力；16CP响应列车管压力变化，将作用管（16#管）压力排放；BCCP响应作用管压力变化，机车制动缸缓解；同时车辆副风缸充风，车辆制动机缓解。

常用制动区：在初制动与全制动之间。手柄放置在初制动位时，ERCP响应手柄位置，均衡风缸压力将减少40～60 kPa（定压500 kPa或600 kPa）；BPCP响应均衡风缸压力变化，压力也减少40～60 kPa；16CP响应列车管压力变化，作用管压力上升到70～110 kPa；BCCP响应作用管压力变化，机车制动缸压力上升到作用管压力。手柄放置在全制动时，均衡风缸压力将减少140 kPa（定压500 kPa）或170 kPa（定压600 kPa），制动缸压力将上升到360 kPa（定压500 kPa）或420 kPa（定压600 kPa）。手柄放置在初制动与全制动之间时，均衡风缸将根据手柄的不同位置减少压力。

抑制位：机车产生常用惩罚制动后，必须将手柄放置此位置使制动机复位后，手柄再放置运转位，机车制动作用才可缓解。在抑制位，机车将产生常用全制动作用。

重联位：当制动机系统在补机或断电状态时，手柄应放此位置。在此位置，均衡风缸将按常用制动速率减压到0。

紧急位：在此位置，自动制动阀上的机械阀动作，列车管压力排向大气，触发EPCU中BPCP及机车管路中的紧急排风阀动作，产生紧急制动作用。

（2）单独制动手柄位置。

单独制动手柄包括运转位，通过制动区到达全制动位。手柄向前推为制动作用，向后拉为缓解作用。20CP响应手柄的不同位置，使制动缸产生作用压力为0～300 kPa。当侧压手柄时，13CP工作，可以实现缓解机车的自动制动作用。

3. 电空控制单元

电空控制单元（EPCU）安装在机车空气控制柜内，如图3-24所示，由控制所有空气压力变化的模块化线路可更换单元（LRU's）组成。

图3-24　电空控制单元

（1）列车管控制部分（BPCP）。

BPCP 模块接收来至 ERCP 模块控制的均衡风缸的压力，由内部 BP 作用阀响应其变化并快速产生与均衡风缸具有相同压力的制动管的压力，从而完成列车的制动、保压和缓解。它的作用相当于 JZ-7 或 DK-1 系统中中继阀的作用。

此外，BPCP 模块可以监测列车的压力或接收自动制动阀、IPM 的指令，当发现制动管压力快速下降或接收到来自自动制动阀、IPM 的紧急制动指令，BPCP 模块会加快制动管减压产生紧急制动。此作用相当于 JZ-7 分配阀中紧急部或 DK-1 系统中电动放风阀和紧急阀的作用。

BPCP 模块由外壳、管座、BP 作用阀、MV53 电磁阀、BPCO 机械阀、BPT 制动管压力传感器、MRT 总风压力传感器、FLT 制动管流量传感器、C1 充风节流孔、TPBP 制动管压力测试点、EMV 紧急电磁阀（74V）、MVEM 紧急电磁阀（24V）、PVEM 气动紧急放风阀、C3 充风节流孔等部分组成。

各部件的连接示意图如图 3-25 所示。

图 3-25　BPCP 模块部件连接示意图（缓解状态）

① BPCP 模块管座。

该管座也为 BPCP 模块的安装座。管座上设有 5 根管子的连接孔，即总风管 MR、制动管压力反馈管 BPVV、制动管控制管 ER、21 号管、制动管 BP。

② BPCP 模块各部件简介。

BPCP 的其他部件均集成在外壳内，图 3-25 中右侧虚线框表示外壳。

BP 作用阀：接受均衡风缸压力的控制，产生与之相等的制动管压力，实现对列车的制动、缓解控制功能。其排风管路（EX）的制动管排风速度受 1/4″节流孔限制，使得制动时进行常用制动功能，而不会引起紧急制动。此阀是 BPCP 模块的核心部件，是纯机械阀。

MV53 电磁阀/BPCO 机械阀：MV53 电磁阀同 BPCO 机械阀共同作用，实现机车制动管投入/切除、补风/不补风、一次缓解/阶段缓解等功能。MV53 电磁阀失电：允许由 BP 作用阀产生的制动管压力通过本电磁阀控制 BPCO 机械阀使其开通，BPCO 开通后，由 BP 作用阀产生的制动管压力通过 BPCO 机械阀，经过过滤后进入列车制动管。MV53 电磁阀得电：由 BP 作用阀产生的制动管压力不能通过本电磁阀，并且本电磁阀另一侧控制 BPCO 机械阀的压缩空气排向大气，从而使得 BPCO 机械阀关闭通路，机车（或列车）的制动管路和 BP 作用阀隔离。机车制动管处于保压状态，BP 作用阀虽仍受均衡风缸压力的控制，但它不再控制机车的制动管压力。

机车正常运行（本机状态、制动管补风、阶段缓解）时，MV53 电磁阀处于常失电状态，如果正常运行时产生紧急制动作用或将机车设置为单机状态(制动管/切除)、补机状态，MV53 电磁阀将得电。当制动管压力低于 48～90 kPa 时，BPCO 自己会关闭通路。

（2）均衡风缸控制部分（ERCP）。

ERCP 模块接收来自电子制动阀（EBV）的自动制动手柄信号、集成处理器（IPM）以及机车监控系统（ATP）的指令来控制机车均衡风缸的压力。它的功能类似于 JZ-7 制动机中自动制动阀内的调整阀，以及 DK-1 型制动机中自动制动阀和缓解电磁阀、制动电磁阀联合的作用。但又有所不同，调整阀是纯机械结构，只响应自动制动阀手柄的动作，且均衡风缸的压力由凸轮的行程来决定；DK-1 型制动机虽然是通过电信号控制电磁阀实现均衡风缸的压力控制，但均衡风缸充风缓解时最高压力是通过加装在总风管路上的减压阀来限制，均衡风缸排风制动时，其最小减压量通过制动电磁阀的缩口和初制风缸联合实现，最大减压量通过自动制动阀手柄长时间停留在制动位，即制动电磁阀长时间得电来实现，控制准确度、减压精度都不是很理想，且不能自保压。本系统中的 ERCP 模块通过电子信号能够准确地控制均衡风缸的压力，且具有自保压功能，如果此模块发生了故障，会自动由其他模块（16CP）来代替其功能。

同时，无动力回送装置也位于此模块内部。它由外壳、管座、均衡风缸、REL 缓解电磁阀、APP 作用电磁阀、MVER 均衡模块电磁阀、MRT 总风压力传感器、ERT 均衡风缸压力传感器、TPER 均衡压力测试点、TPMR 总风测试点、过滤器等部分组成。其中，无动力回送装置由 DE 无动力塞门、DER 压力调整阀、C2 充风节流孔、CV 单向止回阀等部分组成。

各部件的连接示意图如图 3-26 所示。

① ERCP 模块管座。

该管座也为 ERCP 模块的安装座。管座上设有 4 根管子的连接孔，即制动管 BP、总风管 MR、制动管控制管（类似 DK-1 中的均衡管、JZ-7 中的中均管）、均衡风缸备份管 ERBU。均衡风缸直接连接在管座上。

图 3-26 ERCP 模块部件连接示意图（缓解状态）

② ERCP 模块各部件简介。

ERCP 的其他部件均集成在外壳内，图 3-26 中虚线框表示外壳。

a. REL 缓解电磁阀。

得电——均衡风缸通大气，均衡风缸减压；

失电——停止均衡风缸通大气，均衡风缸保压。

b. APP 作用电磁阀。

得电——总风通均衡风缸，均衡风缸增压；

失电——停止总风通均衡风缸，均衡风缸保压。

ERCP 通过 REL、APP 电磁阀实现对均衡风缸压力的控制。在缓解后或制动后的保压状态时，两个电磁阀均失电。当操作用自动制动阀手柄在重联位，REL 电磁阀得电将均衡风缸风压排空到零。

c. MVER 均衡模块电磁阀。

得电——产生控制压力，允许机械阀接口 A2 通 A3，从而均衡风缸接收 REL、APP 电磁阀指令。

失电——控制压力排大气，允许机械阀接口 A1 通 A3，从而使均衡风缸同 ERBU 管连通。该电磁阀用来控制其机械阀的接口的连通，是 ERCP 模块的缺省电磁阀。

当制动机断电、机车设置为补机或 ERCP 模块故障处于备用模式下，MVER 电磁阀失电；其他状态下均得电。

④ MRT 总风压力传感器。

MRT 总风压力传感器产生与第二总风缸压力成比例的电压信号，并通过 IPM 转换，在 LCDM 显示屏上显示总风压力。如果此传感器故障，会自动由 BPCP 模块中的 MRT 压力传感器产生第二总风缸压力，并在显示屏显示。

⑤ ERT 均衡风缸压力传感器。

ERT 均衡风缸压力传感器产生与均衡风缸压力成比例的电压信号，并通过 IPM 转换，在

LCDM 显示屏上显示均衡风缸压力。备用模式下，其均衡风缸压力由 16CP 模块中的 16T 压力传感器通过 IPM 转换，在 LCDM 显示屏上显示。

⑥ TPER 均衡风缸压力测试点。

此测试点直接和均衡风缸连接，通过与系统外部的压力表连接，能够检测出任何状态下均衡风缸的实际压力。

⑦ TPMR 总风压力测试点。

此测试点直接和第二总风缸连接，通过与系统外部的压力表连接，能够检测出第二总风缸的实际压力。

（3）13 控制部分（13CP）。

当单独制动手柄推至一边时，13CP 控制 13#管充风，对 DBTV 里的 BO 阀进行控制，排空 16TV 作用管的风压；同时制动系统控制 16CP 模块中的缓解电磁阀，排空作用风缸和 16#作用管的压力，实现单缓机车制动缸压力（该压力由自动制动产生）。13CP 在 ER 备用情况下与 16CP 共同动作来实现均衡风缸的压力控制。它由外壳、管座、MV13S 电磁阀和 ERBU 电磁阀等各部件组成。其连接示意图如图 3-27 所示。

图 3-27　13CP 模块部件连接意图

（4）16 控制部分（16CP）。

此模块用来产生制动缸的控制压力，其基本功能类似于 JZ-7 及 DK-1 型制动机中分配阀的作用。

在本机状态时，通过对机车制动管的减压量、平均管的压力、机车单独缓解指令以及单独制动阀的控制指令的判断来产生制动缸的控制压力，即 16 号管压力；在补机状态时，除了制动管压力降到 140 kPa 以下，并且总风重联管压力开关动作以外不再根据制动管的减压而产生制动缸的控制压力，重联机车的制动缸压力由平均管的压力来控制。

在本机模式下，16 号管增加的压力同制动管减少的压力的比率为 2.5∶1，并且 16 号管增加的压力最大不超过（450±15）kPa。

当接收到单独缓解命令，或列车管压力增加 14 kPa 时，制动缸压力开始缓解；当出现电源故障时，16CP 对制动缸的控制压力自动进行释放，然后通过 DBTV（本务状态）或者从

20CP 到制动缸中继阀的先导压力对制动缸压力进行控制;一旦制动管压力小于 140 kPa,16CP 内部的紧急限制阀(ELV)将增加制动缸先导压力到一个常规值 440 kPa,这样会产生一个最小 420 kPa 的制动缸压力。产生的制动缸压力在补机单元不能自动释放,只有当制动管的压力被充风到高于 140 kPa,补机单元中的制动缸压力才可随制动管压力增高进行缓解。

在 ER 控制单元故障情况下,16CP 与制动缸隔离,通过 3 个电磁阀的动作连接到均衡风缸(ERBU 上电,MV16 和 MVER 断电)。这样 16CP 可以控制均衡风缸的压力。制动缸的控制压力则由 DBTV 控制。

在 20CP 故障情况下,16CP 可以根据 EBV 单独制动手柄的位置产生制动缸控制压力。这种方式可以在本务机车上产生相应的制动缸压力,但是不能在本务机车上产生相应的平均管的压力。

16 控制部分(16CP)由外壳、管座、REL 缓解电磁阀、APP 作用电磁阀、MV16 电磁阀、PVTV 三通阀、DCV2 变向阀、PVE 紧急压力阀、ELV 紧急限压阀、DCV1 变向阀、16T 压力传感器、BPT 制动管压力传感器、BCT 制动缸压力传感器、C1 充风节流孔、TP16 作用管压力测试点、TPBC 测试点、过滤器及作用风缸等部分组成。各部件的连接示意图如图 3-28 所示。

图 3-28 16CP 模块部件连接示意图(制动状态)

(5)20 控制部分(20CP)。

20CP 根据制动管减压量、单独缓解命令、本务投入/切除模式下单独制动手柄位置等判断信号,产生本务机和补机的制动缸、平均管压力;平均管控制压力为列车管减压量的 2.5 倍;当制动管管压力增加 14 kPa 或者在单独缓解时,因制动管增加产生平均管压力缓解。

平均管压力直接根据 EBV 单独制动手柄命令产生,从在运转位的 0 kPa,直到全制动时的 300 kPa，平均管可无级变化；平均管压力取常用制动或 EBV 单独制动命令中压力较高者；20CP 在电源故障时进行压力保持，不会排风，也不会向平均管供风；20CP 只在本务机车上有效，故障后会在 LCDM 或仪表显示一个恒定的制动缸压力值。当 20CP 故障时，16CP 会根据本务机单独制动命令产生制动缸压力，但是平均管没有压力；20CP 在补机单元不起作用，将保持在"保持"模式。

20 控制部分（20CP）由外壳、管座、REL 缓解电磁阀、APP 作用电磁阀、MVLT 电磁阀、20R 阀、PVLT 阀、20TL 压力传感器、20TT 压力传感器、C1 充风节流孔、TP20 平均管压力测试点、过滤器及作用风缸等部分组成。各部件的连接示意图如图 3-29 所示。

图 3-29　20CP 模块部件连接示意图

（6）制动缸控制部分（BCCP）。

制动缸中继阀响应 16 号管压力变化，机车制动缸压力的施加和缓解完全由 BCCP 控制；BCCP 装有 DBI-1 型动力制动电磁阀，通过此电磁阀实现机车动力制动和空气制动的互锁功能。

（7）DB 三通阀（DBTV）控制模块。

在电气失效模式下，DBTV 三通阀为 16CP 提供了一个空气备份，来控制中继阀。制动管充风缓解时，DBTV 使制动管向 EPCU 上的辅助风缸充风。当制动管压力降低时，DBTV 从辅助风缸向 16TV 管充风，与制动管减压成正比。当产生全制动时，DBTV 会使辅助风缸与 16TV 管和 3 号风缸压力均衡，而达到全制动。

DB 三通阀（DBTV）控制模块由外壳、管座、DBTV 阀、BO 阀、缩堵、辅助风缸和 3 号风缸等部件组成。各部件的连接示意图如图 3-30 所示。

① DBTV 模块管座。

该管座也为 DBTV 模块的安装座。管座上设有 3 根管子的连接孔，即制动管 BP、通往 16CP 的 16TV 管、通往 13CP 的 13#管。辅助风缸和 3 号风缸直接连接在管座上。

② DBTV 模块各部件简介。

a. DBTV 阀。

BP 压力增加——16TV 号管排风，制动缸缓解，制动管给辅助风缸充风；

BP 压力降低——辅助风缸和 16TV 管接通，16TV 充风，制动缸作用；

BP 压力不变——16TV 关闭，充风、排风作用停止。

图 3-30　DBTV 模块部件连接示意图

由于 DBTV 阀为纯机械结构，为使每次产生的制动缸控制压力达到目标值，在列车缓解时，辅助风缸必须完全充满。

b. BO 阀。

BDTV 中 13#管压力高于 140 kPa 时，将导致 16TV 排风，自动制动作用缓解。

在 CCB Ⅱ 系统诊断使其工作于空气备份模式时，空气备用三通阀控制 16 号管的压力。DBTV 中的主要部件为空气部分，它一直在工作，但由于制动系统的计算机控制，其影响显现不出来。

c. 电源接线盒（PSJB）。

电源连接盒位于 EPCU 所有节点和 IPM 的连接中心。PSJB 内置电源为 CCB Ⅱ 系统供电（将 110 V 转换到 24 V），在外部具有多个接插件，允许 EPCU、EBV、M-IPM 和 RIM/CJB 相互连接。另外，还有 4 个可替换过滤器安装在 EPCU 管线上：

- MR ——Main Reservoir，主风缸。
- BP ——Brake Pipe，列车管。
- 13 ——Bail off and DBI Control，常用制动的单独缓解和 DBI 互锁控制。
- 20 ——Brake Balance Pipe，制动平均管。

这些过滤器在年检时更换。

4. 集成处理器模块

集成处理器模块（M-IPM）安装在机车制动控制柜，执行所有到制动系统的通信功能，如图 3-31 所示。M-IPM 通过 LON 网络和 EPCU、EBV 通信，通过 RS422 电缆线和 LCDM 通信，通过 MVB 网络和机车 TCMS 通信，并可提供二进制输出，驱动机车继电器。

图 3-31 集成处理器模块

在图 3-31 中，各指示灯的含义如下：

电源——绿色 LED 表示 IPM 已加电。如果在 IPM 得电的情况下，指示灯熄灭，则很有可能是电源失效。

CPU OK——根据内部看门狗计时器，该绿色 LED 显示 IPM CPU 的状况良好，表示 IPM 成功通过每 15 min 进行一次的自检。

DP LEAD——该绿色 LED 表示该机车处于动力分散本机机车模式。

DP REMOTE——该绿色 LED 表示该机车处于动力分散重联机车模式。

DP TX A——该黄色 LED 表示该机车电台 A 正在传输 DP 无线信息。

DP TX B——该黄色 LED 表示该机车电台 B 正在传输 DP 无线信息。

DP RX——该绿色 LED 表示该机车正接收 DP 无线信息。

DP COMM INT——该红色 LED 表示该机车 DP 无线通信故障。

DATALINK FA——该红色 LED 表示该机车 IPM 无法通过 Lon Work 网 RS422 数据线与机车控制系统、EPCU、LCDM 通信。

NETWORK FA——该红色 LED 表示 LOCOTROL EB 或 CCB Ⅱ 系统内部（IPM, EPCU and EBV）LON Network 通信有问题。

EBV FAIL——该红色 LED 表示 CCB Ⅱ 系统 EBV 失效，可能是电子部分故障，或空气部分故障，或两者皆有。

EPCU FAIL——该红色 LED 表示 CCB Ⅱ 系统 EPCU 失效，可能是电子部分故障，或空气部分故障，或两者皆有。

EAB BACKUP——该红色 LED 表示 CCB Ⅱ 系统已工作于一项后备模式，如第一主风缸传感器失效，系统工作于第二主风缸传感器。

5. 继电器接口模块

继电器接口模块（RIM/CJB）位于机车制动柜，是微处理器（IPM）与机车间进行通信的继电器接口，如图3-32所示。

图 3-32　继电器接口模块

（1）信号输入部分包括由安全装置（ATP）产生的惩罚制动和紧急制动、再生制动投入信号、MREP压力开关工作状态信号、机车速度信号。

（2）信号输出部分包括紧急制动信号、动力切除（PCS）信号、撒砂开关动作信号、再生制动切除信号、制动系统故障信号。

任务四　CCB Ⅱ 气路的综合控制作用

一、CCB Ⅱ 控制关系

1. 主要部件控制关系

主要部件控制关系如图3-33所示。

图 3-33　主要部件控制关系

在图3-33所示的各部件中：

（1）EBV、EPCU、CJB、IPM之间通过LON网线进行通信；

（2）IPM、LCDM之间通过RS422进行通信；

（3）IPM、TCMS 之间通过 MVB 数据线进行通信；

（4）CJB、TCMS 通过开关模拟量硬线进行通信。

2. 气路控制关系

（1）控制列车：

自动制动阀→ERCP→BPCP→制动管压力→车辆制动机
　　　　　　　　　　　　　　↓
　　　　　　　　　　16CP→BCCP→机车制动缸

（2）控制机车：

单独制动阀→20CP→BCCP→机车制动缸
　　　　　　　↓
　　　　平均管压力→重联机车制动缸

二、系统主要部件的冗余

1. 空气备用（16CP 失效）

空气备用模式是指系统采用纯机械三通阀（DBTV）来代替电子控制（16CP）产生制动缸管控制压力。其控制关系如下：

自动制动阀→ERCP→BPCP→制动管压力→车辆制动机
　　　　　　　　　　　　　　↓
　　　　　　　　　　DBTV→BCCP→机车制动缸

2. ER 备用（ERCP 失效）

如果 ERCP 失效，则它的功能由 16CP 和 13CP 实现。由软件控制自行进行切换，控制关系如下：

自动制动阀→16CP/13CP→BPCP→制动管压力→车辆制动机
　　　　　　　　　　　　　　↓
　　　　　　　　　　DBTV→BCCP→机车制动缸

3. 单独制动备用（20CP 失效）

20CP 失效时，16CP 将响应单独制动手柄的指令，控制本机车制动缸的压力。对于重联车，将不存在平均管压力。控制关系如下：

单独制动阀→16CP→BCCP→机车制动缸

4. 紧急制动的触发方式

（1）自动制动阀置紧急位；

（2）开放车长阀触发紧急制动；

（3）按下操纵台紧急按钮触发紧急制动（断主断路器）；

（4）IPM 触发紧急制动；

（5）监控装置触发紧急制动；

（6）列车断钩分离触发紧急制动。

5. 总风缸压力低保护

当总风缸压力低于 500 kPa 时，IPM 接收到压力传感器信号，不允许机车加载牵引。

三、CCB Ⅱ 空气制动系统故障排除

1. 基本处理

与电子空气制动（EAB）操作有关的机车故障症状见表 3-10，每个症状都列出了故障排除步骤，必须按顺序操作。

表 3-10　CCB Ⅱ 空气制动系统故障排除

症　状	故障排除步骤
空气制动故障	制动显示器将提供包括一个三位的故障代码，记下该三位故障代码并参阅表 3-11 中的改正措施
系统不自检	制动显示器将提供包括一个四位的故障代码，记下该四位故障代码并参阅表 3-12 中的改正措施
动力切除开关（PCS）不能清除或不能缓解制动	（1）放置自动制动手柄在抑制位（SUP），并等待惩罚清除。如果"Penalty Source Still Present（处罚来源仍存在）"信息出现，将有必要复位惩罚来源（司机室信号、ATP、报警器等）。处罚被复位后，移动自动制动手柄到缓解位（REL）。检查 ER 和 BP 两个压力是否都提高。如果 ER 提高而 BP 不提高，则参考症状"不能给列车管充风"；如果 ER 和 BP 确实提高，或者如果二者都不提高，则参考步骤（2）。 （2）放置自动制动手柄在"抑制位"（SUP），并监测诊断追踪信息。集成微处理器模块（IPM）断电重启。检查在 IPM 上电过程中"PCS Negated"信息是否出现。如果"PCS Negated"出现在追踪信息，但是机车 PCS 灯仍亮着，则应更换 IPM。如果问题还存在，则更换继电器接口模块（RIM），并从 IPM 经 RIM 到机车 PCS 检查接线的连续性；如果"PCS Negated"没有出现在追踪信息，一个"紧急"或"惩罚"来源是活动的，则必须被清除
不能给列车管充风	（1）保证机车设置是"本机/投入"，移动自动制动手柄到运转位，保证 ER 充风到缓解设置。如果 ER 不充风，则参考症状"动力切除（PCS）没有清除"。 （2）隔离机车（关闭折角塞门）并重复步骤（1）。如果 BP 现在充风但以前不充风，则可能是列车泄漏或没有连接。 （3）至少 10 次"急剧地"放置电子制动阀（EBV）自动制动手柄到"紧急位"。复位紧急制动，并移动自动制动手柄到"运转位"。如果 BP 压力升高，则可能是 EBV 上 21 放风阀卡住。 （4）如果 BP 部分向 ER 升高，但是达不到 ER 压力（在 EPCU 听到空气吹动），更换 BPCP（可能中继阀卡死）；如果 BP 根本不提高，则更换 IPM（可能是二进制输出故障）
在机车上自动制动不能被单独缓解	（1）保证平均管塞门是关闭的。 （2）运行 CCB Ⅱ 自检。如果自检通过，则更换 EBV（可能是单独缓解开关/总线故障）；如果自检未通过，则参阅表 3-12 所示的故障代码改正措施
当有动力制动时，自动制动不缓解	把机车投入动力制动，并测量 DBI 电磁阀电压。如果没有电压，则检查线路或机车输出信号，如果有电压，则更换 BCCP（可能是 DBI 故障）

续表

症　状	故障排除步骤
不能建立制动缸压力	（1）保证机车被设置到"本机/投入"，保证转向架制动缸是接入的（闸缸塞门）。 （2）用自动制动手柄进行制动作用，注意列车管压力降低。 （3）在制动缸控制部分（BCCP）检查空气吹动，如果没有听到泄漏，检查从EPCU总管到转向架制动缸机车管路的完整性
不能进行自检、标定、事件记录操作	保证司控器在零位
LCDM显示屏变黄，LED显示管闪烁	LCDM重新启动，如果仍然不好，更换LCDM显示屏

2. CCBⅡ系统IPM故障改正措施

本文件描述CCBⅡ诊断故障代码，这些代码在机车制动屏幕上显示给操作者，如图3-34所示。三位故障代码也可在事件/故障记录中查看。该文件描述每个故障代码和其改正措施。

图3-34　模块状态

IPM故障代码被显示在故障信息的末尾。例如：

> 空气制动故障
> 使用备份模式 - 简化　IND BRK-001

将显示故障代码"001"，改正措施见表3-11。
IPM诊断/故障代码见表3-11。

表 3-11 IPM 诊断/故障代码

故障代码	描述	被……探测	故障原因	改正措施	如果还不好,则尝试
001	ERCN 故障	IPM	ERCN 脉冲损失 4 s	可以在备份模式作为牵引机车使用,直到进车间。保证 LON 电缆紧紧连接在 ERCP。断电恢复	检查 ER 控制节点上的黄灯。如果稳定或闪烁,则重装程序或更换 ERCP;如果动力重启后红灯仍亮,则更换 ERCP
002	ERCP AW4 故障	ERCP	ER>825 或在 10 s 内压力不在 ±35 kPa 范围内	可以在备份模式作为牵引机车使用,直到进车间。运行 ER 自检。如果通过,则断电恢复来清除备份模式,失败则更换 ERCP	检查管路柜后部的软管和风缸
003	ERT 故障	ERCP	传感器输出电压大于 4.5 V 或小于 0.5 V	可以在备份模式作为牵引机车使用,直到进车间。断电恢复	更换 ERCP
004	MRT 故障	ERCP	传感器输出电压大于 4.5 V 或小于 0.5 V,或者 IPM 探测传感器信号被停止发送 15 s	可以在备份模式作为牵引机车使用,直到进车间。断电恢复	更换 ERCP
006	MVER 失电关闭	ERCP	输出反馈显示失电	可以在备份模式作为牵引机车使用,直到进车间。更换 ERCP	
008	MRT 故障 2（MRT-备份）	BPCP	传感器输出电压大于 4.5 V 或小于 0.5 V,或者 IPM 探测传感器信号被停止发送 15 s	系统可不带流量指示操作。在下次进车间时更换 BPCP	
009	FLT 故障	BPCP	传感器输出电压大于 4.5 V 或小于 0.5 V	系统可不带流量指示操作。在下次进车间时更换 BPCP	
010	BPT 故障	BPCP	传感器输出电压大于 4.5 V 或小于 0.5 V,或者 IPM 探测传感器信号被停止发送 15 s	系统将用备份传感器操作。如果故障仍然存在,则断电恢复后,在下一次进车间更换 BPCP	
014	MV53 失电打开	BPCP	连续性损失	设置制动系统为断电状态,并以气动备份作为拖车使用。更换 BPCP	

续表

故障代码	描述	被……探测	故障原因	改正措施	如果还不好,则尝试
016	BPCN 故障（BP通信丢失）	IPM	BPCN 损失脉冲信号 4 s	AB系统断电恢复	检查 BP 控制节点上的黄灯。如果稳定或闪烁,则重装程序或更换 BPCP。如果断电恢复后红灯仍亮,则更换 BPCP
017	MVEM 得电打开	BPCP	输出反馈显示得电	如果系统持续在紧急情况,则设置系统断电,并以气动备份状态以拖车使用。更换 BPCP	
018	MVEM 失电关闭	BPCP	输出反馈表示失电	产生紧急情况的备份模块失效。机车可操作,直到进车间,更换 BPCP	
025	MV13S 得电打开	13CP	输出反馈表示得电	检查机车是否正被单独缓解。如果是,则设置系统断电,并以气动备份状态以拖车使用。如果不是,机车可以作为牵引机车使用,直到下次进车间,更换 13CP	
026	MV13S 失电关闭	13CP	输出反馈表示失电	按拖车使用,直到进车间。紧急情况的单缓和单缓的备用模式失效。更换 13CP	
027	MV13E 得电关闭	13CP	输出反馈表示得电		
028	MV13E 失电打开	13CP	输出反馈表示失电		
031	13CN 故障（13通信丢失）	IPM	13CN 丢失脉冲信号 10 s	按拖车使用,直到进车间。紧急情况的单缓和单缓的备用模式失效。更换 13CP	检查 13 控制节点上的黄灯。如果稳定或闪烁,重装程序或更换 LRU；如果断电恢复后红灯仍亮,则更换 13CP
032	MVERBU 得电打开	16CP	输出反馈表示得电	可以在备份模式作为牵引机车使用,直到进车间。如果断电恢复后故障仍存在,则更换 16CP	更换 13CP。如果故障在更换 16CP 和 13CP 后仍存在,则检查 LON 电缆
033	MVERBU 失电关闭	16CP	输出反馈表示失电	可以在备份模式作为牵引机车使用,直到进车间。断电恢复后故障仍存在,则更换 16CP	更换 13CP。如果故障在更换 16CP 和 13CP 后仍存在,则检查 LON 电缆

续表

故障代码	描述	被……探测	故障原因	改正措施	如果还不好,则尝试
036	16CP AW4 故障（AW4-16 故障）	16CP	16CP>690 或在 10 s 内压力不在 ±35 kPa 范围内	可以在备份模式作为牵引机车使用,直到进车间。断电恢复后故障仍存在,则更换 16CP	检查制动柜后部的软管和风缸
037	16T 故障	16CP	传感器输出电压大于 4.5 V 或小于 0.5 V,或者 IPM 探测传感器信号被停止发送 15 s	可以在备份模式作为牵引机车使用,直到进车间,更换 16CP	
038	MV16 得电打开	16CP	输出反馈表示得电	可以在备份模式作为牵引机车使用,直到进车间。如果断电恢复后故障仍存在,则更换 16CP	
039	MPV16 失电关闭	16CP	输出反馈表示失电	可以在备份模式作为牵引机车使用,直到进车间,更换 16CP	
048	BPT 故障 2（BPT 备份）	16CP	传感器输出电压大于 4.5 V 或小于 0.5 V,或者 IPM 探测传感器信号被停止发送 15 s	可以在备份模式作为牵引机车使用,直到进车间。断电恢复后故障仍存在,更换 16CP	
049	BCT 故障	16CP	传感器输出电压大于 4.5 V 或小于 0.5 V	机车可以不带 BC 表使用在备份模式。建议按补机或无火使用,直到进车间,更换 16CP	
052	16CN 故障（16 通信丢失）	IPM	16CN 丢失脉冲信号 4 s	机车可以不带 BC 表使用在备份模式。建议按补机或无火使用,直到进车间。更换 16CP。保证 LON 电缆安装牢固,断电恢复	检查 16 控制节点上的黄灯。如果稳定或闪烁,则重装程序或更换 16CP。如果断电恢复后红灯仍亮,更换 16CP
055	20CP AW4 故障（AW-4-20 故障）	20CP	在 10 s 内压力不在规定值 ±35 kPa 范围内	运行 20 自检。如果通过,断电恢复来清除备份模式。如果不能通过,设置到补车。在进车间后更换 20CP	检查制动柜后部的软管和风缸
056	20T 故障（20T/拖车故障）	20CP	传感器输出电压大于 4.5 V 或小于 0.5 V	设置到补机模式。单独制动压力有轻微泄漏,在进车间后更换 20CP	

续表

故障代码	描述	被……探测	故障原因	改正措施	如果还不好,则尝试
057	MVLT得电打开	20CP	输出反馈表示得电	可以在备份模式作为牵引机车使用,直到进车间。断电恢复后故障仍存在,更换20CP	
058	MVLT失电关闭	20CP	输出反馈表示失电	设置到补机。在进车间后更换20CP	
062	20CN故障	IPM	20CN丢失脉冲信号4 s	保证LON电缆安装牢固,断电恢复。如果故障还存在,则设置为补机以气动备份状态使用	检查20控制节点上的黄灯。如果稳定或闪烁,则重装程序或更换20CP。如果断电恢复后红灯仍亮,则更换20CP
075	自动制动手柄失效	EBV	电位计输出电压小于最小值	设置到补机。更换EBV	
076	单独制动手柄失效	EBV	电位计输出电压小于最小值	设置到补机。更换EBV	
077	限位开关打开	EBV	自动制动或单独制动手柄故障	将手柄移开故障位置再将手柄移回	更换EBV
085	EBVCN故障	IPM	EBVCN丢失脉冲信号6 s	保证LON电缆牢固安装在EBV连接器和PSJB、J100上。断电恢复	检查EBV控制节点上的黄灯。如果稳定或闪烁,则重装程序或更换EBV。如果断电恢复后红灯仍亮,则更换EBV
090	IPMCN故障(LON通信丢失)	IPM	LON网信息丢失达1.5 s	断电恢复	从IPM到RIM再到PSJB检查电缆。如果电缆良好,更换IPM
098	BPT和BPT2故障	IPM	BPT和BPT备份故障	断电恢复。如果故障仍存在,则设置系统断电,并按补机空气动备份使用	检查控制节点上的黄灯。如果稳定或闪烁,则重装程序或更换涉及的LRU。检查LON电缆连接。如果必要,则更换BPCP和16CP
099	故障20TL(20T/本机车故障)	20CP	传感器输出电压大于4.5 V或小于0.5 V	断电恢复。如果故障还存在,则设置到补机,使系统断电。在进车间后,更换20CP	
100	ER备份并伴有代码036、051、052	16CP	ER备份,并且036、037、052故障	设置到补机	

3. CCB Ⅱ 自检故障代码和改正措施（见表 3-12）

表 3-12　CCB Ⅱ 自检故障代码和改正措施

步骤	进行的测试	故障原因	导致失败的代码	最可能的原因	改正措施	还不好，请尝试
1	测试 ER 模块，列车管切除（MV53 电磁阀得电），ER 缓解，充风 ER 到作用阀压力	ER 不在作用阀压力的 ±2 psi（1 psi = 6.895 kPa）内	1102 在缓解时 ER 控制错误	AW-4 误动作或 ERCP 上控制节点故障	标定 ERT。如果还不好，更换 ERCP	检查制动柜后面的软管和风缸、ERG 管线及 ER 测试装置的泄漏
2	ER 在缓解时偏离。验证 ER+1，−1 为 5 s	ER 不在步骤 1 压力的 ±1 psi 内（偏移）	1103 在缓解时 ER 偏移	AW-4 误动作或 ERCP 上控制节点故障	标定 ERT。如果还不好，更换 ERCP	检查制动柜后面的软管和风缸、ERG 管线及 ER 测试装置的泄漏
3	ER 全制动设置 ER = FV−26	ER 不在(FV−26 psi) 空气压力的 ±2 psi 内	1104 在全制动时 ER 控制错误	AW-4 误动作或 ER 上控制节点故障	标定 ERT。如果还不好，更换 ERCP	检查制动柜后面的软管和风缸、ERG 管线及 ER 测试装置的泄漏
4	ER 在全制动时偏离。验证 ER+1，−1 为 5 s	ER 不在步骤 3 空气压力读数的 ±1 psi 内（在全制动偏移）	1105 在全制动时 ER 偏移	AW-4 误动作或 ER 上控制节点故障	标定 ERT。如果还不好，更换 ERCP	检查制动柜后面的软管和风缸、ERG 管线及 ER 测试装置的泄漏
5	MVER 失电 5 s，接着 MVER 得电。等 2 s 读取 ERT 压力读数	MVER 排气速率不在限制（38～52 psi）内	1106 MVER 失电测试（制动率降低）	13CP 塞堵被堵住或 MVER 卡住	检查 13CP 排气塞堵（底部）。如果没有堵，更换 ERCP 并标定 ERT	检查制动柜后面的软管和风缸、ERG 管线及 ER 测试装置的泄漏；更换 13CP
6	MVER 得电，等 18 s。验证 ER ±3	ER 压力从步骤 5 空气压力偏移 ±3 psi	1107 MVER 得电测试	泄漏（AW-4 线路没有被激活）	检查 ERCP 和 13CP 总管垫泄漏；软管和总管后面的风缸泄漏	检查 ERCP 测试装置泄漏；更换 ERCP
7	测试 BP 模块柔性转到列车投入状态。ER 目标：BP+5 MV53 失电					
8	BP 充风，设置 ER= FV−40，等 30 s，验证 BP ±2	BP 不在(FV−40 psi) 空气压力的 ±2 psi 内	1205 BP 控制错误（充风）	BP 泄漏。ERT 或 BPT 标定失误	保证端部塞门是关闭的，标定 ERT 和 BPT	检查 BPCP 的泄漏，更换 BPCP
9	MV53/BPCO 切除列车管，设置 ER=FV。列车管不应随均衡风缸增加	BP 不在(FV−40 psi) 空气压力的 ±3 psi 内（允许 0.5 psi/s BP 泄漏）	1207 MV53/BPCO 没有切除	MV53/BPCO 没有切除或 BPCO 关闭不严	标定 ERT 和 BPT。重新运行自检。如果 BP 高于允许范围，更换 BPCP。	如果 BP 低于允许范围，找出 CCB Ⅱ 或机车上 BP 泄漏

续表

步骤	进行的测试	故障原因	导致失败的代码	最可能的原因	改正措施	还不好，请尝试
10	MV53/BPCO 列车管投入，验证列车管大于 (FV−30) psi	BP 不大于 (FV−30 psi) 空气压力	1208 MV53/BPCO 没有接入	MV53/BPCO 没有接入或列车管大量泄漏	保证 MR 在 FV 压力以上。保证端塞门是关闭的	更换 BCPP
11	等 5 s，列车管完成充风。验证 BP = ER ±3	BP 不在 ER 压力的 ±3 psi 内	1206 在缓解时 BP 控制错误	标定失败	标定 ERT 和 BPT。重新运行自检。保证端塞门是关闭的。确保没有 BP 或 BPCP 泄漏	关闭 A、B 端的折角塞门
12	ERT/BPT 在不补风状态下的标定	BPT 没有低于 ERT 压力 4~17 kPa	1212 ERT/BPT 在不补风状态下的标定错误	ERT/BPT 没有正确标定	标定 ERT/BPT	重新标定 BPT，使其压力低于校验表大约 4 kPa
13	低 BP BPCO，设置 ER=0，等 60 s，验证列车管是在 8.4~14 psi 内	BP 不在 8~14 psi 内 BPCO 不切除	1209 在 BP 低压时 BPCO 不切除	在 BP 低压力时，BPCO 不切除	标定 BPT，保证端塞门是关闭的。确保没有 BP 或 BPCP 泄漏	更换 BPCP
14	MVEM 设置列车管=40，等 40 s 后切除列车管，MVEM 得电产生紧急。等 5 s，验证列车管小于 5 psi	BP 大于 5 psi	1210 MVEM 故障	MVEM 故障；PVEM 故障；机车放风阀无动作	如果 BP 降到 0 psi，而放风阀不动作，检查放风阀	更换 BPCP。检查制动柜后面列车管排风口是否被堵
15	等 70 s 放风阀复位					
16	EMV 设置 BP=40，等 40 s，切除列车管。EMV 得电产生紧急作用，等 5 s，验证列车管小于 5 psi	BP 大于 5 psi	1211 EMV 故障	EMV 故障；PVEM 故障；IPM 输入/输出故障；接线故障	检查接线和连接器。更换 IPM、RIM。如果还不好，更换 BPCP	拆去从 IPM 到 RIM 再到 PSJB 的电缆。更换 PSJB
17	等 70 s 放风阀复位					
18	20CP LRU 设置 20 管压力为 55 psi，等 7 s 让 20 管稳定	20 管压力不在 50~60 psi	1301 20 管不充风	AW-4 误动作或 20CP 上控制节点故障或平均管泄漏	保证端部塞门是关闭的，平均管没有泄漏。标定 20T。如果还不好，更换 20CP	检查制动柜后面的软管和风缸及 20 管测试装置的泄漏
19	排放 20 管压力，等 7 s 让 20 管排气	20 管压力大于 5 psi	1302 20 管不排风	AW-4 误动作或 20CP 上控制节点故障	保证端部塞门是关闭的。标定 20T。如果还不好，更换 20CP	可能制动柜后面泄漏。更换 20CP

续表

步骤	进行的测试	故障原因	导致失败的代码	最可能的原因	改正措施	还不好，请尝试
20	MVLT 设置 20=55。设置到补机。排放 20 AW4 压力，等 5 s，读 20TT，验证大于 50 psi	20 管压力小于 50psi	1303 MVLT 在本机时卡住	MVLT 故障或 PVLT 在本机时卡住；平均管泄漏	保证端部塞门是关闭的，没有 20 管泄漏。检查 20CP 垫是否泄漏	更换 20CP
21	20 管排气					
22	测试 13LRU 设置 BP=FV					
23	MVER 失电，13S 失电。等 10 s，列车管压力下降，产生制动					
24	MVER 得电，停止 ER/BP 减压。MV16 失电，BC 由控制压力备用模式提供。等 5 s，让系统转换，BC 大于 35 psi	BC 压力小于 35psi	1506 没有 BC 的备用模式	DBTV 故障或 BCCP 故障或制动缸泄漏或 13CP 故障，单缓功能一直作用	检查 BC 和 BCCO 相关管路的泄漏。标定 16T 和 BCT 运行自检。替换 DBTV	检查管路柜后面的风缸以及 16 管 BC 测试接头的泄漏。替换 16CP。替换 BCCP。替换 13CP
25	13S 得电，使 13/BO 管压力等于总风压力。等 10 s。BC 小于 5 psi	BC 大于 5 psi	1401 13 管没有充风	13/BO 管压力没有增加到 25 psi 以上。DBTV 上的单缓阀故障，没有排掉 16TV 管的压力	检查 MR 压力大于 25 psi。替换 13CP	检查 EPCU 后 13 号管的泄漏，或者 13 号过滤器的泄漏。替换 DBTV
26	测试 16LRU。缓解自动和单独制动。设置 ER=90 psi					
27	16/BC 充风。设置 BC=72，等 5 s，验证 16 管在 71~77 psi	16 管压力不在 71~77 psi	1503 16 管不充风	AW-4 误动作或 16CP 上控制节点故障	标定 16T 和 BCT。重新运行自检。如果还不好，更换 16CP	检查制动柜后面的软管和风缸及在 16 管测试装置的泄漏
28	16/BC 充风，设置 BC=72，验证 BC 在 69~75 psi	BC 不在 69~75 psi	1600 BC 不充风	16CP 上控制节点故障，或 BCT 故障，或制动缸泄漏	标定 16T 和 BCT。检查 BC 和 BCCO 相关管路的泄漏。重新运行自检。如果还不好，更换 16CP	如果通过 1503 但未通过 1600，且 BC 没有泄漏，更换 BCCP

续表

步骤	进行的测试	故障原因	导致失败的代码	最可能的原因	改正措施	还不好，请尝试
29	16/BC 排风。设置 BC=30，等 5 s，验证 16 管在 28~34 psi	16 管压力不在 28~34 psi	1504 16 管不排风	AW-4 误动作或 16CP 上控制节点故障	标定16T和BCT。检查BC和BCCO相关管路的泄漏。重新运行自检。如果还不好，更换16CP	检查制动柜后面的软管和风缸及在16管测试装置、BC测试装置的泄漏
30	16/BC 排风。设置 BC=30，验证制动缸在 27~33 psi	BC 压力不在 27~33 psi	1601 BC 不排风	AW-4 误动作或 BCCP、BCT 上控制节点故障	检查制动缸泄漏；标定16T和BCT。重新运行自检。如果还不好，更换16CP	检查制动柜后面的软管和风缸及BC测试装置的泄漏。更换BCCP
31	设置 ER=FV+1。等 30 s，让 MVER 失电，ER/BP 减压。等 10 s，产生自动制动。让 MVER 得电。让 MV16 失电					
32	BC 备份 转换到 BC 备份（16TV 到 16Vol）。等 5 s，验证 BC 大于 35 psi	BC 小于 35 psi	1506 没有备份 BC	DBTV 故障；BCCP 故障；制动缸泄漏	检查BC/BCCO相关管路的泄漏。标定16T和BCT。运行自检程序。更换DBTV	检查制动柜后面的软管和风缸及在16管测试装置、BC测试装置的泄漏。替换16CP。替换BCCP
33	设置 16（AW4）=0。等 5 s，检查 16T 小于 2.0 psi	16 管压力大于 2 psi	1505 16 管不排风到 0	标定错误	标定16T和BCT，重新运行自检	更换16CP
34	BC 备份，单独缓解 设置 13=MR，等 10 s，设置 13=0；验证 BC 小于 5 psi	BC 大于 5 psi	1507 没有备份 BC 单独缓解	没有备份 BC 单独缓解；13 管压力可能不大于 25 psi	保证端部塞门是关闭的，运行13CP自检。如果通过，更换DBTV	
35	排放辅助风缸小于 ELV 设定值（450 kPa）反复单独缓解设置					
36	辅助风缸小于 ELV 设定值。切除 BP，激活 MVEM。等 20 s，验证 BC 是在 ELV 设置的 5 psi 内	BC 不在 ELV 设置的 ±5 psi 内	1508 ELV 故障（典型设置为 65 psi）	ELV 设置偏移或故障	更换16CP	

续表

步骤	进行的测试	故障原因	导致失败的代码	最可能的原因	改正措施	还不好，请尝试
37	等 20 s 让放风阀复位。测试 BC LRU					
38	MVER 和 MV16 得电。设置 BP=15 psi，BC=0，并应用单独缓解	BP 不小于 15 psi；BC 不小于 2 psi	1204 BP 不排风 1601 BC 不排风			
39	通过 ERBU 设置 BP=30（ERBU 得电，MV16 失电），等 10 s	BP 不大于 25 psi 或 BC 不小于 2 psi	1509 ERBU 将不得电	标定失败；ERBU 不得电	标定 BPT，BCT 和 16T。如果还不好，更换 13CP	更换 16CP
40	恢复 ER 备份（MV16 得电，ERBU 失电），等 10 s	ER 大于 5 psi 或 BC 小于 25 psi	1510 ERBU 不失电	ERBU 不失电或泄漏或制动缸低压泄漏	更换 13CP 或修理制动缸泄漏	更换 16CP
41	测试 BC LRU(PVPL)					
42	设置 20=0 等 3 s					
43	20CP 保压设置 16=40，ERBU 得电，PVPL 打开。等 5 s，使 20 压力等于 BC	20 压力不在 BC 压力的 ±4 psi 范围内	1602 PVPL 卡住，关闭	PVPL 故障，或通道堵塞	替换 BCCP	检查管路通道
44	ERBU 失电，关闭 PVPL。设置 20 排放。等 10 s，20CP 保压。等 3 s，20 压力小于 5 psi	20 大于 5 psi	1603 PVPL 泄漏	PVPL 故障	替换 BCCP	

任务五　辅助管路系统

机车辅助管路系统可以改善机车的运行条件，确保机车安全。该系统包括升弓控制模块（U43）、停放制动模块（B40）、撒砂模块（F41）、警惕装置（Z10）、停放制动辅助控制模块（R30）、鸣笛控制和辅助风源等部分。

一、弹簧停放制动控制装置

弹簧停放制动控制装置如图 3-35 所示。此模块接收司机控制指令，从而控制机车走行部弹簧停车制动缸压力。当弹簧停车制动缸中的空气压力达到 480 kPa 以上时，弹簧停车制动装置缓解，允许机车牵引；机车停车后，将弹簧停车制动缸中的压力空气排空，弹簧停车装置动作，闸瓦压紧轮对，避免机车因重力或风力的原因溜车。

图 3-35 弹簧停放制动控制装置及原理图

机车第一、六轴上安装有 4 个弹簧停车装置。

机车停车后按下操作台左侧弹停作用开关,可使弹停脉冲电磁阀(.03)中的作用阀得电数秒,脉冲电磁阀(.03)处于作用位,弹簧停车制动缸中的压力空气通过弹停脉冲电磁阀(.03)排出,弹簧停车制动装置完全作用。如果需要走车,按下操作台左侧弹停缓解开关,可使弹停脉冲电磁阀(.03)中的缓解阀得电数秒,脉冲电磁阀(.03)处于缓解位,总风将通过上述通路进入走行部的弹簧停车制动缸,当弹簧停车制动缸中的压力高于 480 kPa 后,操作台上弹停指示灯常灭,弹簧停车制动缸完全缓解,允许机车牵引。

1. 弹簧停车制动缸缓解

具体通路如下:

总风缸→逆止阀(.02)↗弹停风缸(A13)

↘弹停脉动阀(.03)→变向阀(.04)→减压阀(.05)→

弹停塞门(.06)→走行部弹停风缸。

2. 弹簧停车制动装置作用后,机车制动缸作用时的工作状态

具体通路如下:

制动缸→变向阀(.04)→减压阀(.05)→弹停塞门(.06)→走行部的弹停风缸。

制动缸风压进入弹停制动缸后,可以缓解部分弹簧压力,避免停车后或机车运行时制动缸产生的压力和弹停风缸产生的弹簧压力同时作用在制动盘上,造成制动盘的损伤。

在发生供电故障的情况下,也可以使用脉冲电磁阀的手动装置对停放制动装置进行手动操作。在系统无风的情况下,可以使用停放制动单元的手动缓解装置(位于制动缸夹钳上)缓解停放制动。手动缓解后,不能再次实施停放制动。如果需要重新实施停放制动,必须使系统总风压力达到 450 kPa 以上,方可实施停放制动。

二、停放制动辅助装置

停放制动辅助装置如图 3-36 所示。该装置用于在机车总风缸(A11/A15)和停放风缸(A13)

均无风压情况下,可用其他机车列车管的压力来实现弹簧停车制动的快速缓解,无须在走行部的弹停风缸上进行手动缓解。该装置将会提高机务段的调车作业效率,减小劳动强度。

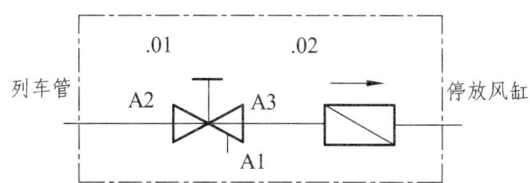

图 3-36 停放制动辅助装置及原理图

具体通路如下:

其他机车列车管→截断塞门(R30.01)→逆止阀(R30.02)↗弹停风缸(A13)
↘弹簧停车制动装置控制模块(B40)

三、升弓控制装置

升弓控制装置为受电弓和主断路器提供干燥、稳定的压缩空气。此模块包括双逆止阀(.04)、安全阀(.06)、压力开关(.02)、机械压力表(.05)、过滤器(.03)、塞门(.13、.14)、缩堵(.11、.12)和测试接口(.09、.10),如图 3-37 所示。它和辅助压缩机(U80)、辅助压缩机用干燥器(U82)、干燥风缸(U83)压力开关(U84)、升弓风缸(U76),以及升弓塞门(U98、U99)等部件共同工作。

图 3-37 升弓控制装置及原理图

1. 库停后使用辅助压缩机供风升弓

具体通路如下：

辅助压缩机（U80）→干燥器（U82）→双逆止阀（.04）

↗塞门（.13）→升弓风缸（U76）

↘过滤器（.03）→缩堵（.12）→升弓塞门（U99）→升弓塞门（U98）→阀板

　　　　　↘塞门（.14）→主断路器

启动辅助压缩机，压缩空气通过干燥器（U82）进入升弓模块，通过双逆止阀（.04）右侧的逆止阀后压缩空气分为两路：其中一路进入升弓风缸（U76），将压缩空气储存起来；另一路通过过滤器（.03），又将压缩空气分为两路，其中一路通过塞门（.14）为主断路器提供风源，另一路通过升弓塞门（U98、U99）进入升弓阀板为受电弓提供风源。

机车升弓指令投入后，若升弓风缸压力低于 480 kPa 时，压力开关（.02）动作发出指令，辅助压缩机自动投入工作；当升弓风缸压力高于 735 kPa 时，压力开关（U84）动作发出指令，辅助压缩机自动停止工作，同时干燥风缸（U83）中的干燥空气将干燥器中的水和油污排出。如果通过按钮手动控制辅助压缩机启动，压力开关（.02、U84）将不再对压缩机的启停进行控制。

2. 正常运行时的总风缸供风

具体通路如下：

总风缸→双逆止阀（.04）

↗塞门（.13）→升弓风缸（U76）

↘过滤器（.03）→缩堵（.12）→升弓塞门（U99）→升弓塞门（U98）→阀板

　　　　　↘塞门（.14）→主断路器

总风缸的压缩空气直接进入升弓模块，通过双逆止阀（.04）左侧的逆止阀后压缩空气分为两路：其中一路进入升弓风缸（U76），将压缩空气储存起来；另一路通过过滤器（.03），又将压缩空气分为两路，其中一路通过塞门（.14）为主断路器提供风源，另一路通过升弓塞门（U98、U99）进入升弓阀板为受电弓提供风源。

在机车退乘之前，应将升弓风缸内压缩空气充至 900 kPa，然后关闭塞门（.13），以备机车再次使用时不必启动辅助压缩机就可进行机车升弓操纵。

四、轮缘润滑和鸣笛控制装置

HXD$_{3C}$ 型机车采用油脂式轮缘润滑方式，通过电磁阀控制油脂的喷涂。机车两端均设有两个高音喇叭、一个低音喇叭，由电空阀控制，电空阀由司机操纵台面板上的喇叭按钮、操纵台下的喇叭脚踏开关分别控制。喇叭控制采用高、低音单独控制方式。HXD$_{3C}$ 型机车将控制轮缘润滑及鸣笛的设备集成安装在一块气路板上，方便维护和检修，如图 3-38 和图 3-39 所示。

图 3-38 轮缘润滑和鸣笛控制装置

图 3-39 轮缘润滑和鸣笛控制原理

P87/1，P87/2—喇叭控制塞门；P89/1，P89/2—喇叭电磁阀；W20.01—轮缘控制塞门；W20.02—分水滤汽器；W20.03—减压阀；W20.04，W20.05—轮缘润滑电空阀

五、撒砂装置

撒砂控制模块由撒砂塞门撒砂塞门（.02）、减压阀（.03）、加热电磁阀（.04）、撒砂电磁阀（.05）、撒砂电磁阀（.06）等控制部件组成，如图 3-40 所示。

机车设有 8 个砂箱和撒砂装置，每个走行部上面 4 个砂箱，容积为 100 L/个，撒砂量可在 0.5~1 L/min 范围内调节。撒砂动作与司机脚踏开关、紧急制动、防空转、防滑行等功能配合使用，撒砂方向与机车实际运行方向一致。

图 3-40 撒砂控制装置及原理图

具体通路如下：

总风缸→撒砂塞门（.02）→减压阀（.03）→加热电磁阀（.04）/撒砂电磁阀（.05）/撒砂电磁阀（.06）→砂箱。

HXD$_{3C}$型电力机车撒砂装置具有砂子加热功能，加热装置在砂箱底部。

任务六　空气系统的操作

一、司机室制动操作

司机室内安装了一个机车司机室显示模块，该模块在显示牵引信息的同时可显示空气制动数据，同时提供操纵者操纵制动机的接口。

1. 操纵台制动部件布置及操作

操纵台制动操作部件如图 3-41 所示，各部件的名称、功能和操作如表 3-13 所示。

图 3-41 操纵台制动操作部件

表 3-13　操纵台制动操作部件名称、功能和操作

序号	部件名称	功　能	操　作
1	制动显示屏	显示制动机状态	
2	制动压力显示表	实时显示总风、列车前后走行部制动缸的压力	
3	停放制动按钮	红色按钮为停放制动作用按钮，绿色按钮为停放制动缓解按钮	施加停放制动：点动红色按钮 缓解停放制动：点动绿色按钮
4	电子制动阀	控制列车及机车的制动作用	红色手柄：自动制动阀手柄 黑色手柄：单独制动阀手柄
5	紧急制动按钮	产生紧急制动作用，机车主断路器断开	作用位：按下 缓解位：旋转后弹出
6	监控显示屏	显示监控信息	
7	板键组合	空气压缩机启停	
8	司控器	产生机车牵引力或再生制动力	牵引：前推 制动：后拉
9	机车显示屏	显示机车牵引系统及制动系统各状态信息	
10	电台	机车通信	

2. 司机室后墙制动部件布置及操作

司机室后墙制动部件如图 3-42 所示，其名称、功能和操作如表 3-14 所示。

图 3-42　司机室后墙制动操作部件

表 3-14　司机室后墙制动操作部件名称、功能和操作

序号	代号	部件名称	功　能	操　作
1	N69	车长阀	紧急情况下拉动该阀手柄可产生紧急制动作用	竖直位置：关闭 水平位置：开通

3. 司机室端部制动部件布置及操作

司机室端部制动部件如图 3-43 所示,各部件的名称和功能如表 3-15 所示。

图 3-43 端部制动部件

表 3-15 司机室端部制动部件名称和功能

序号	代号	部件名称	功 能	数量/单端
1	B85	平均软管	为重联机车提供制动缸压力	2
2	B83	总风重联软管	为重联机车提供总风压力,也为重联机车制动系统断钩保护监测压力	2
3	B84	列车软管	为车辆提供控制压力	1

二、机械间制动操作

机械间制动操作部件集成安装在空气控制柜内。空气控制柜是主要制动控制部件的安装柜,是司机对部分制动系统功能进行操作的位置。柜内包括辅助风源设备、辅助功能控制模块、制动微处理器 IPM 及制动电空控制单元 EPCU。为了同机车控制系统进行通信,通过 MVB 网线及硬线接口使 IPM 同机车微机间进行通信。

1. 制动柜内部布置

制动柜内部布置如图 3-44 所示,各部件名称和代号如表 3-16 所示。

图 3-44 制动柜内部布置

表 3-16 制动柜内部部件名称和代号

序号	部件名称	代号	序号	部件名称	代号
1	辅助控制模块		9	升弓钥匙塞门	B01U99
2	总风截断塞门	B01A24	10	气路接口	
3	干燥风缸	B01U83	11	预留空间	
4	辅助干燥器	B01U82	12	I/O 模块	无
5	辅助压缩机	B01U80	13	辅助压缩机按钮	B01U86
6	电空控制单元	B01B20	14	微处理器	B01B46
7	气路接口		15	电器接口	B01B47
8	监控传感器接口				

辅助控制模块布置如图 3-45 所示，各部件名称和代号如表 3-17 所示。

图 3-45 辅助控制模块布置

表 3-17 辅助控制模块部件名称和代号

序号	部件名称	代号	序号	部件名称	代号
1	调压器模块	B01P50	5	紧急放风控制模块	B01S10
2	升弓控制模块	B01U43	6	停放制动辅助控制模块	B01R30
3	制动缸切除模块	B01Z10	7	撒砂控制模块	B01F41
4	弹簧停放制动模块	B01B40			

2. 制动面板操作部件说明

（1）制动柜上部操作部件如图 3-46 所示，各部件名称、功能和操作如表 3-18 所示。

图 3-46 制动柜上侧位置

表 3-18 制动柜上部部件名称、功能和操作

序号	代号	部件名称	功能	操作
1	A24	总风截断塞门	关闭总风缸到制动柜通路，并排空制动柜 B01 内部的总风	水平位置：关闭 垂直位置：开通
2	B01U99	升弓钥匙塞门	控制机车受电弓压缩空气通路	水平位置：关闭 垂直位置：开通
3	B01U86	辅助压缩机按钮	手动控制辅助压缩机的启停	按下按钮：启动 松开按钮：停止

（2）制动柜中部操作部件如图 3-47 所示，各部件名称、功能和操作如表 3-19 所示。

图 3-47 制动柜中间位置

表 3-19 制动柜中部部件名称、功能和操作

序号	代号	部件名称	功 能	操 作
1	调压器模块	B01P50		
1-1	P50.75	压缩机启停控制压力开关	控制两台压缩机同时投入工作	启动压力：(680±20)kPa 停止压力：(900±20)kPa
1-2	P50.74	总风低压保护压力开关	检测总风压力，当总风压力过低时，切除动力牵引	切除牵引压力：(500±20)kPa 正常工作压力：(600±20)kPa
1-3	P50.72	压缩机启停控制压力开关	控制单台压缩机投入工作	启动压力：(750±20)kPa 停止压力：(900±20)kPa
2	升弓控制模块	B01U43		
2-1	U43.06	安全阀	避免辅助压缩机管路压力过高	开启压力：(900±20)kPa
2-2	U43.05	压力表	显示升弓风缸及管路、主断路器管路的压力	
2-3	U43.14	截断塞门（带排风功能）	用于关断总风到主断路器的通路，并将截断塞门至主断路器间管路的压力排空	水平位置：关闭 垂直位置：开通
2-4	U43.13	截断塞门	用于关断总风到升弓风缸的通路	水平位置：开通 垂直位置：关闭
3	制动缸切除模块	B01Z10		
3-1	Z10.22	截断塞门（带排风功能）	用于关断制动机到Ⅰ端转向架制动单元的通路，并将截断塞门至制动单元间管路的压力排空	水平位置：开通 垂直位置：关闭
3-2	Z10.23	截断塞门（带排风功能）	用于关断制动机到Ⅱ端转向架制动单元的通路，并将截断塞门至制动单元间管路的压力排空	水平位置：开通 垂直位置：关闭
4	弹簧停放制动模块	B01B40		
4-1	B40.06	截断塞门（带排风功能）	用于关断模块到转向架停放制动单元的通路，并将截断塞门至停放制动单元间管路的压力排空	水平位置：开通 垂直位置：关闭
4-2	B40.07	脉冲电磁阀	接收控制指令改变内部通道，实现机车停放制动的作用与缓解；也可通过两侧的按钮手动实现控制	左侧按钮：缓解 右侧按钮：作用
5	紧急放风控制模块	B01S10		

续表

序号	代号	部件名称	功能	操作
5-1	S10.01	截断塞门	在紧急电磁阀检修时，用于关断紧急电磁阀的通路	水平位置：关闭 垂直位置：开通
6		停放制动辅助控制模块	B01R30	
6-1	R30.01	截断塞门	实现无火机车停放制动的压缩空气缓解功能	水平位置：关闭 垂直位置：开通
7		撒砂控制模块	B01F41	
7-1	F41.02	截断塞门	控制总风与撒砂模块间的通路，用于撒砂模块故障切除或检修切除	水平位置：开通 垂直位置：关闭

（3）制动柜下部操作部件如图 3-48 所示，其名称、功能和操作如表 3-20 所示。

图 3-48 制动柜下部位置

表 3-20 制动柜下部部件名称、功能和操作

序号	部件名称	功能	操作
1	无火回送塞门	机车无火回送时，允许列车管给机车总风缸充风	投入位置：开通 切除位置：关闭

三、CCB Ⅱ 制动系统设置

CCB Ⅱ 制动系统可通过微机屏幕接口（LCDM）在本机（列车管接入或切除）或在补机状态（列车管切除）设置。

1. 机车制动系统基本操作方式设置

（1）本机（列车管投入）。

单独制动控制可通过 EBV 单独制动手柄实施；均衡分缸（ER）控制可通过 EBV 自动制

动手柄获得。列车管压力被投入并随着均衡分缸压力的变化而变化。当自动制动手柄移动到运转位，ER 和 BP 将加压到空气制动设置中确定的 ER 设定压力，同时可进行列车管补风/不补风功能选择。在补风状态，如果列车管有泄漏，总风将会自动给列车管充风到均衡风缸的压力；在不补风状态，自动制动手柄在制动区，如果列车管有泄漏，总风将不会自动给列车管补风。具体操纵如下（如果有重联机车，在对本机机车进行设置前，确保其他机车在补机状态）：

① 本机机车制动显示屏默认的是当前的空气状态。

② 将自动制动阀手柄置于运转位（确保紧急作用不会产生），单独制动阀手柄置于全制动位。

③ 司控器可置于任何位置。

④ 从制动显示屏选择 F3"电空制动"键，机车当前的设置信息显示在制动屏消息栏中。如果再选择其他对应的按键，机车对应的改变设置信息也会显示在制动屏消息栏中（字体为淡灰色）。

⑤ 按 F4"操纵端/非操纵端"键和 F5"投入/切除"键，可将制动系统设置到本机状态（本机-投入信息将会出现在消息栏中）。

⑥ 根据需要设置补风或不补风状态。

⑦ 选择 F1"执行"键，显示屏恢复到默认状态。

⑧ 选择 F3"电空制动"键并检查均衡风缸的压力，应为 500 kPa 或 600 kPa。

⑨ 选择 F3"其他"键进入下一菜单，选择 F5"增加 10 kPa/减少 10 kPa"键来调整均衡风缸的设定压力。

⑩ 选择 F8"退出"键，显示屏恢复到默认状态。观察列车管压力上升到均衡风缸的设定压力（BP 等于 ER±7 kPa）。

⑪ 单独制动和自动制动作用现在均可实施。

（2）阶段缓解。

单独制动控制可通过电子制动阀（EBV）单独制动手柄实施；均衡分缸（ER）控制可通过 EBV 自动制动手柄获得。列车管压力被投入并随着均衡分缸压力的变化而变化。当自动制动手柄移向运转位，ER 和 BP 将逐步加压并逐步减小 BC 压力到零。完全移动自动制动手柄到运转位，将加压 ER 和 BP 到 EAB 设置中确定的 ER 设定压力。具体操纵如下：

① 制动显示屏默认显示的是当前的空气设置状态。

② 将自动制动阀手柄置于运转位（确保紧急作用不会产生），单独制动阀手柄置于全制动位。

③ 将换向手柄置于中立位。

④ 从制动显示屏选择 F3"电空制动"键，一个当前的设置信息将在消息栏中显示。

⑤ 按 F4"操纵端/非操纵端"键可将制动系统设置到本机状态（本机信息将会出现在消息栏中）。

⑥ 按 F5"投入/切除"键可将制动系统设置到投入状态（本机-投入信息将会出现在消息栏中）。

⑦ 按 F6"客车/货车"键可将制动系统设置到客车状态（客车信息将会出现在消息栏中）。

⑧ 选择"执行"键，显示屏恢复到默认状态。

⑨ 选择 F3"电空制动"键并检查均衡风缸的压力，压力值应该是铁路系统要求的操纵压力，如果不是，则按下列步骤操作：

  a. 选择 F3"其他"键进入下一菜单。

  b. 选择一个预定的压力值或通过选择 F5"增加 10 kPa/减少 10 kPa"键来调整均衡风缸的设定压力。

  c. 当所需的压力值出现在消息栏中，按 F8"退出"键，显示屏恢复上一菜单。

⑩ 选择"执行"键，显示屏恢复到默认状态。观察列车管压力上升到均衡风缸的设定压力（BP 等于 ER±7 kPa）。

⑪ 单独制动和自动制动作用现在均可实施。

注：并不是所有 CCBⅡ制动系统均有此模式，在此模式下不补风功能失效。

（3）单机（列车管切除）。

单独制动控制可通过 EBV 单独制动手柄得到，ER 控制可通过 EBV 自动制动手柄获得。列车管压力被切除，不被均衡分缸压力控制。机车制动作用和缓解作用仍可根据列车管压力减少和增加而变化。具体操纵如下：

① 制动显示屏默认显示的是当前的空气设置状态。

② 将自动制动阀手柄置于运转位（确保紧急作用不会产生），单独制动阀手柄置于全制动位。

③ 将换向手柄置于中立位。

④ 从制动显示屏选择 F3"电空制动"键，一个当前的设置信息将在消息栏中显示。

⑤ 按 F4"操纵端/非操纵端"键可将制动系统设置到本机状态（本机信息将会出现在消息栏中）。

⑥ 按 F5"投入/切除"键可将制动系统设置到切除状态（本机-切除信息将会出现在消息栏中）。

⑦ 选择 F1"执行"键，显示屏恢复到默认状态。

⑧ 单独制动作用可以单独制动阀手柄实施，自动制动作用被切除。但通过自动制动手柄紧急作用仍可实施。

（4）补机（列车管切除）。

均衡分缸排大气，列车管压力被"切除"，不受均衡分缸压力控制。EPCU 对 EBV 手柄移动不响应，仅当自动制动手柄被移动到"EMER"产生紧急作用，机车的制动、缓解作用通过平均管来控制。具体操纵如下：

① 确保司控器在零位。

② 移动单独制动手柄到"全制动"位，自动制动手柄到"重联"位。

③ 从制动显示屏选择 F3"电空制动"键，一个当前的设置信息将在消息栏中显示。

④ 按 F4"操纵端/非操纵端"键可将制动系统设置到补机状态（补机信息将会出现在消息栏中）。

⑤ 列车管切除信息将自动显示在消息栏中。

⑥ 选择 F1"执行"键，显示屏恢复到默认状态。单独制动作用和自动制动作用均被切除，移动单独制动手柄到"运转"位。

⑦ 确保列车管、总风管、平均管各端部软管均连接。

⑧ 开通列车管、总风管、平均管各端部塞门。

注：此模式下自动制动手柄的紧急作用仍然有效，如果 30 s 内对屏幕无操作，LCDM 显示屏将进行屏保。

（5）无火状态。

车上：

① 移动单独制动手柄到"运转动"位，自动制动手柄到"重联"位；

② 制动系统断电；

③ 在 EPCU 的 ERCP 模块上将无火回送塞门转到"投入位"；

④ 关闭塞门 A10；

⑤ 排放总风缸空气至 250 kPa 以下；

⑥ 关闭停放制动控制塞门（B40.06）。

车下：

① 端部平均管塞门开放；

② 确保列车管与车辆连接；

③ 机械缓解停放制动。

2. 标定 CCB Ⅱ 制动系统（由主机厂来完成）

以下说明意在使用户熟悉 CCB Ⅱ EAB（电子空气制动）系统的标定程序，包括流量标定、表标定。

（1）要求的设备：

① 车轮铁楔。

② 标定的空气表（数字式，1~1 400 kPa；或模拟式，1~1 000 kPa，带 5 kPa 增量）。

③ 标定的流量管口（0.220~0.228 in）。

（2）系统设置：

① 设置停车制动，用铁楔垫住机车轮子。

② 保证空气制动系统得电。

③ 通过断开重联机车列车软管和关闭所有重联机车端部塞门来隔离机车。设置机车到"本机\投入"模式。

④ 保证司控器在零位，而换向器手柄在"中立位"。

⑤ 保证机车压缩机是可操作的，总风缸最小充风到 750 kPa 和列车管充风到 500 kPa。

（3）LCDM 显示屏运行标定程序。

① 依次按"F3→F7→F5"键进入标定选择屏，选择"压力表校准"，"表标定"屏打开，如图 3-49 所示。

② 选择"其他"，查看在屏幕底部另外的表选项。再次选择"其他"，返回到原始列表。

③ 选择位于要标定表下面的键盘按钮，并安装标定好的空气表到相应的压力测试接口上。输入数字口令，再选择"接受"，"XXX Gauge Calibration（某某某表标定）"打开，如图 3-50 所示。

图 3-49 标定选择界面

图 3-50 标定界面

④ 选择"低压值限值",需标定表的压力指示应减小到 0。

注意:当标定流量和总风缸传感器(FLT/MRT)时,一旦选择了"低压值限值",就要求手动关闭分离总风缸和总风管的球阀 A24;如果选择了"高压值限值",则必须重新打开球阀 A24。

⑤ 保证所需标定表的压力指示一直降到零,然后选择"读取"。一个"X"应出现在对号下,读作:[X]下限 OKAY。

⑥ 选择"高压值限值"并让表指示显示稳定。选择"读取",新菜单键被显示。在"Message Area(信息区)"下显示的是与正在被标定单元有关的压力。如果显示的压力数和测试表显示的输出压力值不一致,使用"向上加"或"向下减"按钮,使屏幕上数字显示压力与标定好

的测试表正确压力相同。

⑦ 选择"接受"。一个"X"应出现在对号下，读作：[X]上限OKAY。选择"保存"。

⑧ 或者选择"表菜单"标定另外压力表传感器并重复步骤④~⑦，或者选择"退出"返回到"主菜单"屏幕。

3. 使用CCBⅡ事件记录

CCBⅡ电子空气制动（EAB）系统有事件/故障记录功能。每个重要事件发生时，都有记录照片。该功能记录了故障产生时或惩罚和紧急情况开始时机车和制动系统的状态。

（1）操作人员可通过LCDM制动显示屏按"F3→F7"键将制动事件记录调出，如图3-51所示。此时司控器应该在零位，机车必须是停止的。

图3-51 事件选择界面

（2）选择F2"事件记录"键，制动屏显示下列事件内容（见图3-52）。

图3-52 事故记录界面

① 事件/故障日期和时间。
② 制动故障。
③ 操作模式更改。
④ 惩罚和紧急作用的产生。
⑤ 自检通过和失败。
⑥ 流量标定。

（3）对每个事件也有记录照片。该快照数据只可用连接到集成微处理器（IPM）串口的 PTU（便携测试单元）工具读出，它是事件前 1 s 各种空气制动信息（列车速度、压力等）的集合（快照平均时间为 1.0~1.5 s，某些情况下可能更久些）。

（4）事件记录是循环缓冲器，将存储最多 200 个事件。

（5）在下列 EAB 事件描述中，"D&T"是事件的日期和时间。所有事件的颜色是黑底白字，除非另外注明。

① LRU（可更换模块）故障。

"D&T" F: "FAULT CODE" - "FAULT TEXT" [("ID NAME")]	红底白字
"D&T" P: "FAULT CODE" - "FAULT TEXT" [("ID NAME")]	绿底白字

a. "FAULT CODE（故障代码）"是一个三位故障代码。
b. "FAULT TEXT（故障文本）"是故障简短描述。
c. "ID NAME 身份名称"是故障的 LRU（简称）

例如：

1998 年 9 月 22 日 13：53：25，P：001-ERCN 故障（ER）
1998 年 9 月 21 日 11：41：06，F：001-ERCN 故障（ER）

d. 故障的 LRU，单独的信息行记录。红色指示失败的（F）LRU 故障事件，绿色指示通过（P）的 LRU 故障事件。

② 工厂代码。

"D&T" Factory Code（工厂代码）: "Factory Code"（"工厂代码"）	红底白字

a. "工厂代码"是 4~5 位区分工厂代码的数字。

例如：

1998 年 7 月 30 日 13：53：25 工厂代码：5130

注意：通常，这些工厂代码不是现场可解读的，它们只对 NYAB 公司有意义。

b. 给工厂代码发信号的 LRU 通过工厂代码被 1000 除得到：比如，5130/1000 = 5，是一个身份代码。身份代码区分工厂代码的"来源"。

表 3-21 显示有关身份代码。

表 3-21 身份代码

身份代码	LRU 名称
1	EBV1
2	EBV2

续表

身份代码	LRU 名称
3	ERCP
4	BPCP
5	20CP
6	13CP
7	16CP
14	IPM

③ 紧急情况。

"D&T" Emergency（紧急情况）："Emergency Source（紧急来源）"	黑底黄字

"紧急来源"是紧急情况的来源，或者是紧急情况的复位。

例如：

1998 年 7 月 30 日 13：54：30 紧急情况：复位

1998 年 7 月 30 日 13：53：25 紧急情况：列车管线

④ 惩罚。

"D&T" Panelty（惩罚）："Panelty Source（惩罚来源）"	黑底黄字

"惩罚来源"是惩罚情况的来源，或者是惩罚后的复位。

例如：

1998 年 7 月 30 日 13：54：30 惩罚：复位

1998 年 7 月 30 日 13：53：25 惩罚：报警器

⑤ 模式更改。

"D&T" Operating mode（操作模式）："abcd efg"

"abcd efg"是当前操作模式的速记符号。其相关说明如表 3-22 所示。

表 3-22 相关说明

a	"F" "P" or "-"	货运、客运或都不是（拖车）
b	"T" or "L"	补机或本机
c	"O"(oh) or "I"	切除或投入
d	"M" or "N"	BP 补风或 BP 不补风
e	"R" "L" or "-"	DP 远程、DP 牵引车或都不是（通常的）
f	"K" "U" or "-"	DP 连接上、DP 没连接上或都不是（通常的）
g	"T" or "-"	DP 得电或未得电

例如：
1997年3月20日21：40：12 操作模式：FLIM
1997年1月1日18：53：50 操作模式：FLOM LU-
1998年12月25日操作模式：FLOM LKT
1997年6月13日17：11：39 操作模式：PLIN
1997年10月22日11：17：24 操作模式：-TOM
1997年10月23日06：31：25 操作模式：FLIM RU-

⑥ 备份模式更改。

"D&T" Back up Mode（备份模式）："aa, bb, cc, dd, ee, ff"

"aa, bb, cc, dd, ee, ff"是当前备份模式的速记符号。其相关说明如表3-23所示。

表3-23 相关说明

	"无"	无备份模式
aa	"BC"或"---"	BC是否备份
bb	"ER"或"---"	ER是否备份
cc	"20"或"---"	MVLT关或开
dd	"BPT"或"---"	BP传感器是否备份
ee	"MRT"或"---"	MR传感器是否备份
ff	"ER0"或"---"	紧急ER压力是否到零

例如：
1998年7月30日12：13：14 备份模式：无
1998年7月30日12：13：14 备份模式：BC, --, --, ---, ---, ER0
1998年7月30日12：13：14 备份模式：BC, ER, --, ---, ---, ---
1998年7月30日12：13：14 备份模式：BC, ER, --, ---, ---, ---
1998年7月30日12：13：14 备份模式：BC, ER, 20, BPT, MRT, ---

⑦ 自检。

"D&T" Self Test（自检）：Pass（通过）	绿底白字
"D&T" Self Test（自检）：Fault "ST Fault Code"（"ST故障代码"）"ST ID Name"（ST身份名称）	红底白字
"D&T" Self Test（自检）：Aborted 中断（操作者）	
"D&T" Self Test（自检）：Aborted 中断（错误）	
"D&T" Self Test（自检）：Aborted 中断（停工）	

a."ST FAULT CODE"是一个四位自检故障代码。
b."ST ID NAME"是故障LRU名称。
例如：

1998 年 7 月 30 日 12：13：14 自检：故障 1104（ER）
1998 年 7 月 29 日自检：通过

⑧ 设备标定（只用于流量传感器）。

> "D&T" Calibrated（标定）："Device Name（设备名称）" Default（缺省）
> "D&T" Calibrated（标定）："Device Name（设备名称）" Manuel（手动）

"设备名称"是被标定设备的名称。Default（缺省）表示标定进行是通过按动 DEFAULT（缺省）和 SAVE（保存）键，而 Manual（手动）表示进行非缺省手动标定。

例如：

1998 年 7 月 30 日 12：13：14 标定的：流量（手动）

⑨ 动力提供事件。

> "D&T" Power Up（提供动力）："ID NAME（身份名称）"

"ID NAME（身份名称）"是被提供动力设备或子系统的名称。

例如：

1998 年 7 月 30 日 13：53：25 提供动力：IPM
1998 年 7 月 30 日 13：42：06 提供动力：EPCU
1998 年 7 月 30 日 13：31：12 提供动力：ILC

⑩ 通信暂停[只对 ILC（LCDM）和 DPM]。

> "D&T" Comm OK（通信良好）："ID NAME（身份名称）"
> "D&T" Comm Lost（通信丢失）："ID NAME（身份名称）"

a. "ID NAME（身份名称）"是丢失或恢复与 IPM 中 EAB 软件通信的设备名称。

例如：

1998 年 7 月 30 日 13：31：12 通信良好：ILC
1998 年 7 月 30 日 13：28：57 通信丢失：ILC

b. 只有 ILC（LCDM）和 DPM（分散动力模式）通信暂停被探测和记录。注意对 LON 网络通信暂停（故障 090）和 EPCU/EBV 模式（故障 001，016，031，052，062，085）被记录在 LRU 故障事件中。

4. 使用 CCB Ⅱ 自检

以下说明意在使用户熟悉 CCB Ⅱ（电子空气制动）系统自检程序的设置和操作。该文件也描述在机车制动屏幕上显示 CCB Ⅱ 自检故障代码。四位的故障代码可在事件/故障记录或在自检状态屏上看到。

（1）系统的设置。

① 设置停放制动并用铁楔垫住机车车轮。
② 保证制动系统得电。
③ 保证空气压缩机可以工作，并且总风缸已充满。

④ 通过拆下重联车列车软管和关闭所有重联车端部塞门来隔离机车。设置机车到"本机\投入"。

⑤ 放置自动和单独制动手柄到运转位。一旦系统复位，放置单独制动手柄到全制动位。

⑥ 保证司控器在零位，而换向器手柄在"中立位"。

（2）从 LCDM 制动显示屏运行自检程序。

① 自检必须从"空气制动主菜单 EAB"屏运行。为进入该屏幕：选择"F3→F7"键，"空气制动主菜单"屏出现。

② 选择 F1"自检"键，"自检授权"屏出现（见图 3-53）。敲进"口令"接着选择"接受"，"单个单元自检"屏出现。

这时，有两个选项可选择。选择"运行"，将在所有 LRUs 上运行单循环自检，或者选择"设置"，允许操作者选择将测试哪个 LRU（s）（只是有一个"X"靠近它们的 LRUs 可被测试）。若使用缺省值，当从主菜单进入"单个单元自检"屏，所有 LRUs 被选择。也可以从设置屏选项，通过放置一个"X"在靠近"Loop Continuously"的地方的方框内，有选择地"连续循环"。

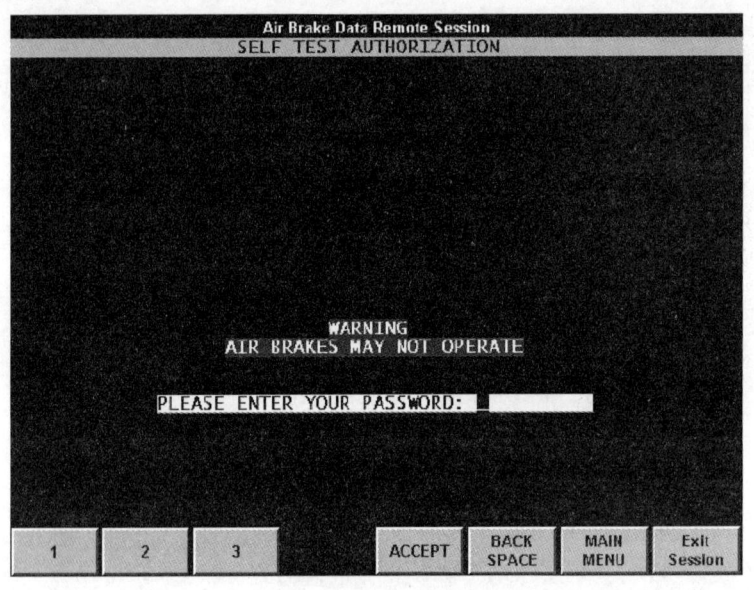

图 3-53 自检界面

③ 在所有 LRUs 上运行自检。

选择"运行"，系统自动开始自检，如果任何时候由于任何原因想停止自检，则"中断"选项可用。

注意："自检"将测试每个 LRU 一次。如果所有 LRUs 通过自检，将出现一个"没有探测到故障"和"自检通过"信息。如果任何测试点发生测试失败，测试被中断，故障代码和描述被显示。

④ 在选择的 LRUs 运行自检。

a. 选择"设置"，"单个单元自检"屏出现，如图 3-54 所示。

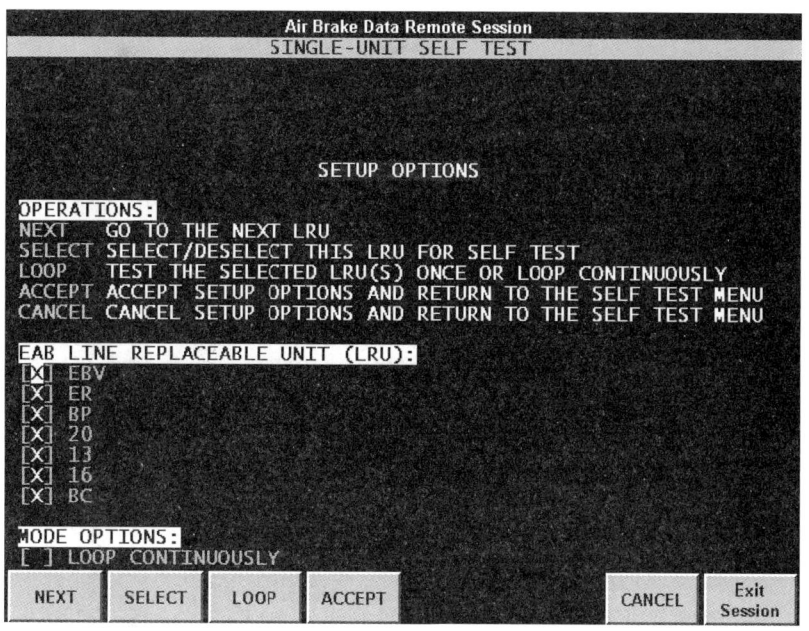

图 3-54　自检选择界面

b. 通过在靠近 LRU 被列出的地方方框内放一个"X"，选择想自检的 LRU（s）。如果想自检连续运行（根据列在"设置"选项下的键盘命令来选择期望设置），选择"连续循环"。

注意：如果选择"连续循环"，微机将在选择的 LRU（s）上运行自检，除非按动"中断"按钮才可停止自检（一个表示自检完成了多少次循环和自检程序中探测到多少错误的信息将出现）。在任何 LRU 上如果 5 个连续的相同的错误被记录，"连续循环"周期也将中断。

如果没有选择"连续循环"，在选择的 LRU 上将进行单次自检。如果所有的 LRU 通过，一个"没有探测到故障"和"自检通过"信息将出现。如果一个 LRU 没有通过自检，测试马上中断，一个故障代码号和描述出现。

c. 一旦输入想要的设置，选择"接受"，"单个单元自检"屏重新出现。

d. 选择"运行"，系统开始自检。任何时候选择"中断"选项可停止自检。

CCB Ⅱ 系统自检程序中的缩写和首字母缩写注释如下：

A/D	模数转换	AW4-20	电空阀-20，20 管（单独作用&缓解管）
A&R	作用和缓解		
AAR	美国铁路协会	BAN	电池负极
ABCB	空气制动电源开关	BAP	电池正极
AD	模数转换	BAT	电池箱
ALR	报警继电器	BC	制动缸
APP	作用	BCCO	制动缸反馈压力
AR	自动缓解开关或辅助风缸	BCCP	制动缸控制部分
ATP	自动列车保护	BCEP	平均管
AW4-ER	电空阀-均衡风缸	BCPS	制动缸压力开关
AW4-16	电空阀-16，16 管（控制管）	BCT	制动缸压力传感器

BCTP	制动缸压力测试点	EMER	紧急
BO	单独缓解	EMV	紧急电磁阀
BOBU	单独缓解备份	EPCU	电空控制单元
BOD	二进制输出禁止	ER	均衡风缸
BP	列车管	ERBU	均衡风缸备份
BPCN	列车管控制节点	ERCP	均衡风缸控制部分
BPCO	列车管截断阀	ERCN	均衡风缸控制节点
BPCP	列车管控制部分	ERG	均衡风缸表接口
BPT	列车管压力传感器	ERT	均衡风缸换能器
BPVV	列车管反馈压力	ERTP	均衡风缸测试点
BU	备份	ES	紧急撒砂
C1	塞堵1	EX	排气
C2	塞堵2	FIG	图
CCB II	第二代计算机控制制动系统	FLIM	货运牵引车接入模式
LCDM	司机室显示器单元	FLOM	货运牵引车切除模式
CFM	立方英尺每分钟	FLT	流量指示器
CN	控制节点	FS	全制动
COMM	通讯	ft lb	英尺 磅
CONT	控制器	FV	输送阀
CPU	中央处理器单元（集成处理器单元）	HDLC	高位数据连接控制
		HMI	人机接口
CU IN	立方英寸	HO	手柄取出
D&T	日期和时间	Hz	赫兹（每秒周期）
DBCO	电阻制动切除开关	I/O	输入/输出
DBI	电阻制动互锁	IND	单独
DBTV	DB 型三通阀	IPM	集成微处理器模块
DC	直流	JB	接线盒
DCV	双逆止阀	KB	克诺尔制动有限公司
DEF	无火设备	LOCO	机车
DER	无火压力调整器	LOCOTROL	通过射频通讯分散动力执行
DP	分散动力	LON	局部操作网络
DPC	分散动力控制	LPC	机车程序控制器
DPM	分散动力模块	LRU	线路可更换单元
M-IPM	扩展集成微处理器模块	LSI	机车系统一体化
E/C	得电关闭	MIN	最小
E/O	得电打开	MIP	微处理器接口程序
EAB	电子空气制动	MPV16	电磁/控制阀16部分
EBV	电子制动阀	MR	总风缸
ELV	紧急限制阀	MREP	总风重联管

MRT	……… 总风缸压力传感器	TPBP	……… 列车管测试接口
MU	………… 重联	TPER	……… 均衡风缸测试接口
MVEM	…… 紧急电磁阀	TPMR	……… 总风缸测试接口
MVER	…… 均衡风缸故障电磁阀	TP16	………… 16 口测试
MVEREX	… 均衡风缸故障电磁阀排气	TP20	………… 20 口测试
MVLT	…… 牵引车-拖车电磁阀	TV	………… 三通阀
MV13E	…… 13 管排气电磁阀	TVCP	……… 三通阀控制部分
MV13S	…… 13 管供气电磁阀	UIC	………… 国际铁路协会
MV16T	…… 16 管缺省电磁阀	V	………… 电压
MV20E	…… 单独作用排气电磁阀	VA	………… 可视空气制动报警
MV20S	…… 单独作用排气电磁阀	VDC	………… 直流电压
MV53	……… 列车管切除控制电磁阀	13CN	………… 13 控制节点
NC	………… 常闭	13CP	………… 13 管控制部分
NO	………… 常开	13T	………… 13 管压力传感器
OEM	……… 原始设备制造	16CN	………… 16 控制节点
PCS	………… 气动切除（分解）开关或动力控制开关	16CP	………… 16 管控制部分
		16 RES	……… 16 风缸
PIR	……… 动力连锁继电器	16E	………… 排气电磁阀
PSJB	……… 电源接线盒	16S	………… 供气电磁阀
PTU	……… 便携测试单元	16T	………… 16 管压力传感器
PVEM	…… 紧急控制空气阀	20CP	………… 20 管控制部分
PVLT	…… 牵引车-拖车气动阀	20F	………… 20 管列车过滤器
PWM	……… 脉冲宽度调制	20R	………… 20 管中继阀
REL	……… 缓解	20T	………… 20 管压力传感器
RES	……… 风缸	26L	………… 26L 型空气制动机
REV	……… 换向器	#16 PIPE	…… 制动缸作用管（到中继阀）
RIM	……… 继电器接口模块	#20 PIPE	…… 单独（直接）作用和缓解管（只是机车）
SCFM	…… 标准立方英尺每分钟（流量）		
TL	………… 列车	#21 PIPE	…… 到电子制动阀控制阀的安全控制管（气动紧急控制器）
TPBC	……… 制动缸测试接口		

【思考与练习】

1. 简述 HXD₃C 型电力机车制动系统所用风源系统及主要部件。
2. 简述 CCB Ⅱ 制动机中各主要部件的构造及作用。
3. 简述 CCB Ⅱ 的控制关系。
4. 简述 CCB Ⅱ 气路的综合作用及系统的安全保护和主要部件的备份。
5. 简述制动系统中的停放制动装置。

项目四　法维莱 Eurotrol 制动机

【项目描述】

　　HXD_2 型大功率交流电力机车是大同电力机车有限公司与法国阿尔斯通公司合作，是为中国大秦铁路牵引 2 万吨重载货运任务而设计的一种新型重载货运交流传动机车。HXD_2 型机车制动系统是在 SAB WABCO 微机控制电空制动机基础上为满足中国铁路要求开发出来的，是符合 UIC 标准的新一代机车制动系统。该系统在正常工况时，通过微机控制列车管和机车制动缸压力实现列车的制动控制，在出现严重故障时，将机车制动系统转换到备用制动进行列车制动控制。该系统按其功能分为风源系统、控制系统管路、辅助系统管路、制动机系统。Eurotrol 是制动机系统中的一个关键部件，也是 HXD_2 型机车制动系统有别于其他机车制动系统的标志性部件，因此，通常情况下，HXD_2 型机车制动系统也被称作法维莱 Eurotrol 制动系统。

　　本项目介绍了 HXD_2 型大功率交流电力机车制动系统所用风源系统及主要部件；着重介绍了 HXD_2 型制动控制部分，包括法维莱制动机中各主要部件的构造及作用，法维莱制动机的控制关系，法维莱制动机气路的综合作用及系统的安全保护和主要部件的备份等内容。

【学习目标】

（1）掌握法维莱制动机制动系统所用风源系统及主要部件；
（2）掌握法维莱制动机中各主要部件的构造及作用；
（3）掌握法维莱制动机的控制关系；
（4）掌握法维莱制动机的综合作用；
（5）简述法维莱制动机 BCU 故障的解决方法；
（6）掌握法维莱制动机制动系统中的备用转换装置；
（7）掌握法维莱制动机制动系统模式的设置和操作问题。

【学习任务】

任务一　法维莱 Eurotrol 制动机的组成整体认知

一、HXD_2 型机车制动系统的功能

HXD_2 型机车制动系统具有以下功能：
- 复合制动功能，以确保空气制动和电制动的协调配合，电制动优先；
- 阶段制动、阶段缓解和一次缓解功能；
- 紧急制动功能；
- 无动力回送功能；

- 备用制动功能；
- 重联控制功能；
- 断钩保护功能。

二、HXD₂型机车制动系统的特点

HXD₂型机车制动系统主要由电制动、电控空气制动、自动停放制动等装置组成。司机使用制动控制器实施常用制动，实现列车调速、停车等功能时，机车主处理单元（MPU）会根据机车速度、停车距离等目标值的要求进行计算，如果电制动力能够满足列车调速或停车要求，那么发出反馈信号送给机车牵引控制单元（TCU），TCU控制机车优先实施电制动。如果机车速度下降到 3 km/h，空气制动则取代电制动，这样电制动自动解除。如果发生电制动力不足，MPU将通过反馈信号送给制动系统，制动系统控制机车直接实施空气制动；如果机车在高于 10 km/h 运行，则实施常用制动，这时机车速度相对较快，电制动力相对较大，不使用空气制动，这样可极大地降低对闸瓦的损耗。

在正常情况下，车辆制动采用常用制动模式，无论载重大小，都能够安全、快速、有效地停车。如果需要，使用电制动、摩擦制动进行补偿。司机制动阀（Eurotrol）只控制空气制动，包括列车管减压及缓解、快速缓解。常用制动模式通常用来控制列车制动，安全、快速而有效地停车。按照HXD₂电力机车技术规范中电制动优先的原则，主要使用电制动，空气制动作为补充。司机制动阀是通过间接控制列车管排气及充气来实现空气制动、缓解、快速缓解、过充。常用制动主要使用电空制动，在有些情况下也使用摩擦制动。常用制动主要由司机大闸实现。

在紧急工况下采用紧急制动模式，确保无论载重大小都能获得该系统所能提供的最大减速度。紧急制动的特征是列车管快速排空，可由自动制动控制器（直接推到底）、紧急按钮或其他例如行车安全系统、无线重联控制系统的紧急装置所触发，在异常情况下使用、确保在任何载荷下均实施最大减压作用的一种制动模式。其特征是实现列车管快速排风。紧急制动应确保最大允许停车距离。通过操纵自动制动手柄、空气紧急制动按钮（操纵台上）、车长阀（司机室后墙上）和电紧急按钮都可产生紧急制动，紧急制动后必须操纵自动制动手柄在紧急位停留 60 s 后方可缓解，并在制动显示屏显示。需要注意的是，自动制动控制器和紧急按钮都是直接（机械地）在列车管上打开一个快速排气口，作为附加措施，通过微动开关反馈给 BCU（制动控制单元）应用上述装置触发紧急制动。通过触发紧急制动，使列车管达到 0 kPa 的目标值，强制进行制动。紧急制动也可通过机车的逻辑控制实现，其基本前提是紧急制动必须确保其最大停车距离满足要求。实际上，所有的安全装置均能触发紧急制动。

停放制动模式确保车辆在超载与最大坡度的情况下能够停车。自动停放制动模式：停放制动为弹簧施加/压力释放的模式，确保机车在停车时能安全可靠地停放。在操纵台通过停放施加按钮、停放缓解按钮来施加及缓解停放制动，可通过隔离阀使停放制动切除，在车下可以通过拉杆缓解停放制动。停放制动在车下有制动指示器，可以看出停放施加与否。停放制动与常用制动不能同时施加。各种制动模式下的应用情况如表4-1所示。

表 4-1　各种制动模式下的应用情况

制动模式	指令装置	电制动	空气摩擦制动
常用	制动控制器	有	电制动不足时
紧急	制动控制器、紧急制动按钮（电子和非 FT 供给）	无	有
停放	停放按钮	无	有

Eurotrol 制动机系统主要由制动控制柜、制动控制器、制动显示屏组成，如图 4-1 和图 4-2 所示。

图 4-1　制动柜正面图

图 4-2 制动控制器、制动显示屏

任务二 法维莱 Eurotrol 制动机风源系统的认知

整车空气管路由风源系统、制动机管路、辅助管路等组成。风源系统的主要任务是向全车气动器械及机车、列车制动提供洁净、干燥、稳定、足够的压缩空气。

每台机车风源系统主要由 2 台螺杆式空气压缩机组和 2 台空气干燥器和总风缸等设备构成,对空气进行压缩,并对压缩空气进行干燥、净化处理;总风缸采用并联方式组合。

一、GAR22 螺杆式空气压缩机组

1. 功能与结构

GAR22 螺杆式空气压缩机组的作用是为制动系统、列车用风设备提供压缩空气。它安装在主风源柜上,由机车 MPU 控制,由三相交流 380 V、50 Hz 的电机驱动,并由电源箱供电。GAR22 空气压缩机组采用空气冷却、单级、喷油螺旋式结构,主要包括压缩机机体、油/水分离器、电气接线盒、电机和控制阀等部件。压缩机组外形和结构如图 4-3 和图 4-4 所示。

图 4-3 压缩机组外形图

图 4-4 压缩机组结构图

1—空气滤清器；2—冷却器；3—进气阀；4—加油口盖；5—安全阀；6—压力维持阀；7—油细分离器；
8—油气筒；9—放油阀；10—温控阀；11—油过滤器；12—蜗壳；13—中托架；14—电磁阀；
15—过滤器；16—减振器；17—电控箱；18—底架；19—电动机

注意事项：

① 保证压缩机机油在油标的刻度范围之内，观察油的颜色变化，保证油不能混用；
② 当进气滤清器的真空指示器显示有红色时，应更换滤器元件，然后拔出按钮解锁指示器。

2. 主要技术参数

频率	50 Hz
压缩机数量	2
最高压力	1 080 kPa
压缩机出口工作压力	900 kPa
最低工作压力	400 kPa
进气最高温度	+40 ℃
最低的环境温度	−40 ℃
额定工作压力时，空气出口的温度	27 ℃
电机转速	2 930 r/min
压缩机轴功率	17.5 kW
油量（大约）	9 L
质量	382 kg

3. 油/水分离器

油/水分离器设置在压缩机的出口处，能够有效分离冷却器出口产生的冷凝水，分离压缩机分离器内的油，从而确保空气管路里有良好的空气质量，避免干燥器内的干燥剂被堵塞。其结构如图 4-5 所示。

油分离器（F1-CPR）设置在水分离器（F1-DH）的后面。水分离器（F1-DH）直接设置在压缩机空气冷却器出口。由于受到离心的影响，水蒸气被冷凝，借助其下部安装的带加热器的电磁阀自动排放，由设置在配电箱内的定时器确保电磁阀延迟时间。水分离器每隔 2 min 工作一次，每次 2 s。加热器能防止电磁阀体内结冰，只要温度在 5 ℃ 以下，可借助恒温器完成供热。

4. 电气接线盒（CB）

电气接线盒是列车、压缩机、逆变器之间的连接接口。接线盒的主要功能如下：

- 为电机供电；
- 控制压缩机的启动；
- 控制空气处理电磁阀（滤清器净化、干燥器吸收/净化）；
- 控制电磁阀的排放；
- 为电磁阀的加热器供电；
- 完成加热器控制信号的转换（低温），借助 T-CPR 完成高温油信号的转换（>120 ℃）。

图 4-5　油/水分离器结构图

5. 风源系统控制模式

主压缩机由两台螺杆式空气压缩机组成，它们由独立电源装置供电。空气压力调节器的开断电路压力值为（900±20）kPa，闭合电路压力值为（750±20）kPa。安全阀动作压力值为（900±20）kPa。

压缩机的启动顺序为：当总风压力低于（680±20）kPa 时，启动两台压缩机打风，当压力达到（900±20）kPa 时，停止打风；当总风压力低于（750±20）kPa，但不低于（680±20）kPa 时，启动非操纵端压缩机，当压力达到（900±20）kPa 时，停止打风。启停压力如表 4-2 所示。

表 4-2　启停压力

序号	启动压力	启动台数	位置	控制开关	停止压力
1	680 kPa<P<750 kPa	1	远离操作端	P50.72	900 kPa
2	P<680 kPa	2	两端	P50.75	900 kPa

二、空气干燥器（SR）

空气干燥器（SR）连接在压缩机冷却器的出口，油/水分离器的后面。HXD_2 型机车干燥器（CDR）由干燥塔和控制阀组成，控制阀用来控制通过干燥塔的空气流量。通过打开、关闭控制阀，干燥塔能够吸收或生成干燥的空气。控制阀是由来自电子程序（定时器）的信号进行控制的。空气干燥器的主要技术参数如表 4-3 所示，其外形结构如图 4-6 所示，空气干燥器原理如图 4-7 所示。

表 4-3 空气干燥器主要技术参数

型 号	CDR
出口露点	进气温度 40 ℃ 以下
最高工作压力	1 000 kPa
最低工作压力	400 kPa
最高进气温度	50 ℃
最低进气温度	1 ℃
生成	通过压力变化吸收（PSA）
控制	控制设备 DC 24 V
控制器	电子
介质	干燥剂：氧化铝等级 2.5~5
材料	铝挤压成形，耐阻力，涂耐腐蚀剂，面漆是环氧干燥剂涂层，耐磨损
结构	CDR413 13V 包括铝挤压成形，高强度螺栓，在上下收集器之间设置填满干燥剂的干燥塔
上滤清口	滤清器 油-X AO/AA
下滤清口	滤清器 油-X AR 级

图 4-6 空气干燥器

图 4-7 空气干燥器原理

相关说明：经干燥器和微油过滤器出来的压缩机空气的质量满足经过干燥装置处理和过滤器后进入制动系统的压缩空气的质量，必须符合 ISO8573-1 固体颗粒 2 级（固体颗粒含量小于 1 mg/m³，尺寸小于 1 μm），油 2 级（含量小于 0.1 mg/m³，溶度小于 0.1×10^{-6}），水 2 级的标准。最小压力阀 800 kPa：表示阀的开启压力为 800 kPa，即只有当干燥器的出风口的压力达到 800 kPa 时压缩空气才能通过，起到保护干燥器压力冲击和止回的作用。

1. 空气干燥器的水分吸收

在压力作用下，潮湿的空气通过干燥剂层面循环，干燥剂吸附空气内的水蒸气。高度吸收结构内的干燥剂能吸收和保持现有的蒸汽。这是一种物理现象，干燥剂与蒸汽之间形成的分子接合作用很弱。

2. 空气干燥剂再生

干燥塔设定在大气压力下时，干燥剂开始释放蒸汽，借助干燥器的净化装置将少量的干燥空气从排气口带走，借助排气消音器将净化的空气输送到干燥器外部。

3. 空气防尘

干燥器的空气防尘是通过防尘滤清器（F1-SR）来实现的，其连接在干燥器的出口处，用来分离进入机车管路内部空气中的灰尘（由于振动，干燥剂磨损产生的灰尘）。

三、总风缸

在电力机车风源系统中，总风缸作为储存机车以及列车用压缩空气的压力容器。国内电力机车的总风缸大多位于车体外部，而 HXD$_2$ 型机车的总风缸安装在车体内部。根据 HXD$_2$ 型机车的用途、功率、压缩机的排风能力以及车内设备布置及空间的限制，总风缸设计为直径 800 mm 的 800 L 风缸和直径 1 000 mm 的 800 L 风缸，两总风缸采用并联方式连接。总风缸外形如图 4-8、图 4-9 所示。

图 4-8　直径 800 mm 的 800 L 总风缸外形图　　图 4-9　直径 1 000 mm 的 800 L 总风缸外形图

任务三　法维莱 Eurotrol 制动机司机制动控制器认知

在正常操纵模式下，由自动制动控制器的电气部件来控制 Eurotrol。制动控制器的外形如图 4-10 所示。

制动控制器有两个操作手柄，分别为自动制动控制器（大闸）和直接制动控制器（小闸）。自动制动控制器（大闸）有下列位置：

（1）运转位（RUN）：手柄置于该位置则列车管充气至 500 kPa 或 600 kPa，并使列车管保持在该压力值。

（2）初制位（MIN）：手柄置于该位置则实施初制动（列车管减压 50 kPa）。

图 4-10　制动控制器

（3）全制动位（FS）：手柄置于该位置则产生列车管最大减压量，如果手柄置于初制位和全制动位之间，则根据其位置关系，列车管将按照对应比例减压。

（4）抑制位（SUP）：当机车实施惩罚制动之后，司机方能进行缓解；当启用备用制动模式时，必须把大闸手柄推至抑制位以确认备用制动启用。

（5）重联位（MU）：在换端作业时，将大闸手柄推至重联位，当手柄推至重联位时，列车管减压至 0 kPa。

（6）紧急位（EMER）：手柄置于该位置则产生紧急制动。

独立制动（小闸）有 3 个位置，分别为：

（1）运转位（RUN）：缓解机车制动缸的压力。

（2）最大制动位（FULL）：获得制动缸的最大压力；在 RUN 和 FULL 位间移动手柄，制动和缓解时的制动缸压力随手柄位置而改变。

（3）单缓位置（BAIL）：将手柄移动到水平位，执行单缓程序。该位时，机车常用制动被缓解；直接制动不能通过单缓功能缓解。

直接制动模式只作用于机车，对车辆不产生作用。它不作用于列车管，直接作用制动缸。

任务四　法维莱 Eurotrol 制动机制动显示屏认知

一、制动显示屏

制动显示屏显示与制动相关的压力及流量信息，包括均衡风缸及列车管的压力、总风和制动缸压力，同时显示列车管的流量信息。如图 4-11 为制动微机显示屏，图 4-12 为各功能键的作用。

图 4-11　制动微机显示屏

图 4-12　功能键

二、模式的设置、操作问题

（1）选择客/货车模式（阶段缓解/一次缓解模式）。

条件：① 司机室激活（给司机室电钥匙）；
② 列车管压力为 100 kPa 以下（大闸至重联位或紧急位）。

具体操作：按 F3【空气制动】进入下一级菜单，然后按 F6 选择【货车位/客车位】，可以在其上方看到新设置的状态，确认后按 F1【确定】即完成客货车模式选择设置，按 F8【返回】。

即　　　　F3----------------F6------------------F1---------------F8
　　　　【空气制动】【货车位/客车位】　【确定】　　　【返回】

（2）选择定压模式。

条件：① 司机室激活（给司机室电钥匙）；
② 列车管压力为 100 kPa 以下（大闸至重联位或紧急位）。

具体操作：按 F3【空气制动】进入下一级菜单，然后继续选择 F3【更多】进入下一级操作界面，然后按压 F3【500 kPa /600 kPa】选择需要的定压模式，此时可以在状态栏里看到新设置的状态，确认之后按 F1【确定】即完成更改设置，按 F8【返回】。

即　　　　F3--------------F3--------------F3---------------------F1-----------F8
　　　　【空气制动】　【更多】【500 kPa/600 kPa】　　【确定】　　【返回】

二、试闸确认

（1）中立/补风/不补风切换。

条件：司机室激活。

具体操作：按 F3【空气制动】进入下一级菜单，然后继续选择 F3【更多】进入下一级操作界面，然后按 F7 选择需要的中立/补风/不补风模式，此时可以在状态栏里看到新设置的状态，确认之后按 F1【确定】即完成更改设置，按 F8【返回】。

即　　　　F3--------------F3--------------F7--------------------F1--------------F8
　　　　【空气制动】　【更多】　【补风/不补风】　　【确定】　　　【返回】

（2）其他信息的查看和设置。

在激活端司机室，按 F7【显示屏信息】可以查看相应信息：
① F6，查看软件版本；
② F3，设置机车号；
③ F5，设置语言；
④ F7，进入维护界面，可以查看制动机故障历史记录等。

任务五　法维莱 Eurotrol 制动机司机制动阀认知

司机制动阀从 BCU（制动控制单元）接收输入信号，然后调整 BP（列车管）压力信号，进而控制机车的缓解及制动。其主要包括减压阀、缓解阀、中立阀、中继阀、压力传感器、快速缓解阀等部件。司机制动阀（Eurotrol）外形如图 4-13 所示。其工作原理为：通过缓解电磁阀 VE（DG）和制动电磁阀 VE（SG）控制先导压力 RE，进而控制中继阀 Q（P）CG 的开闭而达到对列车管压力的控制，通过列车管压力的变化，最终发出对机车实行制动和缓解的操作指令。其气动原理如图 4-14 所示。

图 4-13 Eurotrol

图 4-14 Eurotrol 气动原理图

1. 减压阀（DE-PI）

Eurotrol 通过 MP（总风管）与风源相连。其中，过滤器后装有减压阀（DE-PI），它将压力降至（650±0.05）kPa 的范围内，以避免太高的压力作用于中继阀。

2. 电磁阀 VE1（DG）、VE2（DG）、VE（SEC）和 VE（SG）

这些电磁阀用于控制先导室压力。它们均受 BCU（制动控制单元）控制。电磁阀 VE（SEC）

常得电，紧急制动作用时产生初始制动压力，如果电源发生故障，该电磁阀将失电，从而使先导压力 RE 排向大气，并且 RE 不可能再充气。

当 VE（SG）电磁阀故障时，电磁阀 VE（SEC）也可作为冗余。

VE1（DG）和 VE（SG）电磁阀确保对先导压力 RE 的控制。VE1（DG）电磁阀得电，先导压力 RE 增加（缓解）；VE1（SG）电磁阀得电，先导压力 RE 降低（制动）。

当 VE1（DG）电磁阀发生故障时，VE2（DG）电磁阀作为冗余。

3. 中立阀 VV（N）

中立阀 VV（N）集成于 Eurotrol，它被电磁阀 VE（N）控制，用以切断向 Eurotrol 中继阀 Q（P）CG 的供风。该指令由司机控制中立开关控制。中立阀 VV（N）的状态通过 BCU 和司机室指示灯进行监控。

4. 中继阀 Q（P）CG

通过中继阀向 BP（列车管）供风，与先导压力 RE 相同，但中继阀可起到流量放大的作用。

5. 压力传感器 CA（PRN）RE 和 CA（PRN）CG

对应于 0～1 000 kPa 的压力范围，压力传感器输出 4～20 mA 的电流信号。BCU（制动控制单元）读取压力传感器的电信号。BCU（制动控制单元）通过压力传感器 CA（PRN）RE 读取并调节先导压力 RE。压力传感器 CA（PRN）CG 用以监控 BP（列车管）压力。

6. 快速缓解阀 VV（GD）

电磁阀 VE（GD）控制快速缓解阀 VV（GD），压缩空气绕过节流孔，快速给 BP（列车管）充气。BCU（制动控制单元）读取连接于快速缓解阀 VV（GD）的微动开关的信息，进而诊断其位置状态。

7. 作用（排气）阀模块

作用阀模块由一个安全装置先导控制的电磁阀 VE-URG、一个中继阀 Q（ECH）URG 和一个塞门 RB（IS）Q（ECH）URG 组成，用于紧急制动时快速排出 BP 的压缩空气。该电磁阀 VE-URG 的控制电路串联到安全回路上，以便在安全回路断开时实现紧急制动作用。该阀也可由 Locotrol 系统（预留）控制。RB（IS）Q（ECH）URG 塞门在故障情况下将模块隔离。作用阀模块的原理如图 4-15 所示。

图 4-15 作用阀模块原理图

任务六　法维莱 Eurotrol 制动机阀的组成

一、作用阀模块

作用阀模块由一个安全装置先导控制的电磁阀 VE-URG1、BCU 控制的 VE-URG2、一个紧急压力开关 MA-URG1、一个中继阀 Q（ECH）URG 和一个塞门 RB（IS）Q（ECH）URG 组成，用于紧急制动时快速排出 BP 的压缩空气。RB（IS）Q（ECH）URG 塞门在故障情况下将模块隔离。作用阀模块的原理如图 4-16 所示。

图 4-16　作用阀模块原理图

二、分配阀组成

每台机车使用一套分配阀，该分配阀符合 UIC 标准的自动空气制动装置要求，并且必须对副风缸和停放制动气路里的空气进行分配。

分配阀组成包括以下部件：

（1）SW4 分配阀；

（2）辅助风缸及隔离设备；
（3）分配阀一次缓解模块。

1. SW4 分配阀

SW4 分配阀符合 UIC 540 标准。该分配阀通过 RB（IS）CP/CG 塞门可将总风管和列车管隔离，并受到两个过滤器的保护。

分配阀具有如表 4-4 所示的特性。

表 4-4 分配阀特性

参 数	种 类	
	货车模式	客车模式
制动缸充气时间（0%到95%）		（4±1）s
制动缸排气时间（最大到 400 kPa）		（7±1）s

2. 辅助风缸及隔离设备

通过总风管经由 FI-RB（IS）CP 过滤器和 RB（IS）CP 塞门由总风为辅助风缸提供气源。

3. 分配阀一次缓解模块

分配阀缓解有两种模式：阶段缓解和一次缓解。一次缓解模块的气动原理如图 4-17 所示。

图 4-17 一次缓解模块原理图

通过隔离塞门 RB（IS）RC，向 BCU 提供以下两种模式：
① 阶段缓解=开关打开（塞门隔离）；
② 一次缓解=开关闭合（塞门导通）。

通过将制动控制器置于运转位，以大流量实施一次缓解。一次缓解仅出现在列车管处于制动状态、压力超过 300 kPa 时，VV（IS）RC 气动阀确保该项功能。当 VV（RT）RC 气动阀检测到列车管和 R（T）风缸的压差超过 20 kPa，RC 控制风缸开始通过 VV（RT）RC 阀将其内部的压缩空气排入列车管。在这种方式下，分配阀能更快速地缓解。当列车管和 R（T）风缸的压差低于 20 kPa，VV（RT）RC 气动阀自动关闭。当制动缸完全缓解，列车管开始向控制风缸充气。

三、电子分配阀（EPM）

EPM 设计用于将从 BCU 接收的数字压力值转换为相应的气动压力。作为机车的电子分配阀，EPM 由 BCU 经 CANopen 信号控制。其外形如图 4-18 所示。

EPM 包括三个模块：即备用制动 EPM、直接制动 EPM、转向架制动 EPM。

四、紧急阀

当制动管路压力下降超过 80 kPa/s 时，紧急阀动作，加速列车管的排风。该阀是以压差而产生动作并随之带动电联锁，是外部因素而引起列车管紧急排风后的刺激诱发。紧急阀的作用是在紧急制动时加快列车管的排风，提高紧急制动灵敏度和紧急制动波速，同时接通列车分离保护电路，使列车紧急制动的作用更可靠。

图 4-18　电子分配阀（EPM）

五、转向架中继阀

该模块主要为两台转向架的制动装置供风。Q（P）FR1/2 转向架中继阀直接接收来自分配阀的控制压力（经由互锁阀），中继阀的输出压力通过双向止回阀（VV1/2）传输到转向架制动缸，双向止回阀也接收来自直接制动装置的压力，制动缸压力为（375±10）kPa。VE-Q（P-COM）F1/2 空电联合制动电磁阀输出压力，该阀的控制和监控由 TCU 完成。当空气制动被禁止，这些阀将通过 DIA-VE1/2-Q（P-COM）F 阀的孔在 4~5 s 内排出中继阀的先导压力。转向架中继阀模块的气动原理如图 4-19 所示。

图 4-19　转向架中继阀模块原理图

任务七　法维莱 Eurotrol 制动机制动控制单元认知

一、制动控制单元

制动控制单元（BCU）对司机制动阀进行控制。BCU 通过 FIP 总线连接到列车计算机，通过 RS422 连接到 Locotrol（预留），通过 CAN 总线连接到各 EPM 模块。

自动制动控制器的指令或来自 Locotrol 系统（预留）的制动指令，BCU 计算先导室压力 RE，然后通过控制阀闭环控制得到需求的先导压力 RE。

1. BCU 硬件描述

BCU 是一个被称作 GeminiⅡ的通用软硬件平台，可成为整列车或单台车的控制装置。该系统设计成最优化的功能配置，本身具有安全防护措施和自诊断功能。通过以下措施实现上述目标：

在单个插件式单元中，分配所有的系统资源（如 RAM、ROM、EPROM 存储器、看门狗功能）；CPU 不同功能的插件单元（如数字部分、模拟输入输出）使用隔离电源；电气隔离不同功能的设备；使用能与所有电池电压制式（24、48、76、110 V）相连的"宽范围"数字接口，而不需要任何的适配器插件；使用复合和表贴的生产制造技术，保证质量和可靠性的增长；通过快速总线将各插件单元连接起来；为每一外部接口增加滤波设施，以使外部电磁干扰的影响最小化，提高信噪比；提供具备软件支持的在线检查措施的硬件部分，生成正确的操作状态信息。

2. BCU 软件描述

下面描述如何根据机车自动制动控制器的制动指令来操纵列车管。

（1）预备阶段。

当 BCU 通电，而驾驶室没有激活时，所有电磁阀都不得电。由于 VE（SEC）阀通大气，使 RE 先导压力为 0 kPa。

只有当下列所有条件被确认时，司机制动阀的操纵才能启动。

① 司机室运行（CAB1 或 CAB2）=1；

② 无紧急制动需求；

③ 非中立需求；

④ VE（SEC）阀工作正常；

⑤ 总风压力：如果列车管定压 500 kPa，则高于 600 kPa；如果列车管定压 600 kPa，则高于 700 kPa；

⑥ 自动制动控制器被移至抑制位 1 s；

⑦ BCU 将先导室压力调整到：使用阶段缓解则为（300±5）kPa；使用一次缓解则为 0 kPa。

在上述条件下，操纵制动控制器来控制列车管。如果上述其中一个条件没有得到确认，则压力保持为零，不可能控制列车管。只能激活一个司机室，一旦同时激活两个司机室，则显示相应的故障代码。一旦司机室被锁闭，RE 压力被设定为 0 kPa，BP 自动排气。

（2）先导室控制。

通过 BCU 驱动 Eurotrol 的电磁阀来控制先导室。先导室压力按照闭环控制，图 4-20 所示为 BCU 闭环控制示意图。

图 4-20　BCU 闭环控制示意图

Eurotrol 先导室压力应稳定在定压，这是由 BCU 根据经 FIP 总线从 MPU 接收到的控制信号来控制的：根据所选定的压力，先导气路的压力应等于（500±5）kPa 或者（600±5）kPa。

BCU 接收到制动指令，通过 Eurotrol 的电控阀将其转换成气动压力。压力传感器 CA（PRN）RE 读取先导室压力，以模拟量信号的形式发送给 BCU。BCU 根据该信号，使制动和缓解阀得电或失电。

① 阶段缓解模式。

a. 初制动。

初始压降，将自动制动控制器移至最小制动位来实现初次压降。只有在制动缓解状态（列车管缓解）下才能实现初制动。

初制动用时间和压力大小（BP=25 L，储气缸）来表示，这个过程的主要特征是：在 $T \leqslant 2.25$ s 的时间内，$\Delta P = （50 \pm 5）$ kPa。

b. 制动作用。

在最小制动位（MIN）和最大制动位（FS）之间移动自动制动控制器可使制动级与控制器的位置成正比变化。

自动制动控制器的编码器发送一个 4~20 mA 的信号（该信号与控制器的位置成正比）至 BCU，BCU 可计算相应的 RE 目标压力。BCU 使 VE（SG）阀得电，使 RE 先导压力回路根据控制器的位置成比例排气，直至达到计算的 RE 目标压力。中继阀释放 BP 压力，当达到要求压力值时，控制器停留在相应位置，BCU 使 VE（SG）阀失电，从而停止释放先导压力。

如列车管定压为 500 kPa：在常用全制动时，在 $T = （6.5 \pm 1）$ s 内压力从定压 500 kPa 下降 $\Delta P = 140$ kPa。

如果列车管定压为 600 kPa：在常用全制动时，在 $T = （7.75 \pm 1）$ s 内压力从正常压力 600 kPa 下降 $\Delta P = 170$ kPa。

在常用全制动时，通过在不到 10 s 内，将相当于列车管容积的 400 L 风缸内的压力排至 120 kPa，来确定司机制动阀 DBV 的排气能力。

将控制器从最大制动位移至抑制位，BP 压力不会降低。

在抑制位和重联位之间移动控制器，根据控制器位置 BCU 成比例地使 RE 压力降低，当控制器位于重联位时，RE 压力降至 0 kPa。

  c. 来自 BP 的指令。

  如果 BP 压力下降大于 150 kPa，并且不是由 RE 先导室的压力下降引起的，则 RE 先导压力应降低到 300 kPa。当列车管压力下降原因消失后，没有缓解指令时，RE 压力不应增加。在中立模式下此功能应有效。

  d. 来自 LKJ 2000 系统的指令。

  安全设备"LKJ"可通过电磁阀 VE-URG 执行紧急制动或通过 RE 压力下降而施加制动。

  当 LKJ 的信号为 0，0：LKJ 制动指令禁用。

  当 LKJ 的信号为 1，0：LKJ 制动指令激活，对任一定压，$\Delta RE = 80$ kPa。

  当 LKJ 的信号为 1，0：LKJ 制动指令激活，定压 500 kPa，$\Delta RE = 120$ kPa。

$$\text{定压 600 kPa，} \Delta RE = 130 \text{ kPa}。$$

  LKJ 压力降遵循 DBV 压力斜率。可重复制动施加指令，直至最大常用制动（430/360 kPa）。

  当安全设备"LKJ"清除惩罚制动条件时，在未得到司机发出的指令前，RE 压力不能增加。司机须将自动制动控制器移至抑制位，以复位惩罚制动条件。随后，司机可将控制器移至运转位，使 BCU 缓解制动。在中立模式下此功能应有效。

  e. 来自安全设备"无人警惕装置"的指令。

  "无人警惕装置"可通过 RE 压力下降而施加最大常用制动。

  如列车管定压为 500 kPa：RE 压力降至 360 kPa。

  如列车管定压为 600 kPa：RE 压力降至 420 kPa。

  无人警惕装置压力降遵循 DBV 压力斜率。

  当安全设备"无人警惕装置"清除惩罚制动条件时，在未得到司机发出的指令前，RE 压力不能增加。司机须将自动制动控制器移至抑制位，以复位惩罚制动条件。随后，司机可将控制器移至运转位，使 BCU 缓解制动。在中立模式下此功能应有效。

  f. 制动缓解。

  将制动控制器从重联位移至运转位，可以使缓解级与控制器的位置（0 kPa 至定压之间）成正比。

  重联位与抑制位之间，RE 压力在 0~430/360 kPa 范围内增加（定压 = 600/500 kPa 时）；在抑制位和最大制动位之间，RE 压力不增加；在最大制动位和最小制动位之间，RE 压力在 430/360~（定压 -50）kPa 范围内增加；将控制器从最小制动位移至运转位，RE 压力直接被设为定压。

  控制器的编码器发送一个 4~20 mA 的信号（该信号与控制器的位置成比例）至 BCU，BCU 计算相应的 RE 目标压力。BCU 使 VE1（DG）阀得电（由 DE-PI 减压阀供风），按照控制器的位置对 RE 先导压力成比例地进行充风，直至达到计算的 RE 目标压力。MP 经中继阀向 BP 重新充风。当 RE 内达到要求压力值时，BCU 停止充注先导压力，并使 VE1（DG）阀失电。

  全缓解时，对于相当于容积 25 L 的列车管的压力形成时间是：从定压 -150 kPa 到定压 -10 kPa 为（5±1）s；从定压 -10 kPa 到定压小于 5 s。在一个相当于 BP 容积的 400 L 风缸内，从比定压低 150 kPa 充至比定压低 10 kPa，BP 的再充气时间低于 20 s。

定压是 500 kPa 时，当 MP 压力低于 600^{+0}_{-20} kPa，不能进行制动缓解操作；定压是 600 kPa 时，当 MP 压力低于 700^{+0}_{-20} kPa，不能进行制动缓解操作。

g. 制动或缓解后的保压。

制动或缓解后，BCU 从压力传感器 CA（PRN）RE 获得先导压力值 RE，同时控制制动及缓解阀 VE（SG）和 VE1（DG），以将先导压力维持在同一值。

h. 快速缓解。

只有在司机要求（通过将自动制动控制器置于运转位）并且 RE 先导压力处于 300 kPa 和定压 – 50 kPa 之间，BCU 才能实施快速缓解。

如果 MP 压力高于 600 kPa 或 700 kPa，快速缓解指令才能被接收：根据定压不同，如果 MP 压力降至 600 kPa 或 700 kPa 以下，快速缓解指令将被终止，继续以小流量进行缓解。快速缓解可以使相当于 BP 容积的 400 L 风缸，在 $T<10$ s 时间内，从定压 – 150 kPa 充至定压 – 10 kPa。在确认指令之后，VE（GD）阀带电（60±2）s，RE 先导压力开始达到定压 P_{reg}，60 s 之后 VE（GD）阀失电。如果快速缓解需求持续 60 s 以上，会被 BCU 自动清除。VV（GD）阀上的微动开关触点使得 BCU 可诊断该阀的功能。假如两个状态之间有差异，将产生一个故障代码。

假如有常用制动或紧急制动要求、中立或隔离要求和来自 BP 的制动需求指令，VE（GD）阀失电，相应的过程中断。

i. 中立状态。

该功能用于完成列车管的密封性试验以及在紧急制动期间避免不适当地向列车管再充气。BCU 接收到电磁阀 VE（N）的状态（由机车控制单元控制），当该阀得电[VE（N）信号等于 1]，任何缓解会被禁止，而仍然可以制动。当再次将中立请求设置为零时，RE 压力保持之前的值。在中间位请求取消后，BCU 必须读取控制器的抑制位才允许执行制动缓解。

两个微动开关监控 VV（N）中立阀，第一个触点阀控制司机室的一个指示灯，而第二个阀允许 BCU 诊断该功能（阀的状态和反馈信号之间的不一致）。一旦中立阀失效，将会显示专门的故障代码。

j. 紧急制动。

操纵司机室的紧急制动设备（紧急按钮或自动制动控制器）之后，制动管迅速排大气，另外，通过使 VE（SEC）阀失电，排出 RE 先导压力，从而使得列车管排大气。同时，中立阀 VE（N）得电，防止列车管再充气。

通过在 $T \leqslant 4$ s 时间内，使相当于列车管容积的 400 L 风缸排气后压力降低 $\Delta P \geqslant 150$ kPa，来测定每个单独的执行装置的排气能力。在小于 3 s 时间内，使压力从定压排至 40 kPa，来测定 25 L 风缸的排气能力。当紧急制动需求被取消时，中立位失去作用，RE 先导压力增至 300 kPa（达到常用制动后的压力）。

安全装置也能产生紧急制动。安全装置系统通过控制电路来控制先导阀 VE-URG，以便使 BP 通过 Q（ECH）URG 阀排气。

k. 总风压力过低。

如果定压是 500 kPa，总风≤600 kPa 时，快速缓解期间，则 VE（GD）阀失电，继续以小流量进行缓解；当总风管的压力高于 650 kPa，则 VE（GD）阀再次得电，并维持阀的作用时间，重新开始大流量的快速缓解；总风管的压力低于 500 kPa，则 BCU 通过使 RE 先导阀降低（50±10）kPa 来产生制动作用。仅在 MP 压力水平恢复至适当值时才允许实施随后的制动缓解。通过移动控制器至抑制位，复位惩罚制动条件，然后移动控制器至运转位，发出命令实施制动缓解。

如果定压是 600 kPa，总风≤700 kPa 时，快速缓解期间，则 VE（GD）阀失电，继续以小流量进行缓解；当总风管的压力高于 750 kPa，则 VE（GD）阀再次得电，并维持阀的作用时间，重新开始大流量的快速缓解；总风管的压力低于 600 kPa，则 BCU 通过使 RE 先导阀降低（50±10）kPa 来产生制动作用。仅在 MP 压力水平恢复至适当值时才允许实施随后的制动缓解。通过移动控制器至抑制位，复位惩罚制动条件，然后移动控制器至运转位，发出命令实施制动缓解。

② 一次缓解模式。

a. 初始压降。

初始压降，将自动制动控制器移至最小制动位来实现初次压降。只有在制动缓解状态（列车管缓解）下才能实现初制动。

初始压降用时间和压力大小（BP=25 L，储气缸）来表示，这个过程的主要特征是：在 $T \leq 2.25$ s 的时间内，$\Delta P = (50 \pm 5)$ kPa。

此外，如果已通过操纵台中立开关激活自动中立位，中立阀被机车的电气回路控制得电，以在控制器要求首次降压后切断对列车管的供风。

b. 制动作用。

在最小制动位（MIN）和最大制动位（FS）之间移动自动制动控制器可使制动级与控制器的位置成正比变化。

自动制动控制器的编码器发送一个 4~20 mA 的信号（该信号与控制器的位置成正比）至 BCU，BCU 可计算相应的 RE 目标压力。BCU 使 VE（SG）阀得电，使 RE 先导压力回路根据控制器的位置成比例排气，直至达到计算的 RE 目标压力。中继阀释放 BP 压力，当达到要求压力值时，控制器停留在相应位置，BCU 使 VE（SG）阀失电，从而停止释放先导压力。

如列车管定压为 500 kPa：在常用全制动时，在 $T = (6.5 \pm 1)$ s 内压力从定压 500 kPa 下降 $\Delta P = 140$ kPa。

如果列车管定压为 600 kPa：在常用全制动时，在 $T = (7.75 \pm 1)$ s 内压力从正常压力 600 kPa 下降 $\Delta P = 170$ kPa。

在常用全制动时，通过在不到 10 s 内，将相当于列车管容积的 400 L 风缸内的压力排至 120 kPa，来确定司机制动阀 DBV 的排气能力。

将控制器从最大制动位移至抑制位，BP 压力不会降低。

在抑制位和重联位之间移动控制器，根据控制器位置 BCU 成比例地使 RE 压力降低，当控制器位于重联位时，RE 压力降至 0 kPa。

此外，如果已通过操纵台中立开关激活自动中立位，中立阀被机车的电气回路控制得电，以在控制器要求制动后切断对列车管的供风。

c. 来自 BP 的制动指令。

如果 5 s 时间内 BP 压降 ≥150 kPa，并且不是由 RE 先导室压降引起的，必须执行紧急制动，使 RE 目标压力降至 0 kPa。当引起制动管降压的原因消失时，在未复位惩罚制动条件（控制器被移至抑制位)、无制动缓解请求(控制器被移至运转位)且未清除 65 s 紧急制动超时之前，RE 压力不会增加。

如果制动管压力和均衡风缸压力降至 0 kPa，且机车速度变为 0 km/h 时，来自 BP 功能的施加指令被禁用。当 BP 压力高于以下值时，该功能被重新激活：

400 kPa（额定压力为 500 kPa 时）；

500 kPa（额定压力为 600 kPa 时）。

d. 来自 LKJ 2000 系统的制动指令。

安全设备"LKJ"可通过电磁阀 VE-URG 执行紧急制动或通过 RE 压力下降而施加制动。

当 LKJ 的信号为 0，0：LKJ 制动指令禁用。

当 LKJ 的信号为 1，0：LKJ 制动指令激活，对任一定压，ΔRE = 80 kPa。

当 LKJ 的信号为 1，0：LKJ 制动指令激活：定压 500 kPa，ΔRE = 120 kPa。

定压 600 kPa，ΔRE = 130 kPa。

LKJ 压力降遵循 DBV 压力斜率。可重复制动施加指令，直至最大常用制动（430/360 kPa）。

当安全设备"LKJ"清除惩罚制动条件时，在未得到司机发出的指令前，RE 压力不能增加。司机须将自动制动控制器移至抑制位，以复位惩罚制动条件。随后，司机可将控制器移至运转位，使 BCU 缓解制动。在中立模式下此功能应有效。

e. 来自安全设备"无人警惕装置"的指令。

"无人警惕装置"可通过 RE 压力下降而施加最大常用制动。

如列车管定压为 500 kPa：RE 压力降至 360 kPa。

如列车管定压为 600 kPa：RE 压力降至 420 kPa。

无人警惕装置压力降遵循 DBV 压力斜率。

当安全设备"无人警惕装置"清除惩罚制动条件时，在未得到司机发出的指令前，RE 压力不能增加。司机须将自动制动控制器移至抑制位，以复位惩罚制动条件。随后，司机可将控制器移至运转位，使 BCU 缓解制动。在中立模式下此功能应有效。

f. 制动缓解。

如果 RB（IS）RC 塞门打开，直接制动缓解被激活，直接制动缓解可实现直接且完全缓解制动，直至额定压力（500 kPa 或 600 kPa）。

施加初制动后，直接将自动制动控制器移至运转位，以大流量执行随后的直接缓解。BCU 使 VE（GD）阀得电（300±2）s 并将 RE 控制压力设至定压。

施加任何常用制动后，将自动制动控制器移至运转位，可自动执行随后的直接缓解（事实上，重联位和最小制动位之间自动制动控制器的所有缓解位在直接缓解模式下均未被 BCU 读取）。BCU 将 RE 先导压力设至额定压力（500 kPa 或 600 kPa）。

如果制动管压力降至 0 kPa，且机车速度变为 0 km/h，将自动制动控制器移至运转位，可自动执行随后的直接缓解（事实上，MU 和 MIN 之间的操纵器的所有缓解位在直接缓解模式下均未被 BCU 读取）。

如果制动管压力降至 0 kPa 且机车速度变为 0 km/h，来自 BP 功能和 MP 低压功能的施加指令均被禁用（当 MP 压力过低时，禁止制动缓解除外）。当 BP 压力高于以下值时，这些功能被重新激活：

400 kPa（额定压力为 500 kPa 时）。

500 kPa（额定压力为 600 kPa 时）。

当该模式被激活时，在均衡风缸上检测的缓解时间通常如下：

如果额定压力为 500 kPa：从 0 kPa 至 480 kPa，小于 9 s。

如果额定压力为 600 kPa：从 0 kPa 至 580 kPa，小于 11 s。

当总风压力低于 600 kPa 或 700 kPa 时，制动缓解操作不可行。

g. 制动或缓解后的保压。

制动或缓解后，BCU 从压力传感器 CA（PRN）RE 获得先导压力值 RE，同时控制制动及缓解阀 VE（SG）和 VE1（DG），以将先导压力维持在同一值。

h. 中立位。

在以下条件均被满足时，执行自动中立位功能：

- 直接制动缓解模式激活；
- 司机台上中立位开关选择自动中间位；
- MPU 经 FIP 总线向 BCU 发送设置为 1 的 B_NAUTO 位。

事实上，施加任何常用制动后（自动制动控制器移离运转位），中立阀由自动制动控制器电气回路激活，以切断来自司机制动阀的供风。这样避免了在压力保持阶段因 BP 泄漏而使后部车辆缓解的情况发生。

当司机通过自动制动控制器请求直接缓解时，通过自动制动控制器禁用中立阀，BCU 执行缓解，这就意味着缓解在自动中立位条件下未被禁用。

如在自动中立位过程中 BP 泄漏，BCU 调节 RE 目标压力以追随 BP 压力，但 BCU 将使 BP 压力高于 RE 压力，从而不使 BP 被充风。然后：

如果执行制动缓解，两个压力均上升至定压；

否则，如在压力保持阶段因任何原因而使自动中立位禁用，实际 BP 压力被复制成 RE 目标压力，而 RE 压力降至 BP 压力。这样避免了在解除自动中立位或 BP 压力增至 RE 压力情况下缓解车辆制动。

i. 紧急制动。

当紧急制动开始时，BCU 激活紧急制动延时 65 s：在此期间，BCU 不接收或存储任何制动缓解指令，并设置 FIP 数据库内的 B_URGBCU 位至（1）。当延时终止时，该位被设置为 0 且可以缓解制动。

当解除紧急制动要求时，通过机车控制系统禁用中立位，RE 控制压力保持在 0 kPa，直至超出 65 s 延时。紧急状态被复位（自动制动控制器被移至抑制位）且要求制动缓解（自动制动控制器被移至运转位）。

j. MP 压力低。

如果定压是 500 kPa，总风≤550 kPa 时，制动缓解被禁用；快速缓解期间，总风≤600 kPa 时，则 VE（GD）阀失电，继续以小流量进行缓解；当总风管的压力高于 650 kPa，则 VE（GD）阀再次得电，并维持阀的作用时间，重新开始大流量的快速缓解；总风管的压力低于 500 kPa，则 BCU 通过使 RE 先导阀降低（50±10）kPa 来产生制动作用，仅在 MP 压力水平恢复至适当值时才允许实施随后的制动缓解。通过移动控制器至抑制位，复位惩罚制动条件，然后移动控制器至运转位，发出命令实施制动缓解。

如果定压是 600 kPa，总风≤650 kPa 时，制动缓解被禁用；快速缓解期间，总风≤700 kPa

时,则 VE(GD)阀失电,继续以小流量进行缓解;当总风管的压力高于 750 kPa,则 VE(GD)阀再次得电,并维持阀的作用时间,重新开始大流量的快速缓解;总风管的压力低于 600 kPa,则 BCU 通过使 RE 先导阀降低(50±10)kPa 来产生制动作用,仅在 MP 压力水平恢复至适当值时才允许实施随后的制动缓解。通过移动控制器至抑制位,复位惩罚制动条件,然后移动控制器至运转位,发出命令实施制动缓解。

如果制动管压力降至 0 kPa,且机车速度变为 0 km/h,MP 低压功能将被禁用。当 BP 压力高于以下值时,该功能被重新激活:

400 kPa(额定压力为 500 kPa 时)。

500 kPa(额定压力为 600 kPa 时)。

3. 列车管隔离

司机可操作塞门 RB-UM-MV 请求隔离司机制动阀,当隔离功能被激活时,经 FIP 总线通知 BCU,BCU 无须考虑自动制动控制器的信号。这就意味着无制动施加或制动缓解被执行。以下功能也均被禁用:

- 列车分离;
- 来自安全设备(LKJ 或 VACMA)的制动施加;
- MP 低压。

两个位置开关监控隔离阀 VV(IS)RM,第一个带触点的阀控制司机室的一个指示灯,而第二个允许 BCU 诊断该功能(阀的状态和反馈信号之间的不一致)。一旦隔离阀出现故障,则会显示专门的故障代码。

4. 分布式车组中的机车(预留功能)

在分布式车组中,在运行方向上每一台机车的司机制动阀 DBV 处于运用状态。

(1)通信系统。

BCU 通过 RS422 与 Locotrol 系统通信。

BCU 通过 FIP 网络与车辆控制计算机通信。

(2)流量计。

如果无线电通信失效且产生制动作用时,差压传感器能识别出止回阀上不断增加的压降。流量计将压降信息传送 BCU,BCU 将该信息发送给 Locotrol,Locotrol 命令 BCU 操纵 VE(IS)RM 来隔离 DBV。

5. CPU 显示管理

CPU 显示允许用户进入 CPU 内部信息区,如软件版本和故障代码,从而执行特殊操作,如重置错误代码和压力传感器的设置。此功能只有 BCU 在调试状态下才能运行。正常状态下显示信息为 9999(无错误出现)或 89XX(一个或多个故障出现),XX 指明故障类型(83=重大故障;84=次要故障;87=一般故障)。CPU 显示按钮如图 4-21 所示。

CPU 的用户接口编码成 4 个数字显示和 2 级处理,通 P1、P2、P3 和 P4 左边或者右边的动作指明级别的位置。进入调试状

图 4-21 CPU 按钮

态的通道是使用 P3，通过按这个按钮，屏幕显示 Cxyy，xyy 指明 BCU 的软件版本（x = 版本，y = 升级版本）。按钮的另一个动作是使系统返回正常功能模式。

在调试状态，通过按下 P1，显示的数字是 0001；这个数字可以通过使用 P1 和 P2 来修改。

二、隔离模块

该模块由一个 VE（IS）RM 电磁阀和一个 VV（IS）RM 气动阀组成，用于将 Eurotrol 和列车管隔离开。如果 VE（IS）RM 阀得电，Eurotrol 和 BP 隔离；如果 VE（IS）RM 阀失电，Eurotrol 和 BP 不隔离。该模块由 BCU 控制。

微动开关把气动阀的状态发送给 BCU，当司机制动阀（Eurotrol）隔离，司机控制台上的指示灯亮。Z（IS）RM 开关使 VE（IS）RM 阀得失电进行控制。隔离模块原理如图 4-22 所示。

图 4-22　隔离模块原理图

三、流量计

司机制动阀有一个流量计，用于测量列车管的空气流量。该流量值由 BCU 读取并发送给 Locotrol。流量计由文氏管止回阀 I-DB 和差压传感器 CA（PRN）DEB 组成。

任务八　法维莱 Eurotrol 制动机综合作用及控制系统管路分析

一、制动系统综合作用

1. 概　述

制动系统综合作用大致可分为自动制动、直接制动、停放制动、无火回送、故障处理、预留 Locotrol 控制的集成式制动。

2. 自动制动

自动制动控制器的电气部分通过 BCU 生成控制 Eurotrol 所必需的信号。BCU 从控制器硬件（常用制动器的编码器）接收控制信号，而先导腔内的压力根据控制器挡位变化。在控制器内另外还装有一个编码器，用以控制备用模块。

列车管（BP）压力通过司机制动阀利用来自 MP（总风管）的压缩空气进行调节。

3. 直接制动

直接制动是一种直接向转向架制动缸供风的控制，主要用于机车单独驾驶时（如调车时）使用。其气动原理如图 4-23 所示。

图 4-23 直接制动-气动原理图

直接制动的电磁阀由直接制动控制器直接控制。在失电状态下，向制动缸提供空气。故障时，直接制动的输出可由 RB（IS）FD 塞门进行隔离。先导气路中的最大压力值被 DE-FD 减压阀限制在 300 kPa。当直接制动控制器移到制动位，VE1-FD 和 VE2-FD 电磁阀均失电，Q（P）FD 中继阀的先导室通过（300±10）kPa 调压阀进行充气。因此，制动缸接收到同样的压力并实施制动。该方式为失电制动。当直接制动控制器移到缓解位，VE2-FD 阀得电，以通过 DIA（DG）FD 孔排出 Q（P）FD 中继阀先导室的压力，该方式下制动缸压力降低，制动装置缓解。直接制动控制器置于中立位，制动缸保持一定压力，VE1-FD 阀得电，VE2-FD 阀失电。因此，Q（P）FD 中继阀先导室的压力保持为定值。由于有 VV1/2 双向止回阀，直接和自动制动装置不会相互干扰，两者信号按照取大原则进行制动。

在远程重联机车上，直接制动装置由 BCU 根据 Locotrol 系统的要求进行控制。

4. 停放制动

停放制动为弹簧施加/压力释放式，由双稳态阀 VE-FS 控制。此阀可以由来自司机室的电气信号驱动，或者通过对阀本身的手动操作驱动。

当施加停放制动时，停放制动气缸内的压力为 0 kPa。不能同时施加停放制动和常用制动：如果停放制动气缸内的压力为 0 kPa，而常用制动被施加，则停放制动气缸将通过双止回阀被充注至与常用制动相同的压力，与停放部分相关的制动力由此被减小，以避免损坏制动气缸的卡钳。

每一转向架的停放制动回路由压力开关 MA-FS1/2 进行检查。

从机车外面可通过停放制动指示器查看停放制动器状况。

如果停放制动故障，可通过塞门 RB（IS）FS 隔离。

5. 平均管控制

当多辆机车连挂时，将采用平均管（EQ 管）来实现前导机车对后挂机车转向架中继阀的直接控制。

来自前导机车的每一制动请求（自动制动、直接制动和紧急制动）均通过 EQ 管实现。电磁阀 VE-EQ 的挡位将确定机车是前导机车(机车将制动气缸的先导压力发送至连挂机车的转向架）还是拖车（机车的中继阀接收来自前导机车制动气缸的先导压力）。

6. 无火回送

切除驱动电源时，机车可作为单一的货车进行无火回送，回送时 RB-MV 塞门必须人工关闭，且下列作用自动隔离：司机制动阀（通过排空 RB-MV 阀的先导压力）、紧急排风、直接制动。

7. 故障处理

在机车内制动系统发生严重故障时（BCU 或 Eurotrol 问题），制动器的控制将被切换至备用制动模块。备用制动模块（EPM）可对 RE 先导压力进行冗余控制。

将制动系统切换至备用模式时，司机须将 RB-FSE 塞门转至备用挡位。此塞门位于制动柜上。此时，自动制动控制器被禁用，直至司机将手柄移至 SUP 挡位，使备用模块开始工作为止，之后司机可以将手柄移至 RUN 挡位，制动器将被缓解。

制动系统可因两个主要原因而被切换至备用模式：Eurotrol 故障或 BCU 停用。

如果 Eurotrol 发生故障而 BCU 仍能工作，则正常常用制动的主要功能在备用模式中仍可使用，除以下功能外：
- 阶段缓解模式；
- GD 阀管理；
- BP 功能给出的施加指令；
- RE 泄漏测试；
- Eurotrol 相关诊断；
- 中性阀 VV（N）诊断；
- 隔离阀 VV（IS）RM 诊断；
- 阀 VE-Q（P）FR 诊断；
- 动力分散式重联车组模式（预留）。

如果 BCU 停用，则正常常用制动的主要功能在备用模式中仍可使用，以下功能除外：
- 阶段缓解模式；
- GD 阀管理；
- BP 功能给出的施加指令；
- LKJ 系统给出的施加指令；
- RE 泄漏测试；
- 流量计信息；
- Eurotrol 相关诊断；
- 中性阀 VV（N）诊断；

- 隔离阀 VV（IS）RM 诊断；
- EPM 相关诊断；
- MP 低压功能；
- 电子分配阀（EPM）控制；
- 阀 VE-Q（P）FR 诊断；
- 动力分散式重联车组模式（预留）。

8. Locotrol 控制的集成式制动（预留功能）

Locotrol 系统安装于所有机车（前导和远端）上。多个 Locotrol 单元可通过无线电装置进行通信。它们设有 RS422 总线接口，以便与机车控制和 BCU 交换数据。

Locotrol 系统通过 RS422 串行通信信道与 BCU 通信。通信信道为点对点式。为在某一单元故障时提供冗余支持，Locotrol 系统应被连接至 1 和 2 个 BCU 系统。出于运行目的的考虑，同一时刻仅有一个 Locotrol 系统和一个 BCU 有效。在发生故障时，故障组件可被设置为无效状态，而另一单元可转为有效。Locotrol 单元与 BCU 单元的互连如图 4-24 所示。

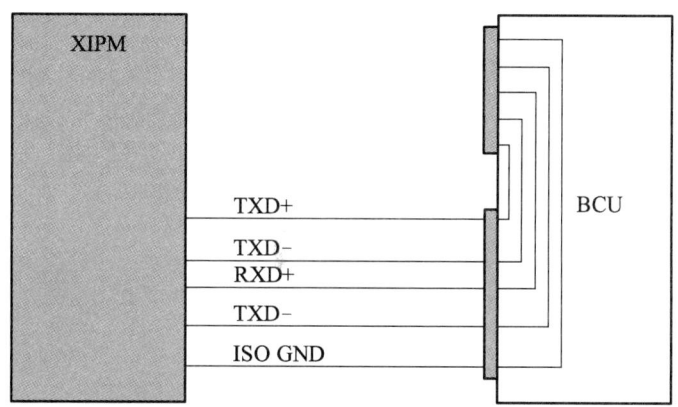

图 4-24　Locotrol 单元与 BCU 单元的互连

二、控制系统管路

控制系统管路是由辅助空气压缩机、辅助干燥器、辅助风缸、单向阀及其连接管路组成的。控制系统管路具有下列功能：在机车升弓前，由辅助压缩机提供受电弓和主断路器所需的压缩空气；在机车放置时，利用控制风缸保存压缩空气，以备下次升弓和闭合主断路器用。

辅助空气压缩机由蓄电池供电的直流电机驱动，采用电机与压缩机连成一体的结构。主要技术参数如下：

润滑方式：无油润滑；
额定工作电压：DC 110 V；
额定功率：0.55 kW；
额定排气量：0.05 m^3/min；
额定排气压力：800 kPa。

三、辅助系统管路

机车辅助系统管路是为改善机车运行条件和确保列车运行安全设置的。它由撒砂系统管路、轮轨润滑装置管路、风笛管路等组成。

撒砂系统管路由 8 个砂箱（每台转向架前、后端的左右侧各设一个）、8 个撒砂器和控制其工作的电磁阀组成。

轮轨润滑装置管路由电磁阀及控制器等构成，这些设备装在车内；喷头和油脂罐等装在转向架上。

在机车司机室顶盖上的左右侧分别设有向前高音风笛、低音风笛及向后高音风笛，司机台上设有控制风笛工作的手动按钮、司机脚下设有控制风笛脚踏开关。

四、制动系统故障诊断及处理

1. 故障原因

Eurotrol 制动系统包括的部件较多，造成故障的原因较为复杂，基本上可以分为四大类：

（1）控制电路故障：Eurotrol 制动系统采用微机控制电空方式操纵，且许多阀带有电连接点需要返回到 BCU，因此常出现一些控制电路的故障。

（2）气动部件故障：大多发生在气动部件的滑件上。

（3）管路及连接部分故障：这类故障主要表现为堵塞和泄漏，如接头漏风等。

（4）操纵不当造成的故障：司机在使用机车前，必须全面学习掌握 Eurotrol 制动系统的功能原理，并按照制动机的操作要求来操纵机车，如果违反规定操纵不当，也会使制动系统出现故障。

2. BCU 故障代码分类

BCU 故障代码分为如下三类：

（1）类型 83：在运行期间请求向驾驶员发送信息的主要故障代码（DM），在 CPU 显示信息为 8983。

（2）类型 84：在运行结束时请求向驾驶员发送信息（该信息在 CPU 显示器上显示为 8984）的次要故障代码（DC）。

（3）类型 87：仅用于维护的一般故障代码（该信息在 CPU 显示器上显示为 8987）。

当检测到一个故障时，该故障代码保存于 BCU 内部，仅在维护时进行复位。故障代码的复位删除掉内存中所有的故障列表，因此故障记录的功能必须在 MPU 中实现。

当一个故障代码被检测到，BCU 继续工作，BCU 仅在故障被确认和声明后进行反应。故障代码类型 83 与 BCU 信息有关。这些故障代码请求将系统切换到备用模式。同时，日期（由 MPU 通过 FIP 网络发送的时钟信号）一起存储于 BCU 内存中。这些故障能够通过对 Eurotrol 先导室 RE 完全排气引起制动。它们通过 FIP 网被送到 MPU。故障代码类型 84 与 B_BCU 信息有关。这些故障代码不向驾驶员请求任何操作，仅请求在运行结束时进行维护方面的干预，并同时间、日期（由 MPU 通过 FIPT 网络发送的时钟信号）一起存储于 BCU 内存中。它们通过 FIP 网被送到 MPU。故障代码类型 87 同时间、日期（由 MPU 通过 FIPT 网络发送的时钟信号）一起存储于 BCU 内存中。它们通过 FIP 网被送到 MPU。BCU 故障代码说明如表 4-5 所示。

表 4-5 BCU 故障代码说明

N 序号	Description 描述	MVB name MVB 名	Type 类型
01	BCU start up error：BCU 启动错误	DA_01BCUF	83
02	Fault CA1（PRN）CPF：CA1（PRN）CPF 故障	DA_02CA1CP	84
03	Fault CA2（PRN）CPF：CA2（PRN）CPF 故障	DA_03CA2CP	84
04	Fault CA（PRN）RE：CA（PRN）RE 故障	DA_04CARE	84
05	Fault CA（PRN）CG：CA（PRN）CG 故障	DA_05CACG	84
06	Fault CA1（PRN）CG：CA1（PRN）CG 故障	DA_06CA1RE	84
07	Fault CA1（PRN）RE：CA1（PRN）RE 故障	DA_07CA1CG	84
08	Fault all pressure sensors for BP control 控制 BP 的所有传感器故障	DA_08BPALL	83
09	Fault CA1（PRN）EQ：CA1（PRN）EQ 故障	DA_09CAEQ1	87
10	Fault CA2（PRN）EQ：CA2（PRN）EQ 故障	DA_10CAEQ2	87
11	Fault CA1（PRN）CF1：CA1（PRN）CF1 故障	DA_11CACF1	87
12	Fault CA1（PRN）CF2：CA1（PRN）CF2 故障	DA_12CACF2	87
13	Fault CA（PRN）FD：CA（PRN）FD 故障	DA_13CAFD	84
14	Fault CA（PRN）FS：CA（PRN）FS 故障	DA_14CAFS	84
15	Fault CA（PRN）DEB：CA（PRN）DEB 故障	DA_15CADEB	tbd
16	Fault CA1（PRN）MPJ：CA1（PRN）MPJ 故障	DA_16CA1MPJ	tbd
17	Fault CA2（PRN）MPJ：CA2（PRN）MPJ 故障	DA_17CA2MPJ	tbd
18	Short circuit on VE-BO valve：VE-BO 阀短路故障	DA_18BOCC	
19	Open circuit on VE-BO valve：VE-BO 阀开路故障	DA_19BOCO	
20	Short circuit on VE1（DG）valve：VE1（DG）阀短路故障	DA_20DGCC	84
21	Open circuit on VE1（DG）valve：VE1（DG）阀开路故障	DA_21DGCO	84
22	Short circuit on VE2（DG）valve：VE2（DG）阀短路故障	DA_22DG2C	84
23	Open circuit on VE2（DG）valve：VE2（DG）阀开路故障	DA_23DG2O	84
24	Short circuit on VE（SEC）valve：VE（SEC）阀短路故障	DA_24ESCC	83
25	Open circuit on VE（SEC）valve：VE（SEC）阀开路故障	DA_25ESCO	83
26	Short circuit on VE（SG）valve：VE（SG）阀短路故障	DA_26SGCC	84

续表

N 序号	Description 描述	MVB name MVB 名	Type 类型
27	Open circuit VE（SG）valve：VE（SG）阀开路故障	DA_27SGCO	84
28	Brake apply valve out of order VE（SEC）+VE（SG） 制动作用阀 VE（SEC）+VE（SG）故障	DA_28SECSG	83
29	Short circuit on VE1（URG）valve：VE1（URG）阀短路故障	DA_29URCC	84
30	Open circuit on VE1（URG）valve：VE1（URG）阀开路故障	DA_30URCO	84
31	Short circuit on quick release valve VE（GD） 快速缓解阀 VE（GD）短路故障	DA_31GDCC	84
32	Open circuit on quick release valve VE（GD） 快速缓解阀 VE（GD）开路故障	DA_32GDCO	84
33	Discordance between VE（GD）and VV（GD）(Valve in small flow) VE（GD）和 VV（GD）状态不一致（Discordance）（阀处于小流量状态）	DA_33DVPD	84
34	Discordance between VE(GD)and VV(GD)(Valve in high flow) VE（GD）和 VV（GD）状态不一致（Discordance）（阀处于大流量状态）	DA_34DVGD	83
35	Power supply error on Eurotrol valves Eurotrol 阀电源错误	DA_35ALRM	83
36	Brake release valve out of order VE1（DG）+VE2（DG） 缓解作用阀 VE1（DG）+VE2（DG）故障	DA_36D2DG	83
37	Open circuit on isolating valve VE（N） 折断阀 VE（N）开路故障	DA_37NCO	84
38	Short circuit on isolating valve VE（N） 折断阀 VE（N）短路故障	DA_38NCC	84
39	Discordance between VE（N）and VV（N）(Neutral not active) VE（N）和 VV（N）状态不一致（非中立位）	DA_39DNRM	84
40	Discordance between VE（N）and VV（N）(Neutral active) VE（N）和 VV（N）状态不一致（中立位）	DA_40NRM	83
41	Discordance between VE（IS）RM and VV（IS）RM（Isolation not active） VE（IS）RM 和 VV（IS）RM 状态不一致（非隔离状态）	DA_41DIS	83
42	Discordance between VE（IS）RM and VV（IS）RM（Isolation active） VE（IS）RM 和 VV（IS）RM 状态不一致（隔离状态）	DA_42DISI	83

续表

N 序号	Description 描述	MVB name MVB名	Type 类型
43	Open circuit on isolating valve VE（IS）RM 遮断阀 VE（IS）RM 开路故障	DA_43ISCO	84
44	Short circuit on isolating valve VE（IS）RM 遮断阀 VE（IS）RM 短路故障	DA_44ISCC	84
45	Short circuit on VE-Q（P）FR valve VE-Q（P）FR 阀短路故障	DA_45FRCC	84
46	Open circuit on VE-Q（P）FR valve VE-Q（P）FR 阀开路故障	DA_46FRCO	84
47	Discordance between VE-Q（P）FR and SW-VE-Q（P）FR（EPM not active） VE-Q（P）FR 和 SW-VE-Q（P）FR 状态不一致（EPM 未激活）	DA_47DENA	84
48	Discordance between VE-Q（P）FR and SW-VE-Q（P）FR（EPM active） VE-Q（P）FR 和 SW-VE-Q（P）FR 状态不一致（EPM 激活）	DA_48DEA	84
49	Fault RS 422（OPTION Locotrol） RS442 故障（OPTION 机车）	DA_49RS422	84
50	Fault brake controller cabin 1 司机室 1 制动控制器故障	DA_50MPF1	84
51	Fault brake controller cabin 2 司机室 2 制动控制器故障	DA_51MPF2	84
52	CAN bus failure CAN 总线失效	DA_52FCAN	84
53	Fault EPM-DISTR EPM-DISTR 故障	DA_53EPMD	84
54	Fault EPM-FSE EPM-FSE 故障	DA_54EFSE	84
55	Fault EPM-FD EPM-FD 故障	DA_55EPFD	83
56	Fault Brake Display（RS485） 制动显示器（RS485）故障	DA_56DISPL	84
57	Fault CA1（PRN）EQ+CA2（PRN）EQ CA1（PRN）EQ+CA2（PRN）EQ 故障	DA_57EQALL	84
58	Fault CA1（PRN）CF1+CA1（PRN）CF2 CA1（PRN）CF1+CA1（PRN）CF2 故障	DA_58CFALL	84
59	Short circuit on VE2（URG）valve VE2（URG）阀短路故障	DA_59VE2CC	84
60	Open circuit on VE2（URG）valve VE2（URG）阀开路故障	DA_60VE2CO	84

任务九　HXD$_{1C}$型机车法维莱制动机操作流程

一、法维莱机车制动机试验

1. 制动系统设置

法维莱制动系统可通过司机室制动显示屏在"主控投入"状态下设置。在司机室制动显示屏启动完毕后，按压 F3 键，查询制动系统的设置状态，本务牵引货物列车的正常显示为

500 kPa　主控　投入　货车位　不补风

流量表上方显示"主控投入"字样。

如为牵引货物列车第二位重联运行时，正常显示为

500 kPa　从控　切除　货车位　不补风

流量表上方显示"从控切除"字样。大闸、小闸置运转位。

如按压 F3 键查询符合以上规定的，按压 F8 键退回。如不符合以上规定的需重新设置时，先按 F3 键，显示屏出现"新设置"一栏后，再按需要并根据显示屏上的提示进行相应设置，设置完毕后按 F1 键确定执行。

系统的设置必须在列车管风压为零的条件下进行，即大闸置重联位或紧急位。

"客车位"与"货车位"的转换设置可按压 F6 键。

"500 kPa"与"600 kPa"的转换设置可按压 F3 键。

将"补风"设置为"不补风"时，按压 F3 键"更多"，再按压 F7 键，出现新设置"中立"，再次按压 F7 键即显示"不补风"，设置完毕后按 F1 键确认。

注意事项：

（1）运行中制动显示屏只能显示 F3（空气制动）、F7（显示屏信息）。机车运行且制动机处于正常状态下，空气管路柜的所有塞门位置均处于垂直位置状态。

（2）将制动柜重联阀上的"04.56"塞门置于主控位，即可设置为"主控投入"位；"04.56"塞门置于从控位，即可设置为"从控切除"位（操作时须先按压塞门手柄弹簧，再转动塞门至指定位置）。

（3）牵引客运列车或者行包列车时，只需将列车管定压由 500 kPa 调为 600 kPa，严禁在制动屏上进行客/货转换。显示屏上只允许设置为"货车"。

（4）禁止在"从控切除"状态下进行任何牵引作业。

（5）在现有条件下，制动系统显示屏上严禁设置为"补风"，只能设置为"不补风"。注：制动机上电默认为"补风"，司机换端操作、制动系统断电重启、备用模式转正常模式，即制动系统重启后，司机需将"补风"重新设置为"不补风"，开车前必须确认已转换为"不补风"状态。

（6）出现列车管起非常或监控装置动作时，应将大闸手柄置"紧急"或"抑制"位，按显示屏的消息框的提示进行操作（紧急制动产生后，必须将自动制动阀置紧急位 60 s 后才可缓解）。

（7）非操纵端大闸手柄应在重联位（紧急位仍然有效，应注意避免误动作），小闸手柄在运转位。

（8）运行中制动系统制动控制单元、司机制动阀发生故障，可将大闸置重联位或紧急位，

再将制动柜的备用制动切换塞门04.52置备用位,大闸置抑制位1 s以上激活备用模式后回运转位维持运行(备用模式下制动机的机能没有减少,仅不能对客、货位进行转换设置,显示屏上显示"备用模式"红色字样并间隔3 s闪烁)。

(9)机车在行车中发现有数据丢失现象,若通过制动显示屏无法调整,可通过低压柜上的制动电源开关,将制动系统断电后再恢复电源(注:断电后将产生制动作用,应在机车停车后实施)。

(10)空气管路柜图见图4-25。

图4-25 空气管路柜

2. 制动机五步闸试验(主控投入位)

法维莱制动机五步闸步骤见表4-6。

表 4-6 法维莱制动机五步间步骤

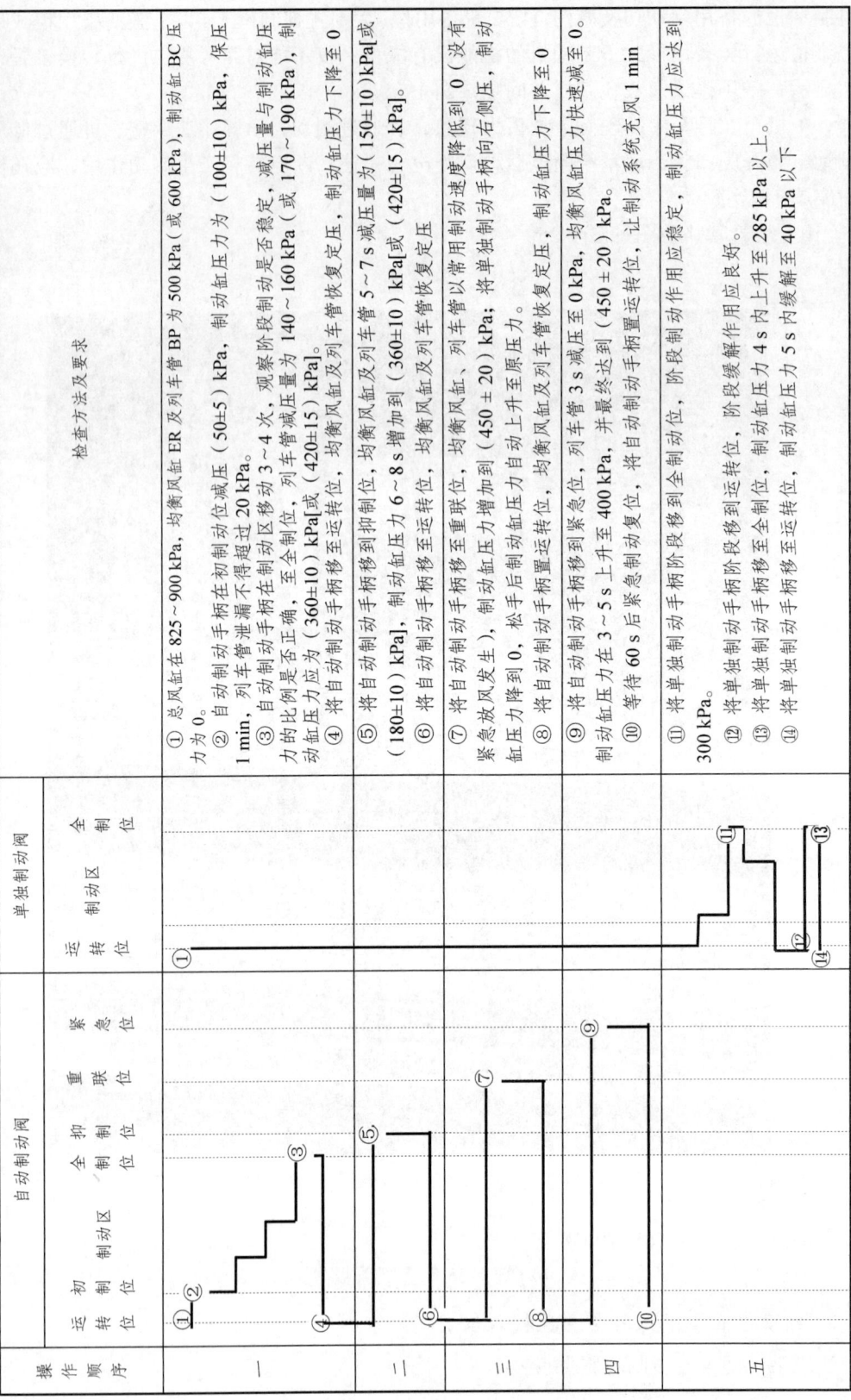

二、机车无火回送规程

（1）切断制动机电源，司控器置"0"位，将自动制动手柄放重联位，单独制动手柄放运转位。

（2）关闭制动柜中停放制动模块06.10塞门。

（3）手拉缓解每个停车制动单元，共4个：左1、3位，右4、6位（注意：装有法维莱制动机的机车，拉动弹停装置拉环时，应进行横向扳动拉环，而不是提拉环）。停车制动单元缓解后，必须确认是否处于缓解状态（用手摇动制动夹钳有旷动且与处于缓解状态的其他动轮制动夹钳状态一致，夹钳与制动盘有间隙，即可判断为处于缓解状态，此时车体上停放制动指示牌可视为正常状态）。

（4）将制动柜重联阀上的04.56塞门打到从控位，其右侧的04.65无火回送塞门打到切除位。

（5）关闭风源柜中塞门A10，打开风源柜中总风缸的排水塞门（风缸下方），将风缸压力排至250 kPa左右，然后关闭。

（6）开放所有平均管塞门B82、B86，关闭总风联管塞门B80、B87。

（7）连接要连挂的制动软管，缓慢打开该处制动管塞门B81。

（8）连接另外一台机车，将无火机车列车管充至定压，从主控机车缓解并制动无火机车列车管至少3次循环，观察闸缸压力变化是否正常。

（9）测试完成后可以连挂走车。

（10）途中再次连挂或更换连挂端时仅需要重复步骤（7）~（9）。

【思考与练习】

1. 简述法维莱制动机制动系统所用风源系统及主要部件。
2. 简述法维莱制动机中各主要部件的构造及作用。
3. 简述法维莱制动机的控制关系。
4. 简述法维莱制动机的综合作用。
5. 简述法维莱制动机BCU故障的解决方法。

项目五 DK-2型机车制动机的控制及主要部件的构造与作用

【项目描述】

HXD$_1$型大功率交流电力机车部分机车装备自主研发的DK-2型制动系统,该系统具备完善的微机模拟控制、网络通信、故障智能诊断等信息化功能,是新一代机车电空制动机。该制动机在DK-1型机车电空制动机的基础上研制成功。本项目介绍了HXD$_1$型大功率交流电力机车制动系统所用风源系统及主要部件;着重介绍了DK-2制动系统制动控制部分,包括DK-2制动系统中各主要部件的构造与作用,DK-2制动系统制动机的控制关系,DK-2制动系统制动机气路的综合作用及系统的安全保护和主要部件的备份等内容。

【学习目标】

(1)掌握DK-2制动系统的特点;
(2)掌握DK-2制动系统制动机中各主要部件的构造及作用;
(3)掌握DK-2制动系统制动机的控制关系;
(4)掌握DK-2制动系统制动机的综合作用;
(5)掌握DK-2制动系统制动机中的备用转换装置;
(6)掌握DK-2制动系统制动机模式的设置和操作问题。

随着科学技术的发展,电力、内燃机车普遍从直流传动技术向交流传动技术转变,机车制动机技术也从原来的逻辑控制方式向微机、网络控制转变。但微机、网络式控制的机车制动机技术均被德国克诺尔、法国法维莱、美国西屋等国外企业所垄断,机车制动系统对国外技术依赖性很强。为降低机车制造成本、掌握机车核心技术、满足自主创新的要求,原铁道部2005年决定立项研发具有自主知识产权的机车制动机新产品,要求株机公司在原DK-1型机车电空制动机的基础上,研制出具备完善的微机模拟控制、网络通信、故障智能诊断等信息化功能的新一代机车电空制动机——DK-2型制动系统。

2012年5月30日,原铁道部科技司会同运输局在北京组织召开了DK-2型机车制动机技术方案及装车试用评审。经评审,专家组一致认为,DK-2型机车制动机及机车轮盘制动装置技术方案可行,同意通过技术方案及装车试用评审,可小批量装车试用。

【学习任务】

任务一 DK-2型机车制动系统概述

一、DK-2型机车制动系统组成简介

DK-2型机车制动系统采用微机模拟控制技术,能实现列车自动制动与机车单独制动、空气制动与电制动的混合(空电联合制动)、断钩保护、列车充风流量检测、无动力回送、制

动重联、列车速度监控配合等制动基本功能，具备单机自检、故障诊断、数据记录与存储等智能化、信息化功能，具备 MVB、CAN 等网络通信接口，适应现代机车制动系统信息化以及网络控制的发展要求。

DK-2 型机车制动系统主要由 DK-2 型机车制动机（包括司机室制动操作部件、制动柜）和基础制动装置两部分组成，其在机车上的布置见图 5-1。

图 5-1　DK-2 型机车制动系统主要部件布置图

基础制动装置主要包括 JPXZ-1 型盘形制动器、JPX2-2 型盘形制动器、铸铁制动盘、闸片。其中，JPX2-1 型盘形制动器是不带停放制动功能的制动器，JPXZ-2 型盘形制动器是带有停放制动功能的制动器，轮装制动盘为整体式铸铁制动盘，闸片为符合 UIC541-3 标准的有机合成闸片。

二、DK-2 型机车制动系统主要性能指标

DK-2 型机车制动系统主要技术性能指标如下：

（1）制动机在列车制动管定压 500 kPa 或 600 kPa 时均能正常工作；

（2）制动机具有制动稳定性：当列车制动管压力从定压以每分钟小于 40 kPa 的速度下降时，机车制动机不起制动作用；

（3）制动机具有常用制动灵敏度：当列车制动管压力从定压以每秒钟 10～40 kPa 速度下降时，在列车制动管减压 35 kPa 前机车制动机产生制动作用；

（4）制动机具有紧急制动灵敏度：当列车制动管减压速度大于每秒 80 kPa 时，机车产生

紧急制动；

（5）制动机在常用全制动后使用运转位充气缓解时，机车制动缸压力从常用全制动最高压力降至 40 kPa 的时间小于 7 s（定压 500 kPa）或 8.5 s（定压 600 kPa）；

（6）列车制动管最小减压量为（50±5）kPa，机车制动缸压力为（100±10）kPa；

（7）列车制动管减压（140±5）kPa（定压 500 kPa）或（170±5）kPa（定压 600 kPa）时，机车制动缸产生常用全制动，制动缸最大压力为（360±15）kPa（定压 500 kPa）或（420±15）kPa（定压 600 kPa）；

（8）常用全制动时，机车制动缸从零升至常用全制动实际最大压力（符合最大压力规定范围）的时间为 6~8 s（定压 500 kPa）或 7~9.5 s（定压 600 kPa）；

（9）列车制动管减压 100 kPa，机车制动缸压力为 240~270 kPa；

（10）机车均衡风缸从 500 kPa 降至 360 kPa 或从 600 kPa 降至 430 kPa 的时间为 5~7 s 或 6~8 s；

（11）实施紧急制动时，机车列车制动管压力从定压降至零的时间小于 3 s，机车制动缸压力从零升至 400 kPa 的时间不大于 5 s，机车制动缸最高压力限制在 440~460 kPa；

（12）机车大闸手把处于运转位，操纵小闸手把，全制动时机车制动缸最高压力为（300±10）kPa，机车制动缸压力从零升至 285 kPa 的时间为 2~4 s。运转位缓解时，机车制动缸压力从 300 kPa 降至 40 kPa 的时间为 3~5 s。

任务二 DK-2 型机车制动系统主要部件组成

DK-2 型制动机是一种具有微机网络通信、模拟控制、故障诊断等信息化功能的机车电空联合制动机，主要由后备空气制动阀、制动控制器、显示屏等操作显示部件，以及制动柜内的紧急阀、分配阀、重联阀、中继阀、电空转换阀、放风阀、制动控制单元、传感器等组成，如图 5-2 所示；能实现列车自动制动与机车单独制动、断钩保护、空电联合制动、无动

图 5-2 DK-2 型机车制动机结构框图

力回送、列车充风流量检测、列车电空制动、制动重联、列车速度监控配合等制动基本功能，拥有单机自检、数据记录、存储等智能化、故障诊断与信息化功能，拥有 CAN、MVB 等网络通信接口，适应现代化机车制动机信息化以及网络控制的发展要求。

一、制动控制器

制动控制器是空气制动的主要操作部件，它的主要功能是：发送电信号指令到制动控制单元（BCU）上，为机车制动机提供自动制动和单独制动等指令，同时还拥有紧急位机械排风功能。

制动控制器具有两个操作手柄，自动制动控制手柄和单独制动控制手柄。这种操作方式符合 TB 2056 的要求，自阀手柄最前位为带排位（紧急位），往后拉依次为重联位、制动位、中立位、运行位、过充位，小闸手柄最前位为制动位，往后依次为中立位、运转位和缓解位，如图 5-3 所示。

自阀手柄在各位置的功能分别如下：

① 过充位：列车管快速充风，列车管压力应该超过定压的 30~40 kPa。

② 运行位：列车管按定压进行充风控制，是列车制动进行缓解和充风的位置。

③ 中立位：均衡风缸、列车管压力保压的位置。

④ 制动位：控制列车管压力降低，列车产生制动作用，与中立位组合控制列车管的不同减压量。

⑤ 重联位：机车制动机非操纵端以及无火回送、重联时自阀所放位置。

图 5-3 制动控制器

⑥ 紧急位：该位置设有列车管排风阀，能对机车制动或者列车制动机施行紧急制动，手柄置于这个位置，列车管压力以紧急速度放风到 0。

小闸手柄在各位置功能分别如下：

① 缓解位：这个位置用来单独缓解机车制动缸压力。

② 运行位：这个位置为机车正常运行时所放的位置，用来缓解小闸产生的机车制动缸压力。

③ 中立位：小闸制动缸保压的位置。

④ 制动位：机车单独制动压力，随着手柄在这个闸位的时间而变，机车制动缸最大单独的制动压力为（300±10）kPa。

二、制动显示屏

制动显示屏采用 10.4 英寸、点阵不低于 640×480TFT 彩色液晶显示器，如图 5-4 所示。显示屏操作系统选用 LINUX，上层应用程序采用了 QT 专业版开发工具，通过让 CAN 总线实现显示屏与 BCU 之间的实时通信。

该显示模块在 DK-2 型制动系统中的主要功能如下：

① 实时显示 BCU 钮子开关的状态信息；

图 5-4 制动显示屏

② 以风表和数值的形式显示总风压力值、列车管压力值、均衡风压缸压力值、前后制动缸压力值；
③ 以流量计的形式动态显示列车管的充风流量值；
④ 显示制动机操作的提示信息和故障信息；
⑤ 提供机车号、时间日期、软件版本号的形式及设置功能；
⑥ 单机自检、时间记录和传感器校准等列车诊断功能。

三、风压表

通过让管路与相应的压力容器连接，随时显示该时刻的总风压力、均衡压力、制动缸压力与列车管压力。风压表如图5-5所示。

图5-5 风压表

四、紧急按钮

当出现紧急情况时，司机可以按下紧急制动按钮（见图5-6），使列车或者机车实施紧急制动，顺时针旋转后可以复位。

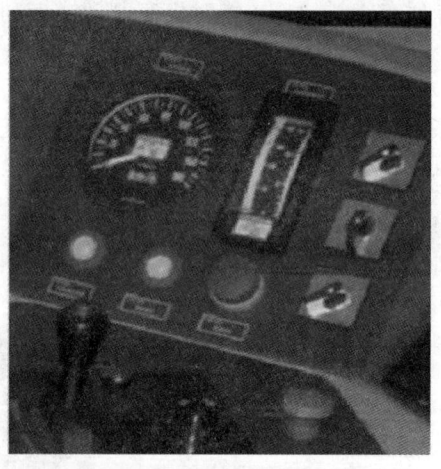

图5-6 紧急制动按钮

五、停放制动/缓解按钮

停放制动的主要作用是当机车处于停车状态时防止机车意外溜车，停放制动作为一种弹簧蓄能制动来实现。如图5-7所示，当按下红色按钮（停放制动按钮）时，这个按钮会发出红光，表示机车已经开始停放制动；当按下绿色按钮（缓解按钮）时，停放制动按钮红光熄灭，表示停放制动已经缓解。

图 5-7　停放制动/缓解按钮

六、后备制动

后备制动："空气位"时，通过让操作司机控制面板上的后备制动阀来实现，如图 5-8 所示。后备制动阀有 3 个作用位置：缓解位、制动位与中立位，其对外接有均衡风缸管总风调压阀管及一个排大气的缩孔。

操纵后备制动阀，能让均衡风缸排风减压制动和充风缓解，单缓按钮用于空气位时单缓机车。

图 5-8　后备制动

1—单缓按钮；2—后备制动阀；3—后备制动模块

七、车长阀

当突发紧急情况时，司机快速拉下车长阀（见图 5-9），可以让机车实施紧急制动。

图 5-9　车长阀

八、制动柜

DK-2 型制动机的制动柜如图 5-10 所示。

图 5-10 制动柜

1—骨架；2—安全联锁箱；3—主压缩机启停控制模块；4—停放制动控制模块；5—列车/均衡控制模块；
6—制动缸控制模块；7—撒砂控制模块；8—升弓控制模块；9—制动控制单元 BCU；
10—辅助压缩机组；11—停放制动风缸；12—升弓风缸；13—工作风缸

制动柜拥有几个主要模块：列车管压力控制模块、列车/均衡控制模块、制动缸控制模块、主压缩机启停控制模块、停放制动控制模块、撒砂控制模块、升弓控制模块等。其中，列车管压力控制模块的主要功能是控制列车管的初充风和再充风、常用制动排风和紧急制动排风、列车管前后遮断等。列车/均衡控制模块由中继阀、遮断阀、紧急阀、转换阀、电空转换阀、调压阀、流量计、塞门、传感器及气路板等部件组成，如图 5-11 所示。该模块中还包括两个小模块，即电空阀集成模块和均衡控制模块。列车/均衡控制管路如图 5-12 所示。

图 5-11 列车/均衡控制模块

图 5-12 列车/均衡控制模块管理原理

1. 均衡控制模块

均衡控制模块运用了高速电空阀、压力传感器一级 PWM 脉宽调制方式来对压力精确控制的 EP 闭环模拟控制模式，均衡风缸升压、减压速度都符合 TB/T 2056 相关规定。在 EP 闭环模拟控制模式下，制动控制单元接收自阀发送出的均衡风缸目标值命令，比较目标值与压力传感器反馈的均衡风缸实时压力值，通过对排气、进气高速电空阀的 PWM 控制，达到精确控制均衡风缸压力的目的。保护电空阀可以确保系统失电时均衡风缸的自动减压排风，实现失电常用制动。均衡控制模块如图 5-13 所示，其代号、部件及其功能如表 5-1 所示。

图 5-13 均衡控制模块

表 5-1 均衡控制模块部件及其功能

代 号	部 件	功 能
257YV	制动电空阀	控制均衡风缸的排风
258YV	缓解电空阀	控制均衡风缸的充风

续表

代　号	部　件	功　能
263YV	保护电空阀	制动系统失电时让均衡风缸排风
259YV	重联电空阀	制动系统得电时沟通列车制动管和均衡风缸，让中继阀失去控制制动管压力的能力
55	均衡风缸调压阀	调节进入均衡模块的总风压力值（整定值为650 kPa）
271	压力检测口	用于检测经过调压阀 55 调压后的总风缸压力值
153	电空转换阀	实现电空位和空气位的转换
272	压力检测口	用于检测均衡风缸的压力值
205BP	压力传感器	采集均衡风缸的压力值

2．制动缸控制模块

制动缸控制模块的主要功能是根据系统命令输出制动缸的压力，实现预控风缸闭环控制、电子分配阀和空气分配阀切换、机车单缓等功能。它还包括一个小模块，即闸缸预控模块，如图 5-14 所示。制动缸控制模块管路原理如图 5-15 所示。

图 5-14　制动缸控制模块

图 5-15 制动缸控制模块管路原理

3. 分配阀

分配阀是 DK-2 型机车制动机的重要部件之一，它根据列车管压力，由此间接控制机车制动缸的制动、保压和缓解。分配阀主要由阀体、主阀部、均衡部、紧急增压部组成，另设工作风缸、容积室等，如图 5-16 所示。

图 5-16 分配阀

4. 重联阀

重联阀能使乘务员只需要操作本务机车制动机，就可以保证重联机车的制动与缓解作用与本务机车协调一致，如图 5-17 所示。

图 5-17 重联阀

5. 制动控制单元（BCU）

BCU 是制动机的核心控制部件，用来实时、快速地处理制动机模拟量、网络通信数据以及制动机信息化数据，实现机车制动机控制、状态监控及故障诊断、显示、报警、数据记录存储、网络通信等功能，如图 5-18 所示。为了与 CCU 交换制动系统的信号，制动控制单元与 CCU 的接口通过 MVB 连接进行通信；并采用 CAN 总线实现制动机内部显示设备之间的通信。

图 5-18 制动控制单元 BCU

6. 主压缩机启停控制模块

当总风压力低于 680 kPa 时，主压缩机压力控制器（整定值为 680 kPa）会使两台空气压缩机同时工作；当总风压力低于 750 kPa 时，主压缩机压力控制器（整定值为 750 kPa）会使一台空气压缩机工作；总风连管压力检测口用于检测总风连管压力值；总风压力传感器用于采集总风压力值，如图 5-19 所示。

图 5-19 主压缩机起停控制模块

1—主压缩机压力控制器（整定值为 680 kPa）；2—总风压力传感器；3—总风连管压力检测口；
4—主压缩机压力控制器（整定值为 750 kPa）

7. 停放制动模块

停放制动调压阀调节进入停放制动模块的总风压力，整定压力值为 550 kPa；停放制动双脉冲电磁阀控制着停放制动缸的充风与排风，按压红色按钮施加停放制动，按压绿色按钮缓解停放制动；停放制动塞门控制停放制动管的通断，当塞门处于关闭位时，会将停放制动缸压力空气排到大气；双向阀会输出闸缸压力和停放制动压力中比较大者到停放缸，防止停放制动力和闸缸制动力的叠加；当停放制动管压力达到 480 kPa 后，停放制动压力开关闭合，传输停放完全缓解信号给 CCU；停放制动管压力检测口也会实时检测停放制动管压力，如图 5-20 所示。

图 5-20 停放制动模块

1—停放制动调压阀；2—双向阀；3—停放制动压力开关；4—停放制动塞门；
5—停放制动管压力检测口；6—停放制动双脉冲电磁阀

任务三　DK-2 型制动系统综合作用

机车制动机的综合作用习惯上是根据大闸和小闸各手柄位置的变换（该变换是由操纵列车/机车实际运行情况而决定）而确定机车制动机各主要部件之间的相互关系和作用规律。

DK-2 型机车制动机的综合作用按自动制动作用、单独制动作用和备用制动作用三方面重点予以介绍。

一、DK-2 型制动系统的自动制动

自动制动作用就是 DK-2 型机车制动机处于电空位,非操纵端大闸置于重联位,非操纵端小闸置于运转位,操纵端小闸也置于运转位,操纵大闸手柄在各个位置时的综合作用。该作用用于操纵全列车的制动、保压和缓解。

自动制动通过操纵自动制动手柄放置在不同位置,控制均衡风缸压力,再通过中继阀控制列车制动管压力,进而通过电子分配阀控制制动缸压力。

(一)大闸运转位,小闸运转位

这个位置是列车运用中大闸手柄经常放置的位置,是向全列车初充风、再充风缓解列车制动以及列车正常运行所采用的位置。

1. 电 路

(1)主要输入电路:

① 导线 801(电源)→大闸 1AC→导线 803→BCU(输入板第 10 点灯亮);
② 导线 801(电源)→大闸 1AC→导线 807→BCU(输入板第 9 点灯亮);
③ 导线 801(电源)→小闸 1AC→导线 814→BCU(输入板第 2 点灯亮);
④ 导线 801(电源)→小闸 1AC→导线 815→BCU(输入板第 1 点灯亮)。

(2)主要输出电路:

① 保护电空阀 263YV 得电 BCU(输入板第 2 点灯亮);
② 转换电空阀 262YV 得电 BCU(输入板第 7 点灯亮);
③ 缓解高速电空阀(BCU、PWM 板第 1 点灯亮,当均衡风缸压力充到定压的时候灯灭);
④ 单缓高速电空阀 261YV 得电(BCU、PWM 板第 4 点灯亮,当制动缸压力缓解到 0 kPa 的时候灯灭)。

2. 气 路

(1)总风→塞门 157→调压阀 55(整定值为 650 kPa)→缓解高速电空阀 258YV→保压电空阀 263YV→转换阀 153→均衡风缸(压力上升到列车制动管定压)。

(2)总风遮断阀 181 左侧压力空气→遮断电空阀→大气。

(3)列车制动管遮断阀 182 左侧压力空气→遮断电空阀→大气。

(4)总风→塞门 134→转换电空阀 262YV→切换阀 192(沟通预控风缸和分配风缸均衡的通路)。

(5)分配阀均衡部压力空气→作用管→切换阀 192→预控风缸→单缓高速电空阀 261→大气。

(二)大闸初制动位,小闸运转位

将大闸置于这个位置,会让列车制动管产生一个最小减压量 45~55 kPa,制动缸压力上升到 90~110 kPa。

1. 电 路

(1)主要输入电路:

① 导线 801(电源)→大闸 1AC→导线 807→BCU(输入板第 9 点灯亮);

② 导线 801（电源）→大闸 1AC→导线 806→BCU（输入板第 7 点灯亮）；
③ 导线 801（电源）→小闸 1AC→导线 814→BCU（输入板第 2 点灯亮）；
④ 导线 801（电源）→小闸 1AC→导线 815→BCU（输入板第 1 点灯亮）。

（2）主要输出电路：

① 保护电空阀 263YV 得电（BCU 输入板第 2 点灯亮）；

② 转换电空阀 262YV 得电（BCU 输入板第 7 点灯亮）；

③ 中立电空阀 26YV 得电（BCU 输入板第 4 点灯亮）；

④ 制动高速电空阀 257YV 得电（BCU、PWM 板第 2 点灯亮，当列车制动管压力完成规定的减压量后灯灭）；

⑤ 单制动高速电空阀 260YV 得电（BCU、PWM 板第 3 点灯亮，当制动缸压力充至规定的压力的时候灯灭）。

2．气　路

（1）由于缓解高速电空阀 258YV 得电，它的充风口关闭，切断了均衡风缸的充风通路。而此时的制动高速电空阀 257YV 得电，所以均衡风缸压力空气→转换阀 153→制动高速电空阀 257YV→大气。

（2）总风→塞门 157→中立电空阀 253YV→总风遮断阀 181 左侧，切断总风进入中继阀的通路。

（3）列车制动管遮断阀 182 左侧压力空气→遮断电空阀→大气。

（4）总风→塞门 134→转换电空阀 262YV→切换阀 192（沟通预控风缸和分配阀均衡部的通路）。

（5）总风→塞门 134→调压阀 51（整定压力位 482 kPa）→单制高速电空阀 260YV→预控风缸→切换阀 192→作用管→分配阀均衡部。

（三）大闸制动区（包括全制动），小闸运转位

这个区间是操纵列车进行常用制动的主要区间，大闸手柄在制动区移动，可以控制列车制动管减压量的大小。

1．电　路

（1）主要输入电路：

① 导线 801（电源）→大闸 1AC→导线 806→BCU（输入板第 7 点灯亮）；

② 导线 801（电源）→小闸 1AC→导线 814→BCU（输入板第 2 点灯亮）；

③ 导线 801（电源）→小闸 1AC→导线 815→BCU（输入板第 1 点灯亮）。

（2）主要输出电路：

① 保护电空阀 263YV 得电（BCU 输入板第 2 点灯亮）；

② 转换电空阀 262YV 得电（BCU 输入板第 7 点灯亮）；

③ 中立电空阀 26YV 得电（BCU 输入板第 4 点灯亮）；

④ 制动高速电空阀 257YV 得电（BCU、PWM 板第 2 点灯亮，当列车制动管压力完成规定的减压量后灯灭）；

⑤单制动高速电空阀 260YV 得电（BCU、PWM 板第 3 点灯亮，当制动缸压力充至规定

的压力的时候灯灭）。

2. 气　路

（1）由于缓解高速电空阀 258YV 得电，它的充风口关闭，切断了均衡风缸的充风通路。而此时的制动高速电空阀 257YV 得电，所以均衡风缸压力空气→转换阀 153→制动高速电空阀 257YV→大气。

（2）总风→塞门 157→中立电空阀 253YV→总风遮断阀 181 左侧，切断总风进入中继阀的通路。

（3）列车制动管遮断阀 182 左侧压力空气→遮断电空阀→大气。

（4）总风→塞门 134→转换电空阀 262YV→切换阀 192（沟通预控风缸和分配阀均衡部的通路）。

（5）总风→塞门 134→调压阀 51（整定压力位 482 kPa）→单制高速电空阀 260YV→预控风缸→切换阀 192→作用管→分配阀均衡部。

（四）大闸抑制位，小闸运转位

这个位置是制动机开机解锁和惩罚制动解锁的工作位置，同时会使列车制动管产生最大常用制动减压量。

1. 电　路

（1）主要输入电路：

① 导线 801（电源）→大闸 1AC→导线 805→BCU（输入板第 6 点灯亮）；

② 导线 801（电源）→小闸 1AC→导线 814→BCU（输入板第 2 点灯亮）；

③ 导线 801（电源）→小闸 1AC→导线 815→BCU（输入板第 1 点灯亮）。

（2）主要输出电路：

① 保护电空阀 263YV 得电（BCU 输入板第 2 点灯亮）；

② 转换电空阀 262YV 得电（BCU 输入板第 7 点灯亮）；

③ 中立电空阀 26YV 得电（BCU 输入板第 4 点灯亮）；

④ 制动高速电空阀 257YV 得电（BCU、PWM 板第 2 点灯亮，当列车制动管压力完成规定的减压量后灯灭）；

⑤ 单制动高速电空阀 260YV 得电（BCU、PWM 板第 3 点灯亮，当制动缸压力充至规定的压力的时候灯灭）。

2. 气　路

（1）由于缓解高速电空阀 258YV 得电，它的充风口关闭，切断了均衡风缸的充风通路。而此时的制动高速电空阀 257YV 得电，所以均衡风缸压力空气→转换阀 153→制动高速电空阀 257YV→大气。

（2）总风→塞门 157→中立电空阀 253YV→总风遮断阀 181 左侧，切断总风进入中继阀的通路。

（3）列车制动管遮断阀 182 左侧压力空气→遮断电空阀→大气。

（4）总风→塞门 134→转换电空阀 262YV→切换阀 192（沟通预控风缸和分配阀均衡部

的通路）。

（5）总风→塞门134→调压阀51（整定压力为482 kPa）→单制高速电空阀260YV→预控风缸→切换阀192→作用管→分配阀均衡部。

（五）大闸重联位，小闸运转位

这个位置是重联机车的运行位，也是换端操作时钥匙取出位和非操纵端使用的位置，同时重联位还具有制动机开机解锁功能。制动机正常运行时，如果把操纵端大闸长时间处于重联位，均衡风缸会以常用减压速率减压到 0 kPa，列车制动管压力减为 35~85 kPa。在减压过程中，当列车制动管减压量达到常用制动最大减压量后，再将大闸放到抑制位，可以保住列车制动管压力。当列车制动管压力减到 260 kPa 以下时，制动机自动视为紧急制动，制动缸压力上升到（450±10） kPa。

1. 电　路

（1）主要输入电路：

① 导线801（电源）→大闸1AC→导线821→BCU（输入板第5点灯亮）；

② 导线801（电源）→小闸1AC→导线814→BCU（输入板第2点灯亮）；

③ 导线801（电源）→小闸1AC→导线815→BCU（输入板第1点灯亮）。

（2）主要输出电路：

① 保护电空阀263YV得电（BCU输入板第2点灯亮）；

② 转换电空阀262YV得电（BCU输入板第7点灯亮）；

③ 中立电空阀26YV得电（BCU输入板第4点灯亮）；

④ 制动高速电空阀257YV得电（BCU、PWM板第2点灯亮，当列车制动管压力完成规定的减压量后灯灭）；

⑤ 单制动高速电空阀260YV得电（BCU、PWM板第3点灯亮，当制动缸压力充至规定的压力的时候灯灭）：

⑥ 当机车处于补机模式或者单机模式，重联电空阀259YV得电（BCU输出板第6点灯亮）。

⑦ 当机车处于补机模式或者单机模式，遮断电空阀255YV得电（BCU输出板第5点灯亮，仅当机车处于补机模式或者单机模式）。

2. 气　路

（1）由于缓解高速电空阀258YV得电，它的充风口关闭，切断了均衡风缸的充风通路。而此时的制动高速电空阀257YV得电，所以均衡风缸压力空气→转换阀153→制动高速电空阀257YV→大气。

（2）总风→塞门157→中立电空阀253YV→总风遮断阀181左侧，切断总风进入中继阀的通路。

（3）补机模式或者单机模式：列车制动管→重联电空阀259YV→转换阀153→均衡风缸。

（4）总风→塞门134→转换电空阀262YV→切换阀192（沟通预控风缸和分配阀均衡部的通路）。

（5）总风→塞门134→调压阀51（整定压力为482 kPa）→单制高速电空阀260YV→预

控风缸→切换阀 192→作用管→分配阀均衡部。

（6）补机或者单机模式：总风→塞门 157→遮断电空阀 255YV→列车制动管遮断阀 182 左侧，切断列车制动管进入中继阀的通路。

（六）大闸紧急位，小闸运转位

这个位置是列车运行中紧急停车所使用的位置。

1. 电　路

（1）主要输入电路：

① 导线 801（电源）→大闸 1AC→导线 804→BCU（输入板第 8 点灯亮）；

② 导线 801（电源）→大闸 1AC→导线 806→BCU（输入板第 7 点灯亮）；

③ 导线 801（电源）→小闸 1AC→导线 814→BCU（输入板第 2 点灯亮）；

④ 导线 801（电源）→小闸 1AC→导线 815→BCU（输入板第 1 点灯亮）；

⑤ 导线 801（电源）→大闸 1AC→导线 821→BCU（输入板第 5 点灯亮）。

（2）主要输出电路：

① 保护电空阀 263YV 得电 BCU（输入板第 2 点灯亮）；

② 中立电空阀 253YV 得电 BCU（输入板第 4 点灯亮）；

③ 制动高速电空阀 257YV 得电（BCU、PWM 板第 2 点灯亮，当列车制动管压力完成规定的减压量后灯灭）；

④ 单缓高速电空阀 260YV 得电（BCU、PWM 板第 3 点灯亮，当预控风缸压力充至规定压力时灯灭）；

⑤ 重联电空阀 259YV 得电 BCU（输入板第 6 点灯亮）；

⑥ 紧急电空阀 264YV、265YV 得电 BCU（输入板第 1 点灯亮）。

2. 气　路

① 由于转换电空阀 262YV 失电，切断了预控风缸和分配阀均衡部的通路，同时让分配阀容积室和均衡部沟通，紧急制动时分配阀均衡部的压力空气来自容积室而并非预控风缸。

② 总风→塞门 157→紧急电空阀 264YV→板式放风阀 98 膜板下方（沟通列车制动管排大气的通路）。

③ 总风→塞门 157→紧急电空阀 265YV→板式放风阀 94 膜板下方（沟通列车制动管排大气的通路）。

④ 由于列车制动管压力急剧下降，紧急室压力来不及通过缩孔逆流到列车制动管，紧急棘轮失去平衡下移并压下夹心阀，开放列车制动管排风阀口，进一步加速列车制动管的排风，同时带动下部电联锁改变电路。

⑤ 总风→塞门 157→中立电空阀 253YV→总风遮断阀 181 左侧，切断总风进入中继阀的通路。

⑥ 均衡风缸压力空气→转换阀 153→制动高速电空阀 257YV→大气。

⑦ 均衡风缸→转换阀 153→重联电空阀 159YV→列车制动管（随着列车制动管排入大气）。

⑧ 总风→塞门134→调压阀51（整定压力为480 kPa）→单制高速电空阀260YV→预控风缸。

注意：当 BCU 的电空联合制动钮子开关投入时，自动制动和电制动必须实现互锁，制动控制单元将通过MVB接口发送自动制动控制器的命令到机车主控制系统CCU，此时CCU会判断是用空气制动还是用电制动来完成制动目标，在机车电制动投入的时候，制动缸压力会被缓解。

如果电制动系统失效，电制动将会被切除，自动制动和电制动互锁无效，根据大闸制动要求投入空气制动。

二、DK-2型制动系统的单独制动作用

单独制动作用，就是DK→2型机车电空制动机处于电空位，非操纵端大闸置于重联位，非操纵端小闸置于运转位，操纵端大闸处于运转位，操纵小闸手把在各个位置时的综合作用。它还包括大闸处于制动区或紧急位，小闸手把放在侧压缓解位时的综合作用。这个作用用于单独操纵机车的制动、保压和缓解。

单独制动以空气制动为基础来实现，由本务机车的司机专门操作，单独制动主要用于调车。

操纵小闸仅会让机车产生单独制动而不会影响列车制动管压力。小闸手把放在制动区时，会引起本务机车和重联机车制动；小闸手柄放在运转位时，会缓解本务机车和重联机车。

单独制动具有阶段缓解和阶段制动功能。

（一）大闸运转位，小闸初制动位

这个位置是小闸在制动区的起始位置，小闸位于这个位置的时候，机车制动缸不会产生压力。

1. 电　路

（1）主要输入电路：

① 导线801（电源）→大闸1AC→导线803→BCU（输入板第10点灯亮）；
② 导线801（电源）→大闸1AC→导线807→BCU（输入板第9点灯亮）；
③ 导线801（电源）→小闸1AC→导线813→BCU（输入板第3点灯亮）；
④ 导线801（电源）→小闸1AC→导线815→BCU（输入板第1点灯亮）。

（2）主要输出电路：

与大闸运转位，小闸运转位一样。

2. 气　路

与大闸运转位，小闸运转位一样。

（二）大闸运转位，小闸制动区（包含全制动）

这个区间是操纵机车进行单独制动的主要区间，小闸手柄在制动区移动，可以控制机车制动缸压力在 0~300 kPa，全制动时机车制动缸压力达到最大 300 kPa，在这个区间小闸能阶段缓解。

1. 电　路

（1）主要输入电路：

① 导线 801（电源）→大闸 1AC→导线 803→BCU（输入板第 10 点灯亮）；

② 导线 801（电源）→大闸 1AC→导线 807→BCU（输入板第 9 点灯亮）；

③ 导线 801（电源）→小闸 1AC→导线 813→BCU（输入板第 3 点灯亮）。

（2）主要输出电路：

① 保护电空阀 263YV 得电 BCU（输入板第 2 点灯亮）；

② 转换电空阀 262YV 得电 BCU（输入板第 7 点灯亮）；

③ 单制高速电空阀 260YV 得电（BCU、PWM 板第 3 点灯亮，当制动缸压力充至规定压力时灯灭）。

2. 气　路

（1）总风→塞门 134→转换电空阀 262YV→切换阀（沟通预控风缸和分配阀均衡部的通路）。

（2）总风→塞门 134→调压阀（整定压力为 480 kPa）→单制高速电空阀 260YV→预控风缸→切换阀 192→作用管→分配均衡部。

（三）小闸侧压缓解位

把小闸手柄放在侧压缓解位，可以单独缓解大闸产生的机车制动缸压力。常用制动单独缓解不能被恢复，这就意味着机车制动缸压力将不能随着小闸手柄返回而恢复；紧急制动后的单缓可以被恢复，即紧急制动后的制动缸压力被小闸侧压缓解后，随着小闸手柄复原，制动缸压力升到 450 kPa。

1. 电　路

（1）主要输入电路：

① 导线 801（电源）→大闸 1AC→导线 803→BCU（输入板第 10 点灯亮）；

② 导线 801（电源）→大闸 1AC→导线 807→BCU（输入板第 9 点灯亮）；

③ 导线 801（电源）→小闸 1AC→导线 810→BCU（输入板第 25 点灯亮）。

（2）主要输出电路：

① 保护电空阀 263YV 得电（BCU 输入板第 2 点灯亮）；

② 转换电空阀 262YV 得电（BCU 输入板第 7 点灯亮）；

③ 单缓高速电空阀 260YV 得电（BCU、PWM 板第 4 点灯亮，当制动缸压力缓解到相应的压力时灯灭）；

④ 紧急后的侧压缓解强缓电空阀 246YV 得电（BCU 输入板第 10 点灯亮）。

2. 气　路

（1）常用制动侧压缓解：

① 总风→塞门 134→转换电空阀 262YV→切换阀（沟通预控风缸和分配阀均衡部的通路）。

② 分配阀均衡部压力空气→作用管→切换阀 192→预控风缸→单缓高速电空阀 261YV

→大气。

（2）紧急制动侧压缓解：

①总风→塞门134→转换电空阀262YV→切换阀（沟通预控风缸和分配阀均衡部的通路）。

②分配阀均衡部压力空气→作用管→强缓电空阀246YV→大气。

三、DK-2型制动系统的备用制动作用

为了确保行车安全，DK-2型制动系统设置了备用制动作用。备用制动作用只是作为电空位故障的一种应急制动措施。备用制动不具备电空位制动时那样的齐全功能，而只能保证控制全列车的制动、缓解的基本功能。

任务四　DK-2型电空制动机风源系统

一、风源系统概述

HXD_1型机车风源系统分为两个相对独立的部分：一部分为由主空气压缩机组、主空气干燥器、总风缸等组成的主风源系统；另一部分为由辅助压缩机组、辅助干燥系统、风缸及连接管路等组成的辅助风源系统。

主风源系统负责在机车正常运行时，生产并提供高质量、洁净、干燥和稳定的压缩空气。HXD_{1D}型机车主风源系统与国内其他各型电力机车主风源系统基本相同，其原理如图5-21所示。

图5-21　HXD_{1D}型电力机车主风源系统原理图

A1—主压缩机组；A2—空气压缩机出风软管；A3—安全阀；A4—空气干燥器；A5—精细滤油器；
A7—高压安全阀；A10—截断塞门；A11—总风缸；A12—排水阀；A17—止回阀；B02—限流阀；
B03—压力开关；B04—压力测试口；B77—总风软管转接器；B81—折角塞门；B83—防撞塞门

压缩机输出的压力空气经连接管路进入空气干燥器，压缩机与干燥器之间设有安全阀，干燥器处理后的压力空气经止回阀进入总风缸备用。两个总风缸串联布置，总风联管设在两个总风缸之间，并且总风缸之间设有止回阀，可防止断钩时总风风源全部流失，保证机车制动系统停车所需风源。与以往机车不同，HXD_{1D}型机车主风源系统止回阀与总风缸之间设有高压安全阀，用于总风缸压力过高时起保护作用。

二、主空气压缩机组

HXD$_{1D}$型机车每单节车采用一台 TSA-230AD 型或 BT-3.0/lOAD 型螺杆空气压缩机组。螺杆空气压缩机组由四大主要部件构成：驱动装置、空气压缩机组体、风冷却装置和底座。它们用螺栓连接在一起，组成一个紧凑的机组，底座以上的设备通过弹性减振器平稳地固定在钢制的共用底座上。共用底座将这些部件连成一个整体，通过其下方的 4 个安装孔固定在机车上，如图 5-22、图 5-23 所示。压缩机位于机械间压缩空气柜旁。

图 5-22　TSA-230AD 型主压缩机　　　图 5-23　BT-3.0/10AD 型主压缩机

1. 压缩机构造

TSA-230AD 型螺杆式空气压缩机的主要特点是效率高、振动小、噪声低、运转平稳可靠、易损件少、维修成本低。其外形结构如图 5-24 所示。

图 5-24　TSA-230AD 型螺杆式空气压缩机结构

1—温控阀；2—油细分离器；3—进气阀；4—压力开关；5—空气滤清器；6—蜗壳；7—中托架；8—电机；9—输气接口；10—减振器；11—底座；12—冷却器卸油口；13—冷却器；14—风机后盖；15—油过滤器；16—泄油阀；17—油气筒；18—温控开关；19—电控箱；20—螺杆组；21—安全阀

2. 工作原理

TSA-230AD 型螺杆式空气压缩机是一种双轴回转容积式压缩机,电机通过联轴器直接驱动压缩机转子,转子为两个互相啮合的螺杆,具有非对称的啮合型面,并在一个铸铁壳体内旋转。其压缩原理为 4 个过程,如图 5-25 所示。

(a) 吸气终了 (b) 压缩

(c) 压缩终了 (d) 排出气体

图 5-25 一个齿槽容积的工作过程

(1) 吸(进)气过程。

当转子转动时,主、副转子的齿沟在转至进气口时,其空间最大,转子的齿沟空间与进气口自由空气相通,外界空气即被吸入,沿轴向流入主、副转子的齿沟内。当空气充满了整个齿沟时,转子齿沟的进气侧端面转离了机壳的进气口,在齿沟间的空气即被封闭,以上为"进气过程"。

(2) 封闭及输送过程。

主、副两转子在吸气终了时,主、副转子齿峰与机壳封闭,此时空气在齿沟内封闭不再外流,即"封闭过程"。两转子继续转动,齿峰与齿沟在吸气端吻合并逐渐向排气端移动,此即"输送过程"。

(3) 压缩及喷油过程。

在输送过程中,啮合面逐渐向排气端移动,啮合面与排气口间的齿沟空间逐渐减小,齿沟内气体逐渐被压缩,压强升高,此即"压缩过程"。压缩的同时,润滑油亦因压力差的作用而喷入压缩室内与空气混合。压缩机凭借其自身所产生的压力差不断向压缩室及轴承喷入润滑油。

润滑油主要有 3 个作用:

① 润滑作用:润滑油可以在转子之间形成油膜,避免转子间的接触,减少了摩擦。

② 密封作用:润滑油产生的油膜能对压缩空气产生密封作用,提高了压缩机的容积效率。

③ 冷却作用:由于润滑油吸收了大量的压缩热,使压缩过程接近于等温压缩,降低了压缩机的比功率。

此外，润滑油还能降低高频压缩机产生的噪声。

（4）排气过程。

当转子的压缩气腔（齿沟）转到与机壳排气口相通时（压缩气体压力最高），被压缩的气体开始排出，直至齿沟的啮合面移至排气端面，此时两转子的啮合面与机壳排气口间的齿沟空间为零，即完成"排气过程"。与此同时，转子啮合面与机壳进气口之间的齿沟长度又达到最长，其吸气过程又在进行。

三、空气干燥器

HXD_{1D}型机车每单节车采用一台TAD-2.3-H型空气干燥器（见图5-26），用来清除压缩空气中所含的水、油、尘埃等杂质，其空气处理量为 4.8 m^3/min。TAD-4.8-H型空气干燥器是一种两室吸附式双塔干燥器，并带有能自动排水的冷凝器和干燥器控制单元。空气干燥器由两个干燥塔、进气阀、排气阀、出气止回阀、电控器、离心式油水分离器及安装架等组成。通过电控器和电控阀对进气阀、排气阀和出气止回阀的控制，使两个干燥塔定时在吸附、再生和充气3种状态下周期性地转换，保证处理后的空气达到相应指标，满足机车、车辆用风要求。

图 5-26 TAD-2.3-H 型空气干燥器

四、其他风源部件

1. 精油过滤器

精油过滤器用于去除压缩空气中的残油。它装在压缩空气管路中，位于空气干燥设备后面。空气干燥器中的油分离器分离出大量来自压缩机的油（油消耗）。但是，仍有残留的油被传送到空气系统中，特别是在油温高时，这些油在温度较低、流量较小处缓慢流动而沉淀下来，设备长时间运行之后，就可能在此处导致故障。为了避免此类故障，在空气干燥器之后再使用一个附加的精油过滤器。精油过滤器构造如图5-27所示。

图 5-27 精油过滤器

1—过滤元件；2—螺纹杆；3，4—O 形圈；5—手动卸放阀；6—铭牌

过滤元件是用螺丝固定在装于阀箱（过滤器端部）中间的螺纹杆上的，并通过端帽自行密封。

2. 安全阀

安全阀是压缩空气供给设备的组成部分。安全阀 A3 可防止下游空气干燥设备过压，当压力达到设定的（1 100±20）kPa 时阀门打开；安全阀 A7 可防止上游空气干燥设备过压，当压力达到厂方设定的（950±20）kPa 时阀门打开。

（1）安全阀构造如图 5-28 所示。

图 5-28 安全阀结构

1—阀箱；2—出气口；3—阀座；4—活塞；5—密封圈；6—压缩弹簧；7—盖；8—弹簧支撑套筒；
9—手柄；10—圆柱销；11—接口螺纹

（2）作用原理。

运行中活塞（4）在其位于阀座直径内的底面上被加上压缩空气气压。由此产生的压力反

向作用于压缩弹簧（6），正常情况下，压缩弹簧的弹簧力大于压缩空气气压产生的压力，从而保持阀门关闭。如果设备中的压缩空气压力超过允许的工作压力，则压力大于压缩弹簧（6）的弹力，活塞（4）推动压缩弹簧（6）向上运动。在密封圈（5）和阀座（3）之间形成一个环状间隙，压缩空气通过此间隙从出气口（2）进入大气。

当阀门前的压力继续上升时，同样也在向上运动的活塞（4）会使得产生的环形间隙越来越大，在某个特定的点上会出现提升效应，活塞（4）突然向上运动，从而产生一个很大的排气截面，阀门保持开启，直至阀门前的压力下降后活塞（4）便向下朝着阀座（3）方向运动。当压力下降到低于设定压力时，活塞（4）中的密封环（5）自动置于阀座（3）上将排气通路切断，于是阀门关闭。

3. 截断塞门

截断塞门用于机车无火回送操作。当机车进行无火回送操作时关闭该塞门，机车只有第二总风缸投入运用，保证机车快速达到无火行车状态。

4. 总风缸

总风缸用于储存空气（见图 5-29）。HXD$_{1D}$ 型电力机车每节车上设两个总风缸，总容量为 2 000 L。

图 5-29　总风缸

五、辅助风源系统

在机车库停时间较长、总风缸中压缩空气压力不够的情况下，由辅助风源系统负责为机车供电系统从电网取电提供初始风源。HXD$_{1D}$ 型机车辅助风源系统与以往的机车辅助风源系统相比，增设了辅助空气干燥系统，并将辅助压缩机组、辅助干燥系统布置在一个结构紧凑的柜体内，形成辅助风源系统模块，如图 5-30 所示。该装置主要由机架、无油活塞式压缩机组和干燥系统组成。

图 5-30　HXD$_{1D}$ 型机车辅助风源系统

如图 5-31 所示，辅助压缩机组的压缩机（6）经吸气过滤器（8）吸入大气，经压缩机压缩后再通过管道（5）送入干燥系统（1），经过辅助空气干燥系统处理后，由过滤器（9）清洁干燥后的压缩空气经压力管（4）和止回阀（7）送入辅助风缸（3），辅助风缸布置在机架上。辅助风源系统还设有安全阀，用以控制辅助风源系统压力不超过最大限定值。辅助压缩机组采用无油活塞式压缩机，其启停受机车控制电路控制。压缩机组的气缸盖上还设有温度传感器，用以控制辅助压缩机组在规定温度范围内正常运行。

图 5-31　HXD_{1D} 型机车辅助风源系统结构示意图
1—干燥系统；2—机架；3—辅助风缸；4—压力管；5—管道；6—无油活塞式压缩机组；
7—止回阀；8—吸气过滤器；9—过滤器

辅助干燥系统主要包括吸附式单塔干燥器、再生风缸、过滤器、自动排水阀、加热装置、消音器等。吸附式单塔干燥器再生方式为无热再生，当压缩机组停机时，再生风缸内干燥的压缩空气经过干燥筒和消音器后排入大气，同时将干燥筒处积累的水自动排出，空气干燥器完成再生。加热装置用于防止干燥器在工作过程中出现冻结现象。过滤器用于过滤干燥后空气中的粉尘。经辅助干燥系统处理后的压缩空气质量满足 1SO8573 含尘埃等级 3、含油等级 4 和含水等级 3 的标准要求。

六、DK-2 型制动系统的基础制动装置

基础制动装置主要包括 JPXZ-1 型盘形制动器、JPXZ-2 型盘形制动器、铸铁制动盘、闸片与制动指示器，如图 5-32 ~ 5-35 所示。

图 5-32　JPXZ-1 型盘形制动器　　图 5-33　JPXZ-2 型盘形制动机

图 5-34 铸铁制动盘

图 5-35 闸片

JPXZ-1 型盘形制动器由单元制动缸、闸片间隙调整机构、丝杆复位机构、夹钳四大部分组成。JPXZ-2 型盘形制动器在 JPXZ-1 型盘形制动器的基本结构上，增加了弹簧停放制动部分，提供行车制动力与停放制动力。TJLP01 型制动盘安装在车轮辐板两侧，采用合金铸铁铸造而成。

任务五　DK-2 型制动系统的故障处理

一、故障处理分类

由于 DK-2 型制动系统与一般机车空气制动系统在结构、性能以及操作方面有大的不同，故障的性质与特征也不同，造成故障的原因也比较复杂，一般可以分为控制电路、阀类部件、管路以及连接部分和操作不当四方面的故障。

1. 控制电路故障

DK-2 型机车制动系统的操纵与转换控制系统采用电控制方式，因此会出现一些控制电路故障。例如，接线头、插座、插头的虚接和电子元件的虚焊会造成控制功能的错误；而开关接点不良、电空阀线圈断路和控制导线的短路、接地等会造成执行部件不动作。

2. 阀类部件故障

在 DK-2 型机车制动系统中，阀类部件的故障会直接影响到气路的作用。这一类故障大多是发生在阀类部件内的滑动部件上。例如，由于缺少油脂的润滑，各种部件和分配阀的滑阀、节制阀会出现卡滞，造成风路不能沟通；由于动作频繁和老化的原因，弹簧件会失效，影响阀类部件的正常动作；橡胶件会出现龟裂，造成窜风和漏风，使阀类部件不能动作或者性能下降。同样，阀类部件内的小孔堵塞也会影响阀类部件的作用。

3. 管路以及连接部分故障

这一类故障的现象一般比较明显，主要表现在堵塞和泄漏，也有部分阀座内部的暗孔内泄引起的窜风。例如，管道内部混合的机械杂质会在管道弯曲部分或者变径处造成堵塞，管接头和部件安装面则会经常发生泄漏现象。

4. 操作不当造成的故障

DK-2 型机车制动系统是一个比较复杂的系统，司机在使用机车前，必须全面学习并掌握 DK-2 型机车制动系统的功能与作用，并且按照制动系统的操作方法来操作机车，如果违反了操作方法或者操作不当，也会使制动系统出现故障。例如，塞门开闭不对、重联装置位置不对、非操纵端大闸和小闸的手柄位置不对、后备制动塞门位置不对，都会让制动系统不能正常工作。

二、DK-2 型制动机故障后的检查处理原则

制动机发生故障，按照以下步骤进行处理：

（1）若制动机报的故障不影响机车的正常运行，可暂不处理，待机车回段后联系售后服务人员进行处理。

（2）检查制动系统相关的断路器，若有跳开，则重新闭合。

（3）若制动机故障造成机车无法正常制动缓解时，则将制动机转换至备用模式维持运行。

三、故障处理方法

首先，要熟悉 DK-2 型机车制动系统的控制电路和空气管路，而且要熟悉各个部件的内部结构、作用原理和制动机的操作方法，以便于快速、准确地判断故障。

其次，要对机车制动系统所出现的故障大致判断一下，按照分类方法可以将故障分类。

最后，对于每一种故障现象，可以根据经验从最容易发生故障的地方入手查找并且处理故障；也可以根据分析，按照电路或者气路顺序一处一处地查找与排障。

四、常见的操作运用故障

（1）制动机启动后，操纵大、小闸，制动机没有反应。

可能的原因：

① 大、小闸电源开关没有闭合。

② 制动机没有解锁。

解决方法：

① 闭合大、小闸电源开关。

② 确保非操纵节大闸到重联位，小闸到运转位，机械闭锁钥匙拔出。将操纵节大闸到重联位 3 s 解锁（注意制动显示屏上的提示）。

（2）制动机解锁成功后，大闸到运转位，但列车管不充风。

可能的原因：

① 电空制动总风塞门 157 处于关闭位。

② 中继阀列车管塞门 115 处于关闭位。

③ 机车紧急制动按钮按下后，未手动复位。

解决方法：

① 把电控制动总风塞门 157 处于开通位。

② 把中继阀列车管塞门 115 置于打开位。

③ 将机车的紧急制动按钮手动复位。

（3）制动机解锁成功后，大闸处于运转位，均衡风缸不充风。

可能的原因：

电空转换阀 153 处于空气位。

解决方法：

把电空转换阀 153 打到正常位。

（4）把大闸置于制动区，闸缸不上闸。

可能的原因：

① 制动缸塞门 119、120 处于关闭位。

② 工作风缸初充风未充满。

解决方法：

① 把制动缸塞门 119、120 置于打开位。

② 把大闸放置运转位 90 s 以上，再进行制动操作。

（5）大闸紧急制动后，操作大闸放至运转位，列车管不能充风（非单机模式下）。

可能的原因：

制动机紧急锁没有解除。

解决方法：

机车紧急制动而且机车速度为零时，制动显示屏将提示紧急解锁倒计时，倒计时 60 s 后，需要将大闸手柄置于紧急位，然后回转到运转位充风解锁（要注意制动显示屏上的提示），由其他原因引起机车紧急制动也需要上述同样的操作来解锁。

（6）ATP 或者 CCU 发出惩罚制动，制动机施加惩罚制动后，列车管无法缓解到定压。

可能的原因：

① 惩罚源没有消除。

② 制动机惩罚锁没有解除。

解决方法：

① 确保惩罚源消除，如果惩罚源一直存在，而且机车需要临时动车，可以临时把 BCU 钮子开关 ATP 钮子开关拨到"ATP 切除"位来切除惩罚源。

② 如果需要解除惩罚制动，首先惩罚源必须消除，同时需要将自动制动手柄打到重联位 3 s，制动机才能完成解锁。

（7）制动柜中电动放风阀 94 或者电动放风阀 98 排风停不下来。

可能的原因：

① 机车紧急制动按钮按下后，没有手动复位。

② 电动放风阀 94 或者电动放风阀 98 故障。

解决方法：

① 把机车紧急制动按钮手动复位。

② 电动放风阀 94 故障可以通过关闭塞门 117 隔离，电动放风阀 98 故障可以通过关闭塞门 118 隔离。塞门 117 或者 118 关闭，显示屏都会有相应的提示。

（8）制动显示屏提示"请确认钮子开关状态"的消息。

可能的原因：

人为地改变了 BCU 钮子开关的状态。

解决方法：

当制动显示屏出现"请确认钮子开关状态"的消息提示，确认钮子开关的状态后，在操作端显示屏上按"确认"。如果没有按下确认按钮，制动显示屏将不会出现其他消息的提示，从而影响制动机的正常操作。

（9）无线重联的主要注意事项。

① 操控机车的设置；

② 通信中断时的操作。

五、无火回送的注意事项及操作方法

1. 注意事项

该机车与其他机车车钩、列车管连挂稳妥后，方可进行无火回送设置，防止在设置无火时丧失制动力而导致机车、列车溜逸（总风缸压力泵风至 900 kPa）。

2. 操作过程（一断、三置、一开、一拉、一确认）

（1）将大闸至"重联位"；断开电源柜"控制电源输出"自动开关。（一断）

（2）将重联阀塞门置于"从控位"。（一置）

（3）将制动柜的无火回送塞门置于切除位（水平位置）。（二置）

（4）将停放隔离塞门置于隔离位（水平位置）。（三置）

（5）开放机车两端各一个平均管塞门。（一开）

（6）手拉"停放制动缸缓解拉环"。HXD_{1C} 为左 1、3 位、右 4、6 位，注意必须一次拉到位，听到风缸的机械撞击声音后松手。（一拉）

（7）由本务机车分别减压 50 kPa、100 kPa、170 kPa，检查确认无火机车列车管和闸缸压力变化正常、制动缓解作用良好，并核对尾部列车管压力变化正常。（一确认）

【思考与练习】

1. 简述 DK-2 型制动系统的特点。
2. 简述 DK-2 型制动系统制动机中各主要部件的构造及作用。
3. 简述 DK-2 型制动系统制动机的控制关系。
4. 简述 DK-2 型制动系统制动机的综合作用。

项目六　内燃机车 JZ-7 型制动机

【项目描述】

JZ-7 型空气制动机是我国自主研发的内燃机车的主型制动机。JZ-7 型空气制动机增设了低压过充性能，并具有良好的排风功能，从而克服了当时机车制动机充排风性能不能满足长大列车的弊病。该空气制动机适用于双端操纵的内燃机车和电力机车，也适用于单端操纵的其他机车。

【学习目标】

（1）掌握 JZ-7 型空气制动机制动系统的特点；
（2）掌握内燃机车 JZ-7 型制动机的部件功能及主要部件的构造与作用；
（3）掌握内燃机车 JZ-7 型制动机制动系统的控制关系；
（4）掌握内燃机车 JZ-7 型制动机制动系统的综合作用。

目前，我国铁路内燃机车的主型制动机为 JZ-7 型空气制动机。JZ-7 型空气制动机是 20 世纪 70 年代在美国 26-L 型空气制动机的基础上，按照中国铁路机车的相关标准和规程等要求，由我国制动科技人员自行开发研究的新型机车空气制动机。JZ-7 型空气制动机增设了低压过充性能，并具有良好的排风功能，从而克服了当时机车制动机充排风性能不能满足长大列车的弊病。该空气制动机适用于双端操纵的内燃机车和电力机车，也适用于单端操纵的其他机车。20 世纪 90 年代又研制了 JZ-7 型电空制动机，是在原 JZ-7 型空气制动机的基础上增加了电控部件，它与车辆电控制动机配合，形成一种用于提速列车的电空制动系统。

【学习任务】

任务一　内燃机车 JZ-7 型制动机概述

一、JZ-7 型空气制动机的主要特点

（1）自动保压：自阀由最小减压位至最大减压位为一常用制动区。制动管减压量随着手柄的推移而增大。当自阀手柄停放在需要的减压位置时即可自动保压。当制动管充至定压后，如果制动管产生泄漏，能对其补充。

（2）设有过量减压位：该位置比常用制动区有更大的减压量，解决了在长大下坡道地区当制动管及副气缸充气不足的情况下，仍能有效地进行制动作用。

（3）结构上采用橡胶膜板、柱塞阀、O 形密封圈、止阀等零部件，不仅可以延长检修期限，而且使制造、运用和维修均较方便。

（4）采用二、三压力混合机构的分配阀：分配阀采用二压力、三压力混合机构，既有阶

段缓解作用,又具有一次缓解作用,适用于现代机车制动机。制动缸压力不随制动缸容积大小而变化;不受机车在列车中编挂位置的影响,都能得到相同的压力。当制动缸泄漏时能自动补充,具有良好的不衰性,施行紧急制动后有增压作用。

(5)设有过充位:为适应长大货物列车的需要,设有过充位置,以缩短列车管和副风缸的初充气和再充气的时间。

(6)自动制动阀采用凸轮结构:由于自动制动阀和单独制动阀采用了凸轮结构的控制方法,使手柄操纵轻快、方便,不受气温高低的影响。

(7)能客、货位两用:只要转换客货车转换阀,就可以适应这种要求。客车位和货车位的差别在于客车位能阶段缓解,货车位无阶段缓解。目前,各国客车制动机多具有阶段缓解性能,而货车制动机则不一样,有的国家则是阶段缓解型。

二、JZ-7型空气制动机的控制关系

JZ-7型空气制动机各阀控制关系如下:

(1)全列车制动缓解时:

自动制动阀→均衡风缸→中继阀→列车管压力变化→车辆制动机
          ↓
       机车分配阀→作用阀→机车制动缸。

(2)机车单独制动、缓解时:

单独制动阀→作用阀→机车制动缸。

(3)列车制动后单独缓解机车时:

单独制动阀→工作风缸→分配阀主阀→作用阀→机车制动缸。

三、JZ-7型制动机的组成

JZ-7型制动机的主要部分如下:

(1)空气压缩机和总风缸:制造、储存压力空气,供列车制动系统和其他风动装置使用。

(2)自动制动阀(简称大闸):机车空气制动机的操纵部件,可控制机车的制动或缓解,有过充位、运转位、最小减压位、最大减压位、过量减压位、手柄取出位和非常制动位7个作用位置。

(3)中继阀:接受自动制动阀的控制而直接操纵列车管的压力变化,从而完成列车的制动、保压、缓解的作用。

(4)单独制动阀(简称小闸):用它单独操纵机车的制动和缓解,与列车的制动和缓解无关。它有3个位置,即单独缓解位、运转位、制动位。

(5)分配阀:根据列车管压力的变化而动作,控制作用阀的供风和排风,以使机车得到制动和缓解。

(6)作用阀:受分配阀或单独制动阀的控制,使机车得到制动、保压或缓解。

另外,还设有过充风缸、工作风缸、降压风缸、紧急风缸、作用风缸及变向阀、滤尘止回阀、紧急制动阀、管道滤清器和各种塞门、油水分离器、双针压力表等部件。

任务二 内燃机车 JZ-7 型制动机部件功能及原理

一、自动制动阀

自动制动阀（简称大闸）是制动装置中的控制部分，乘务员通过对其把手的操纵，可实现列车的制动、保压和缓解作用，并能完成制动机的各种性能和作用。

自动制动阀为自动保压式，设有过充位、运转位、最小减压位、最大减压位、过量减压位、手柄取出位、紧急制动位 7 个作用位置，最小减压位至最大减压位之间为常用制动区。

自动制动阀由七部分组成，即阀体与管座、手柄与凸轮、调整阀、放风阀、重联柱塞阀、缓解柱塞阀、客货车转换阀，如图 6-1 所示。

图 6-1 自动制动阀结构图

1. 阀体与管座及手柄与凸轮

（1）阀体与管座。

自动制动阀的阀体为连接各部件的主体，其上连接自动制动阀的凸轮盒、调整阀盖、单独制动阀及柱塞阀前盖等。管座为自动制动阀的安装座，也为管路的连接座，管座上设有 9 根管路，并设有管号，即总风缸管 3、过充管 7、撒砂管 6、均衡风缸管 1、中均管 4（即中继阀均衡风缸管）、列车管 2、总风遮断阀管 8、单独缓解管 10 和单独作用管 11，如图 6-2 所示。其中，管10和管11是经自动制动阀阀体通往单独制动阀的，与自动制动阀不发生关系。

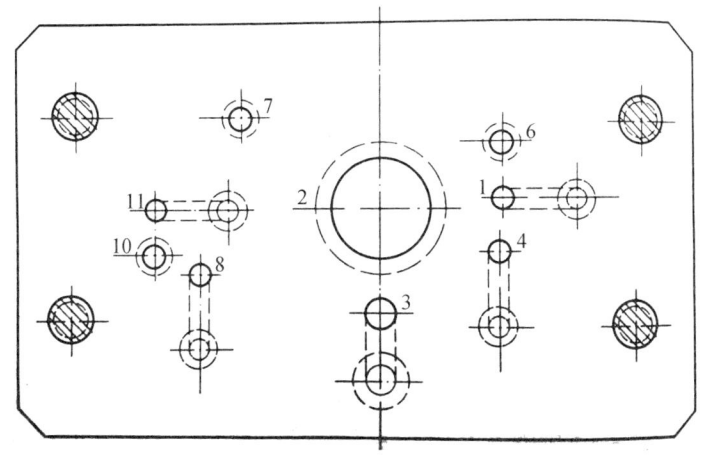

图6-2 阀体与管座

（2）手柄与凸轮。

手柄与凸轮是自动制动阀的操纵机构。手柄通过设在盖板上的缺口（手柄取出位）套在凸轮轴上。凸轮轴上装有调整阀凸轮、放风阀凸轮、重联柱塞阀凸轮和缓解柱塞阀凸轮。凸轮盒上设定位盖板，盖板上设有7个凹槽，除用以定位外，在上部仅留有一个缺口，以限定手柄只有在手柄取出位方能取出或装入。凸轮盒体下部设一排气口，以排出漏入凸轮盒内的压力空气及紧急制动时排出列车管内的压力空气，凸轮轴和凸轮均装在一个凸轮盒内。

2. 调整阀

调整阀是列车制动、缓解的控制机构，用于控制机车均衡风缸的压力变化，并通过中继阀控制列车管的充气和排气，从而实现机车、车辆的制动或缓解。

调整阀在结构上采用了橡胶膜板密封和柱塞双向止阀结构，由调整手轮、调整阀弹簧、排气阀、供气阀、调整阀座、调整阀膜板、柱塞及阀套等组成，如图6-3所示。

图6-3 调整阀结构图

1—调整手轮；2—调整阀盖；3—调整弹簧；4—排气阀弹簧；5—调整阀膜板；6—调整阀座；
7—排气阀；8—供气阀；9—供气阀弹簧；10—调整阀柱塞；11—缩口风堵

调整阀有三条通路：

（1）供气阀右侧空间通总风缸管 3；

（2）供气阀左侧空间通均衡风缸管 1，并经缩口风堵通膜板右侧空间；

（3）排气阀左侧经调整阀盖下方排风口通大气。

3．放风阀、重联柱塞阀、缓解柱塞阀、客货车转换阀

（1）放风阀。

放风阀是专为列车施行紧急制动时，直接把列车管内压力迅速排到大气中去，达到快速制动的目的而设置的。

放风阀由放风阀座、放风阀杆、放风阀胶垫、放风阀弹簧及放风阀套等部件组成，如图 6-4 所示。

图 6-4　放风阀结构图

1—放风阀凸轮；2—放风阀杠杆；3—柱塞头；4—弹簧挡圈；5—放风阀座 O 形密封圈；
6—放风阀座；7—放风阀胶垫；8—放风阀杆；9—放风阀；10，11—O 形密封圈；
12—放风阀弹簧；13—放风阀套

自阀手柄在前六位移动时，放风阀凸轮既无升程，也无降程。此时，放风阀在其弹簧力的作用下，使放风阀口可靠关闭，防止影响制动机的正常作用。只有当自阀手柄置于紧急制动位时，放风阀凸轮得到一个固定的升程，通过放风阀杠杆推动放风阀杆，使放风阀口开启，列车管内的压力空气经阀口直接排向大气。该阀有效作用面积为 3.7 cm^2，全开行程为 5 mm。

（2）重联柱塞阀。

重联柱塞阀的功用：

① 连通或切断均衡风缸管与中继阀的联系；

② 自阀手柄在紧急制动位时，使总风缸管与撒砂管连通，实现自动撒砂。

重联柱塞阀由重联柱塞阀柱塞、重联柱塞阀套、柱塞弹簧、O 形密封圈等组成，如图 6-5 所示。

图 6-5 重联柱塞阀结构图

1—重联柱塞凸轮；2—滚轮；3—滚轮销；4—转销；5—放大杠杆；6—柱塞头；7, 8, 12—O 形密封圈；
9—重联柱塞阀套；10—重联柱塞阀柱塞；11—柱塞弹簧；13—前盖

（3）缓解柱塞阀。

缓解柱塞阀主要由缓解柱塞阀柱塞、缓解柱塞阀套、柱塞弹簧、O 形密封圈等组成，如图 6-6 所示。

缓解柱塞阀的功用：

① 控制过充风缸的充风或排风；

② 控制总风遮断阀管通路 8a 的充、排气。

图 6-6 缓解柱塞阀结构图

1—缓解柱塞阀凸轮；2—滚轮；3—滚轮销；4—转销；5—放大杠杆；6—柱塞头；7—胶垫；8—缓解柱塞阀柱塞；
9—缓解柱塞阀套；10, 11, 12—O 形密封圈；13—柱塞弹簧；14—前盖

（4）客、货车转换阀。

客、货车转换阀的主要作用是关闭或开启中继阀的总风遮断阀。在"客车位"时，不论自阀手柄在任何位置，总风遮断阀均呈开启状态。在"货车位"时，自阀手柄在 1～2 位总风

遮断阀呈开启状态；自阀手柄在 3~7 位，总风遮断阀呈关闭状态。

客、货车转换阀主要由偏心杆、手柄弹簧、转换按钮、指示牌、二位阀柱塞、阀套、O 形圈等组成，如图 6-7 所示。

图 6-7 客、货车转换阀结构图

1—指示牌；2—偏心杆；3—半沉头螺钉；4—手柄弹簧；5—转换按钮；6—销；7—手柄套；8—二位阀柱塞；9—阀套；10，11—O 形密封圈；12—弹性挡圈；13—挡盖

二、中继阀

中继阀的主要作用是根据中均管内压力变化，直接控制列车管的充气或排气，从而使列车产生制动、保压或缓解。其最大的特点是：当自动制动阀手柄置于过充位时，可使列车管压力得到超过规定压力 30~40 kPa 的过充压力，从而缩短列车初充气和再充气时间。而当手柄由过充位移到运转位后，列车管的过充压力能自动缓慢地消除，且不会引起机车、车辆的自然制动。中继阀由管座、总风遮断阀和双阀口式中继阀三部分组成。管座是中继阀的安装座，也是管路的连接座。管座上共接有 5 根配管：总风遮断阀管 8、总风缸管 3、列车管 2、中均管 4 和过充管 7。其中，总风遮断阀管 8 和中均管 4 与自动制动阀管座连通，接受自动制动阀的控制；过充管 7 与自动制动阀管座和过充风缸连通，同时接受自动制动阀和过充风缸的控制。

1. 总风遮断阀

总风遮断阀安装在中继阀的管座上，由阀体、遮断阀、阀座、阀套及弹簧等组成，如图 6-8 所示。

总风遮断阀的作用是根据总风遮断阀管的压力变化，来控制遮断阀口的开启或关闭。

当总风遮断阀管通大气时，遮断阀在其右侧总风缸压力作用下左移，遮断阀呈开启状态，总风缸的压力空气经遮断阀口进入双阀口式中继阀的供气阀室。

当总风缸压力空气进入总风遮断阀管时，遮断阀在其左侧总风缸压力和弹簧力的作用下右移，遮断阀呈关闭状态，切断了向双阀口式中继阀供气室供气的总风源。

图 6-8 总风遮断阀结构图

1—遮断阀体；2—挡圈；3，12—胶垫；4—胶垫螺帽；5—遮断阀；6—遮断阀套；
7，8，10—O形密封圈；9，11—弹簧；13—遮断阀盖；14—螺盖

联系自阀作用通路及客货车转换阀位置，可得出：客货车转换阀置于"客车位"时，不论自阀手柄在任何位置，总风遮断阀总是开启的。当客货车转换阀置于"货车位"，自阀手柄在前两位时，总风遮断阀开启。而手柄在后五位时，则总风遮断阀关闭。

2．双阀口式中继阀

双阀口式中继阀由膜板活塞、膜板、排气阀、供气阀、阀座、阀体、过充盖、过充柱塞、顶杆及各作用弹簧等组成，如图 6-9 所示。

图 6-9 双阀口式中继阀结构图

1—供气阀套；2，3，11，12，14—O形密封圈；4—供气阀；5—供气阀弹簧；6，15—胶垫螺帽；7，8—挡圈；
9—排气阀胶垫；10—排气阀；13—定位挡圈；16—排气阀套；17—排气阀弹簧；18—过充柱塞；19—膜板活塞；
20—顶杆（中心杆）；21—过充盖；22—膜板；23—中继阀盖；24—螺钉；25—六角螺母

膜板活塞左侧为中均室,与中均管连通。膜板活塞的右侧经直径为 1 mm 的缩孔与列车管相通。排气阀室与大气相通,供气阀室与总风缸相通,两个阀座的中间与列车管相通。膜板活塞通过顶杆与排气阀或供气阀联动。在过充盖内有一个过充柱塞,它的左侧与过充管和过充风缸相连,右侧为中均室,与中均管相通,中间有与大气相通的释压小孔。

三、分配阀

分配阀是机车空气制动机的重要部件。它根据列车管内的压力变化来控制作用风缸的充气和排气,并通过变向阀、作用阀的作用来实现机车的制动、保压或缓解。

分配阀的种类和形式按其基本原理,可分为二压力机构和三压力机构及二、三压力混合机构3种形式。JZ-7型空气制动机的分配阀,其基本作用原理属于二、三压力混合机构,它能根据不同的需要进行阶段缓解或一次缓解,这种分配阀是目前性能比较完善的一种分配阀,但其结构比较复杂。分配阀由主阀部、副阀部、紧急部(即紧急放风阀)和管座(中间体)几大主要部分组成,另外还附设有4个风缸,如图6-10所示。其中,工作风缸用来控制主阀的动作;降压风缸用来控制副阀的动作;紧急风缸用来控制紧急放风阀的动作;作用风缸用来控制主阀和作用阀的动作。

图 6-10 分配阀结构图

1—主阀部;2—副阀部;3—紧急部;4—中间体

1. 管 座

分配阀管座是主阀部、副阀部、紧急部及各管路的连接体(又称中间体)。在管座内设有一空腔,为列车管局减室,其容积为 1.2 L,另外还设有一个空腔,为装有滤尘网的滤尘室,与列车管直接相通,以防止污物杂质进入体内。在管座的底部和背面,共连接有通往各阀的7根管路,分别为:通大气25、列车管2、作用风缸管14、紧急风缸管21、分配阀总风管22、工作风缸管23、降压风缸管26,如图6-11所示。

(a) 管座底部管孔布置　　(b) 管座主阀面气孔布置

(c) 管座副阀面气孔布置　(d) 管座紧急部面气孔布置　(e) 管座背面管孔布置

图 6-11　分配阀管座上的管路及气孔布置图

2. 主阀部

主阀部是分配阀的基本组成部分，分配阀的主要作用即靠主阀部完成。主阀部由主阀工作风缸充气止回阀、常用限压阀和紧急限压阀组成。

主阀用于机车本身的制动、保压与缓解作用，主要由大膜板活塞、小膜板活塞、空心阀杆及供气阀等部件组成。

主阀属于三压力机构阀，大膜板活塞上方是列车管压力，下方是工作风缸压力，小膜板活塞上方是作用风缸压力，小膜板活塞下方通大气，主阀各运动部件受这三者压力差的控制而产生联动。总风通供气阀室，在制动时向作用风缸充气。两个膜板活塞的有效面积比是 2.7∶1。

3. 常用限压阀

常用限压阀的功用是：在常用全制动时，限制作用风缸压力在 340～360 kPa（列车管定压为 500 kPa 时）或 420～450 kPa（列车管定压为 600 kPa 时），以达到限制机车制动缸压力的目的。常用限压阀的作用：当常用全制动时，来自主阀供气阀口的总风，通过柱塞限压阀凹槽，进入作用风缸和限压阀下部，此时常用限压阀呈正常状态；当作用风缸的空气压力上升到限压弹簧所调定的压力值时，柱塞限压阀上移，切断总风通往作用风缸的通路，作用风缸压力停止上升，常用限压阀呈保压状态。限制的压力值可通过螺钉调节。

4. 紧急限压阀

紧急限压阀的功用有两点：其一是在紧急制动时，限制作用风缸压力不超过 450 kPa；其二是主阀形成缓解位时，首先提供一条使作用风缸排气的通路，以保证常用限压阀由限压状态自动转换为正常状态，使作用风缸的缓解得以实现。

紧急限压阀主要由调整螺钉、紧急限压弹簧、柱塞活塞、阀套、顶杆、止阀等组成。柱塞活塞大直径下部通列车管，小直径下部通作用风缸，限压阀套下端及止阀周围通主阀供气阀上、下侧或主阀排风口。

5. 紧急部

紧急部又称紧急放风阀，在紧急制动时，将列车管压力空气迅速排向大气，提高了紧急制动波速，以达到紧急制动的目的。

紧急放风阀由膜板活塞、柱塞杆、放风阀、放风阀套、复原弹簧、放风阀弹簧、充风限制堵及两个排风限制堵等部件组成，如图 6-12 所示。

图 6-12　紧急放风阀结构图

1—充风限制堵；2—螺盖；3—放风阀；4—放风阀座；5—复原弹簧；6—膜板活塞；7—柱塞杆；
8—第一排风限制堵；9—第二排风限制堵；10—柱塞套

四、作用阀

作用阀是根据作用风缸或单独作用管内空气压力的变化，控制机车制动缸的充气成排气，使机车得到制动、保压或缓解作用。

该阀采用了空心阀杆结构，其供风能力大，作用灵敏度比较高。作用阀由作用活塞、膜板、空心阀杆、供气阀、缓解弹簧及阀体、管座等组成，如图 6-13 所示。管座上连接 4 根管：总风缸管 11、制动缸管 12 和通往变向阀的作用管 14。

图 6-13 作用阀结构图

1—上堵；2—上盖；3—供气阀；4—空心阀杆；5—阀体；6—排气弯头；7—缓解弹簧；8—作用活塞；9—下盖；10—管座；11—总风缸管；12—制动缸管；14—作用风缸管

五、单独制动阀（简称小闸）

通过单独制动阀单独操纵机车的制动和缓解，与列车的制动和缓解无关。它有 3 个位置，即单独缓解位、运转位、制动位。单独制动阀如图 6-14 所示。

图 6-14 单独制动阀结构图

任务三 JZ-7型空气制动机的综合作用

在机车运行之前，乘务人员首先须确认机车是作为本务机车、重联补助机车还是无动力回送机车，然后根据机车运行的性质，对制动机作适当处理。

（1）作为本务机车时，在机车的操纵端，大闸手柄置于运转位，非操纵端大闸手柄置于手把取出位并将手柄取出；小闸手柄在操纵端和非操纵端均在运转位，但在非操纵端必须把小闸手柄取出，以确保安全。两端的客、货车转换阀必须置"货车位"，分配阀转换盖板置于"直位"。

（2）作为重联补助机车时，在机车的操纵端和非操纵端的大闸手柄均置于手柄取出位，小闸手柄置于运转位。两端大闸上的客、货车转换阀均置于"货车位"。

（3）作为无动力回送机车时，在机车的操纵端和非操纵端的大闸手柄均置于手柄取出位，小闸手柄置于运转位，两端的客、货车转换阀置于"货车位"，同时把无火装置的塞门开通，将常用限压阀调到250 kPa。

一、自动制动作用

自动制动作用即小闸处于运转位，大闸手把在各位置时的综合作用。

1. 过充位

该位置是在初充气和再充气缓解列车制动时所采用的位置，和运转位不同之处是能加快列车的充气。该位置的作用通路如下：

（1）自动制动阀。

调整阀向均衡风缸、调整阀膜板右侧充气，当达到规定压力后，自动保压。重联柱塞阀将均衡风缸管和中均管连通。缓解柱塞阀将遮断阀管经客、货车转换阀和缓解柱塞与大气相通，并将总风经缓解柱塞尾部与过充管和过充风缸连通。

（2）中继阀。

由于遮断阀管在缓解柱塞处通大气，使遮断阀呈开启供风状态。此时，由于中均管压力增高，使供气阀开启，总风向列车管迅速充气。另外，因过充压力使过充柱塞顶在中继阀膜板上，从而使列车管充气压力高于规定压力300～400 kPa后，中继阀停止充气而处于保压状态。

（3）分配阀。

列车管向工作风缸、降压风缸、紧急风缸及各气室充气，均充到比规定压力高300～400 kPa的压力空气；同时，作用风缸压力空气经主阀空心阀杆排气口排入大气。

（4）作用阀。

制动缸压力空气经鞲鞴空气阀杆排出，缓解机车制动。

2. 运转位

该位置是当列车缓解再充气及正常运转状态时所使用的位置。该位置的作用基本与过充位相同，所不同的是：

（1）自动制动阀。

缓解柱塞阀遮断了总风缸压力空气经柱塞尾部向过充管及过充风缸充气的通路，过充风缸内的压力空气经本身小孔排入大气，其他部分与过充位相同。

（2）中继阀。

过充柱塞由于过充压力的逐渐减小，使中继阀膜板鞲鞴带动顶杆，打开排气阀，使列车管内的过充压力由排气口排出，中继阀又自动呈缓解后的保压位。此过程是在过充风缸控制下进行的，不会引起自然制动。

（3）分配阀。

分配阀的工作风缸和降压风缸的过充压力经副阀逆流到列车管内逐渐消失，紧急风缸的过充压力经紧急放风阀逆流到列车管里逐渐消失，各气室的过充压力也随之消失。其他部分与过充位相同。

3. 常用制动区

常用制动区设有最小减压位和最大减压位（列车管压力为 600 kPa 时，最大有效减压量为 170 kPa；列车管压力 500 kPa 时，最大有效减压量为 140 kPa），在两位之间随着手柄移动位置的不同，列车管减压量也随之变化。

（1）自动制动阀。

调整阀将均衡风缸、调整阀膜板右侧室及中均管和中继阀的中均室的压力经调整阀排入大气。其所降低的压力与手把在制动区内所停留的位置有关，其最小减压量为 500 kPa。缓解柱塞阀把总风经客、货车转换阀向遮断阀管充气，从而关闭总风遮断阀。

（2）中继阀。

由于膜板鞲鞴右侧中均室压力的降低，排气阀开启，列车管压力空气经中继阀排气口迅速排入大气。其列车管减压量视均衡风缸的降压量而定。

（3）分配阀。

由于列车管压力的降低，副阀鞲鞴向左移动，连通列车管与局减室的通路，引起列车管局部减压，并由鞲鞴柱塞切断了工作风缸与降压风缸的通路，连通降压风缸经保持阀排入大气的通路，直到降压风缸压力下降到与列车管压力相同时，鞲鞴移到保压位。主阀膜板鞲鞴由于列车管压力的迅速下降，向上移动到制动位，空心阀杆将供气阀顶开。此时，总风向作用风缸充气，直到小膜板上侧压力与列车管压力之和与工作风缸压力相适应时，处于保压位。充气阀在作用风缸压力到 24 kPa 时，鞲鞴动作关闭了局减室通大气的通路，并切断了列车管与副阀柱塞套的通路。常用限压阀当作用风缸到达规定压力时，切断总风向作用风缸的进一步充气。

（4）作用阀。

因作用风缸增压而呈制动位，总风缸可向机车制动缸充气，机车制动；当制动缸压力增至与作用风缸等压时，作用阀自动呈保压位，制动缸停止增压，机车保持制动。

制动后，工作风缸没有降压，仍保持规定压力。均衡风缸、列车管、降压风缸及紧急风缸均排出相同的压力空气，降压后其压力仍然相同，作用风缸及机车制动缸均获得充气，充气后其压力相同。

若自阀手柄在制动区分阶段右移，则均衡风缸阶段降压，中继阀、分配阀、作用阀的作用也阶段控制，列车就产生阶段制动作用。

4. 过量减压位

过量减压位是在长大下坡道地区,由于制动频繁或制动后不久,列车管和车辆副风缸还没有恢复定压又需要制动时所使用的位置。该位置的作用基本上与常用制动区相同,唯一不同之处是调整柱塞向右移动的量比常用制动区时大。因此,均衡风缸、调整膜板右侧室及中均管的减压量自 170 kPa 增大到 250 kPa。

5. 手把取出位

手把取出位为重联机车、无动力回送机车及本务机车非操纵端所使用的位置。

(1)自动制动阀。

调整阀保持均衡风缸及调整阀膜板右侧室的减压量为 250 kPa。重联柱塞阀使中均管和均衡风缸的通路被遮断,同时使中均管与列车管的联络接通。

(2)中继阀。

由于中均管与列车管在重联柱塞阀的连通下,使中继阀失去了对列车管的充、排气能力,与列车管的压力无关,而处于自锁状态。

6. 紧急制动位

手柄在此位置时,大闸将放风阀开启,列车管压力空气经放风阀口迅速排入大气。机车列车管压力排到零的时间在 3 s 之内。

(1)自动制动阀。

调整阀保持均衡风缸及调整阀膜板右侧室的减压量为 250 kPa。重联柱塞阀使中均管和列车管连通,还将总风缸管和撒砂管连通,使机车自动撒砂。

(2)中继阀。

中继阀处于自锁状态,即可保证列车管由放风阀正常迅速降压,还可防止中继阀膜板由于过度拉伸而缩短使用寿命。

(3)分配阀。

由于列车管压力迅速下降,分配阀紧急放风阀开启,进一步使列车管加速降压。分配阀的副阀和主阀的膜板鞲鞴迅速移动到制动位,副阀柱塞切断了工作风缸通降压风缸的通路,使降压风缸经保持阀与大气相通(但降压风缸保持压力为 320~340 kPa)。主阀空心阀杆顶开供气阀,使总风压力经供气阀口充入作用风缸。当作用风缸达到规定压力 360 kPa 或 420 kPa 时,切断总风向作用风缸的充气。但由于列车管的迅速减压,使紧急限压阀动作。由主阀供气阀来的风源经限压阀套孔继续向作用风缸充气,直到作用风缸压力达 440~460 kPa 时,关闭充气孔,停止充气。

(4)作用阀。

由于作用风缸的压力,使作用鞲鞴上移,顶开供气阀口。总风经供气阀口向制动缸充气,机车发生紧急制动作用。制动缸压力受到分配阀紧急限压阀的限制,最高达 440~460 kPa。

二、单独制动作用

单独制动作用即大闸在运转位时,小闸在制动区的作用及大闸在制动区时,小闸在单独缓解位的作用。

1. 大闸在运转位，小闸在制动区

此位置常用于长大货物列车在进站停车前缓解车辆，制动机车，达到压缩车钩以利于再次起动；或用于长大下坡道，轮流制动机车和车辆，以使车轮及闸瓦不致过热。

（1）小闸手把操纵凸轮，使调整阀处于制动位。总风缸的压力空气经供气阀与小闸作用管、调整阀膜板右侧室相通。当压力上升到与手把位置相对应的压力值时，供气阀关闭。

（2）小闸作用管的压力空气将变向阀推向右侧截断空气分配的作用管，而进入作用阀的作用鞲鞴下部室，则空心阀杆顶开供气阀，向制动缸充气，机车获得单独制动作用。当制动缸压力上升到稍大于控制压力时，作用阀关闭供气阀，呈保压状态。

若小闸手把在制动区阶段右移，机车则阶段制动；阶段左移，即可得阶段缓解。在全制动位时，制动缸最高压力为 300 kPa。

2. 大闸在制动位，小闸在单独缓解位

此位置用于调节列车制动时的运行速度，制动车辆，缓解机车。此时，单独缓解柱塞使单独缓解管通大气，工作风缸压力空气经单独缓解管也与大气相通。分配阀主阀大膜板鞲鞴在列车管压力和小膜板鞲鞴上部的作用风缸压力作用下迅速下移到缓解位，作用风缸压力空气经主阀空心阀杆排入大气。由于作用风缸压力下降，作用阀的作用鞲鞴下移，开放排气阀口，使制动缸压力空气排入大气，缓解机车制动。当大闸在制动区及紧急制动位时，机车制动缸压力均能单缓到零，但单缓的时间不同。若小闸手把在单独缓解位回到运转位时，制动缸压力均不恢复。

3. 大闸在制动位，小闸在单独制动位

此时，机车的制动视作用风缸管变向阀柱塞位置而定。若作用风缸压力大于单独作用管压力，则机车制动为自动制动阀所控制；反之，则机车制动为单独制动阀所控制。

任务四　JZ-7型空气制动机的故障处理

JZ-7型制动机全部采用橡胶膜板、橡胶O形密封圈及止阀等密封结构。这些零件均勿沾柴油、汽油或其他油类，在清洗阀体和零件后，一定要用高压空气清扫干净，组装时O形圈上涂上一些白凡士林作为润滑剂。现将组装运用中所发现的一些问题提供给大家参考。

（1）自动制动阀减压后，制动缸表针没有显示或制动缸压力与列车管减压量不成比例，是何原因？

① 原因。

a. 工作风缸充气不足或泄漏；

b. 工作风缸充气止回阀泄漏；

c. 工作风缸充气止阀阻力过大或关死；

d. 主阀膜板破裂。

② 检查处理。

首先确认工作风缸充气压力是否达到规定值（这一点对装有工作风缸压力表的机车是很方便的）。如果达不到规定压力，说明工作风缸充气不足。可检查工作风缸充气止回阀的状态

（止回阀是否卡死，止回阀开度是否够），再检查副阀充气阀凹槽是否开通以及副阀柱塞通工作风缸的通路是否打开。如果工作风缸已达到规定压力，可检查工作风缸管路是否有泄漏处，工作风缸充气止回阀是否泄漏，主阀大膜板是否破裂。

（2）自动制动阀在充气位及减压位时，均衡风缸和列车管表针均无显示，是何原因？

① 原因。

均衡风缸有泄漏处，且漏的比充的多。

② 检查处理。

查看均衡风缸管及接头处是否有泄漏，以及均衡风缸的排水塞门是否关闭。

（3）自动制动阀由制动位移到运转位或过充位时，均衡风缸充气正常，而列车管开始不充气，过一会儿充气，但很慢，是何原因？

① 原因。

中继阀上的总风遮断阀座松动，当总风通过遮断阀时，遮断阀座跟着一起移动，使阀不能及时打开或打开后开度不大。

② 检查处理。

经检查如是上述原因，须更换遮断阀座。若是在运行中出现，可更换操纵端作应急处理。

（4）在使用自动制动阀操纵后，转单独制动阀操纵时，制动缸没有压力，换一端单独制动阀操纵时，制动缸仍没有压力，是何原因？

① 原因。

在管路系统中有两个变向阀：一个是转换自动制动阀和单独制动阀对作用阀的操纵；另一个是转换两端单独制动阀对作用阀的操纵。第一个情况是自动制动阀和单独制动阀转换变向阀卡住，失去换向作用。第二个情况是两端单独制动阀转换变向阀卡住，失去换向作用。

② 检查处理。

先轻轻敲打变向阀体，看其是否恢复作用。如不能恢复，便将变向阀拆下清洗干净，无须加任何油脂装上即可。变向阀卡住大都是因油脂过多，黏结脏物而造成的。

（5）如果自动制动阀在常用制动时机车起紧急制动作用，是何原因？

① 原因。

如果机车两端自动制动阀手把分别在常用制动时都起紧急制动作用，可检查一下分配阀紧急部的紧急放风阀的第一排风堵和第二排风堵是否装错或堵塞。如果机车一端有此现象，可能是均衡风缸管路被堵塞，使均衡风缸容积大大缩小。检查时可从检查均衡风缸的排风速度来断定。

② 检查处理。

第一种情况下可将装错的排风堵更换或清洗排风堵小孔中的污物。第二种情况须清除均衡风缸管中的堵塞物。

（6）机车在运行中自动制动阀和单独制动阀的调整阀盖下方阀口漏风，是何原因？

① 原因。

a. 排气阀口不严或被脏物垫住；

b. 排气阀弹簧过硬；

c. 供气阀杆过长。

② 检查处理。

a. 清洗、研磨排气阀口；

b. 调整排气阀弹簧；

c. 调整供气阀杆。

（7）中继阀排气口泄漏，是何原因？

① 原因。

a. 排气阀阀口有脏物垫住，使阀和阀座闭合不严；

b. 排气阀座有裂口，使阀关闭不严；

c. 排气阀 O 形圈损坏；

d. 排气阀簧太软；

e. 中继阀座垫处的总风与列车管窜风。

② 检查处理。

a. 清除阀口处脏物；

b. 更换排气阀座；

c. 更换 O 形圈；

d. 更换排气阀弹簧；

e. 更换中继阀座垫。

（8）自动制动阀手把在制动区时减压量比规定的减压量少，是何原因？

① 原因。

由于凸轮及触头长期磨耗而使调整阀柱塞位移发生了变化。

② 检查处理。

更换新的凸轮或触头，以保证正确的减压量。

（9）在机车制动时发现作用阀排气口泄漏，是何原因？

① 原因。

a. 作用鞲鞴空心阀杆上的第二、三道（从下向上算起）O 形圈损坏，使作用鞲鞴上侧的制动缸压力空气通过 O 形圈漏向排气口；

b. 作用阀杆的排气阀口有裂口；

c. 供气阀本身有污物垫住。

② 检查处理。

a. 更换 O 形圈；

b. 若裂口较小时，可用细砂纸修复，若裂口很大，则更换空心阀杆；

c. 清除供气阀的污物。

（10）机车在缓解状态作用阀排气口处有泄漏，是何原因？

① 原因。

a. 供气阀口有污物垫住；

b. 供给阀座有裂口。

② 检查处理。

a. 清除供气阀上的污物；

b. 更换供气阀座。

（11）在单机运转时发现机车制动缸压力缓解不了，或不缓解，是何原因？

① 原因。

a. 在非操纵端单独制动阀是否把手把取下，因而误动了手把；

b. 单独制动阀的调整阀内的排气阀是否处于开启状态。

② 检查处理。

a. 如果非操纵端手把没取出，先把手把取出，以避免产生误动作；

b. 单独制动阀在运转位时调整阀的排气阀应该是开启状态，如果没有开启，就需检查排气阀弹簧是否卡死或太软、太短，并予以处理或更换。

（12）在列车运行中，自动制动阀手把置于制动区时，虽然自动制动阀调整阀盖下方排气口有排风。但均衡风缸和列车管均不减压，是何原因？

① 原因。

由于调整阀排气阀弹簧较供气阀弹簧硬，使得排气阀不仅自己开启，而且还压着供气阀也开启。这样一面供气一面排气，而均衡风缸仍有原来的压力使列车得不到减压。

② 检查处理。

必须更换排气阀弹簧。在更换组装时，应使排气阀先关闭后再开启供气阀。排气阀弹簧和供气阀弹簧是外形尺寸完全一样的两个件，只是它们在组装时的预压缩不一样。供气阀弹簧稍比排气阀弹簧预压得多一些，从而保证排气阀先关闭再开启供气阀。

【思考与练习】

1. 简述 JZ-7 型空气制动机制动系统的特点。
2. 简述内燃机车 JZ-7 型制动机主要部件的构造及作用。
3. 简述内燃机车 JZ-7 型制动机制动系统的控制关系。
4. 简述内燃机车 JZ-7 型制动机制动系统的综合作用。

项目七 主型车辆制动机的维护与调试

【项目描述】

车辆制动机是根据制动管的压力变化而进行动作的。当司机操纵机车制动机时,不仅使机车制动机发生制动与缓解作用,而且通过对制动管压力的控制,使车辆制动机也发生制动与缓解作用。由于机车制动机和车辆制动机在构造、作用原理方面存在着差异,所以对车辆制动机的学习和了解,是进一步提高机车制动机的操纵水平的前提之一。

车辆制动机的主要部件是三通阀(或分配阀、控制阀),车辆制动机的名称通常也是根据三通阀、分配阀、控制阀的名称来命名的。目前,我国铁路货车使用的车辆制动机有 GK 型、103 型和 120 型制动机;客车使用的制动机有 LN 型、F8 型和 104 型等。本项目就 104 型、120 型及 F8 型车辆制动机的构造、作用原理进行介绍。

【学习任务】

任务一 104 型空气制动机

随着车辆向大吨位、高速度方向发展,GK 型三通阀已不能适应铁路运输事业发展的需要。20 世纪 70 年代以后,我国相继研制成功 104、103 型分配阀,并在客、货车上陆续投入使用。随着我国准高速铁路的开通,列车电空制动技术开始得到应用,在 104 型分配阀的基础上,通过增设电空阀等部件,研制成功了 104 型车辆电空制动机。目前,104 型车辆电空制动机,已成为我国快速旅客列车上应用的主要电空制动机。

一、104 型空气制动机的组成

104 型空气制动机主要由 104 型分配阀、压力风缸、副风缸、制动缸、闸瓦间隙调整器等部件组成,如图 7-1 所示。

图 7-1 104 型空气制动机

1—制动缸;2—闸瓦间隙调整器;3—制动管;4—制动缸排气塞门;5—截断塞门;6—远心集尘器;
7—104 型分配阀;8—副风缸;9—压力风缸

二、104 型分配阀

1. 104 型分配阀的特点

① 分配阀采用了膜板活塞结构。
② 常用制动与紧急制动用两个活塞分开控制。
③ 采用二压力机构,便于与旧型三通阀混编,适用于不同直径的制动缸,并在一定的范围内具有制动力的不衰减性。
④ 具有一段、二段局减作用。列车常用制动波速快,且各制动缸压力具有初跃升性能。
⑤ 间接作用方式。

2. 104 型分配阀的构造

104 型分配阀主要由中间体、主阀和紧急阀三部分组成,如图 7-2 所示。

图 7-2　104 型分配网

1—紧急阀；2—紧急阀垫；3—双头螺栓及螺母；4—中间体；5—螺堵；6—滤尘器；7—主阀垫；8—主阀

（1）中间体。

中间体的 4 个垂直面分别用作主阀、紧急阀和各连接管的安装座。其中,紧急阀安装座相邻的垂直面设有连接压力风缸管的管孔 G（$\phi 19$ mm）和连接制动支管的管孔 L（$\phi 25$ mm）；而与主阀安装座相邻的垂直面上设有分别与副风缸管、制动缸管连接的两个管孔 F 和 Z（$\phi 19$ mm）。中间体内设 3 个空腔：容积室（3.5 L）、紧急室（1.5 L）和局减室（0.6 L）。

（2）主阀。

主阀由作用部、充气部、均衡部、局减阀和增压阀五部分组成,用于控制制动机的缓解、制动与保压作用。

① 作用部。

作用部主要由主活塞、滑阀、节制阀、稳定装置等部件组成。主活塞上方通制动管,下方通压力风缸。主活塞根据上、下两侧的压力差来带动滑阀、节制阀上下移动,以连通或切断相应的气路。主活塞尾部装有由稳定弹簧、稳定杆、稳定弹簧座及挡圈等零件组成的稳定装置,以防止列车在运行中因制动管泄漏或压力波动而引起自然制动,确保分配阀在列车运行中的稳定性。其孔道名称及代号见表7-1。

节制阀、滑阀和滑阀座上的孔道布置如图7-3所示。

表7-1 节制阀、滑阀和滑阀座上的孔道名称及代号

部位	名称	代号	名称	代号	名称	代号
节制阀	局减联络槽	l_{10}				
滑阀	充气孔	l_5	充气限孔	g_1	局减阀入孔	l_9
滑阀	局减室入孔	l_7	局减孔	l_6	局减阀孔	l_8
滑阀	缓解联络槽	d_1	制动孔	r_1		
滑阀座	制动管充风用孔	l_2	制动管局减用孔	l_3	通容积室	r_2
滑阀座	通局减阀	z_1	通大气	d_2	局减室孔	ju_1

图7-3 节制阀、滑阀和滑阀座

② 充气部。

充气部位于主阀上盖的上方,其用途是:由压力风缸压力控制制动管向副风缸的充风,从而保证副风缸的充风和压力风缸的充风能协调一致地进行。充气部由充气阀部和止回阀部两部分组成。

充气阀部主要由充气阀弹簧、充气阀、密封圈、充气阀座、充气活塞、充气膜板、充气阀体等组成。

止回阀部主要由止回阀、止回阀弹簧、密封圈及止回阀盖、止回阀座等组成。

③ 均衡部。

均衡部由作用活塞、作用活塞膜板、密封圈、作用阀上盖、作用阀、作用阀杆、作用阀弹簧等组成。

作用活塞上方通制动缸，下方通容积室。容积室的压力通过作用部的控制，根据制动管压力变化而变化，而作用活塞则是根据作用活塞上、下两侧的容积室和制动缸之间的压力差来动作，开启或关闭作用阀口，从而控制制动缸的充、排风。缩孔Ⅱ用来控制制动缸压力稳定地上升。

④ 局减阀。

局减阀位于作用部与均衡部之间，由局减阀、局减活塞、局减膜板、局减阀弹簧等组成。

局减活塞右侧通大气，左侧通制动缸。局减阀套上有 8 个径向小孔，经主阀体内暗道通滑阀座 z_1 孔。在局减阀弹簧的作用下，局减阀通常处于将制动缸与滑阀 z_1 孔连通的状态。制动时，由于滑阀向上移动，使制动管的压力空气经滑阀座 z_1 孔和局减阀充入制动缸，从而产生制动第二阶段的局部减压作用。当制动缸压力升到 50~70 kPa 时，局减活塞带动局减阀右移，关闭制动管向制动缸充风的气路，停止列车局部减压作用。制动第二阶段的局减作用可使制动缸获得初跃升，并提高制动波速，以保证列车尾部车辆制动缸充有一定的压力。

⑤ 增压阀。

增压阀用于紧急制动时迅速增高制动缸压力，以确保列车行车安全。

增压阀由增压阀套、增压阀杆、增压阀弹簧等组成。增压阀杆上方通制动管，阀杆下部通容积室；增压阀套压入主阀体内，径向有 8 个小孔通副风缸。

非紧急制动时，增压阀杆在自重、增压阀弹簧及制动管压力作用下处于下方关闭位置，即关闭副风缸与容积室之间的气路。紧急制动时，因制动管压力迅速下降，而容积室压力迅速上升，当增压阀杆上、下两侧压力差增加到足以克服增压阀弹簧反力时，增压阀杆上移至上端，连通副风缸向容积室迅速充风的气路，使容积室产生增压作用，从而使制动缸也获得增压作用。

（3）紧急阀。

紧急阀的作用是在紧急制动时加快制动管排风，提高紧急制动灵敏度和紧急制动波速。

紧急阀由紧急活塞、紧急活塞杆、安定弹簧、放风阀、放风阀弹簧、放风阀导向杆等部件组成。

紧急活塞上方通紧急室，下方通制动管。放风阀导向杆下方也与制动管连通。紧急活塞杆轴向中心孔内设有缩孔Ⅲ（$\phi 1.6$ mm），用于限制紧急室向制动管的逆流速度。紧急活塞杆上部设径向缩孔Ⅳ（$\phi 0.5$ mm），用于控制制动管向紧急室的充风速度。紧急活塞杆下部设径向缩孔Ⅴ（$\phi 1.2$ mm），用于在紧急制动后，控制紧急室压力空气排入大气的速度。

非紧急制动时，紧急活塞在安定弹簧作用下处于上端，关闭放风阀口。紧急制动时，由于制动管急速减压，活塞上、下两侧形成很大的压力差，紧急活塞下移，安定弹簧被压缩，继而顶开放风阀，使制动管压力空气通过放风阀阀口排向大气。

三、104 型分配阀的作用原理

104 型分配阀的工作过程包括以下几个状态。

1. 充气缓解状态

司机操纵制动机向制动管充风时，压力空气经中间体进入主阀和紧急阀。

(1) 主阀的作用部：制动管压力升高，主活塞上下两侧产生压力差，使主活塞带动滑阀、节制阀一起下移至最下端，形成作用部的充气缓解状态。连通两条气路：

① 制动管→滤尘器→主阀安装面 l 孔→充气孔 l_2→充气孔 l_5→充气限孔 g_1→滑阀室→g_2 孔→g 孔→压力风缸。

↘g_3 孔→充气膜板下方。

② 容积室压力空气→主阀安装面 r 孔→增压阀下部 r_3 空腔→容积室孔 r_2→缓解联络槽 d_1→缓解孔 d_2→作用部排气孔 d_3→大气。

(2) 主阀的充气部：压力风缸的压力空气进入充气膜板下方，当其高于充气活塞上方副风缸压力时，打开充气阀，制动管压力空气顶开止回阀。

制动管→滤尘器→主阀安装面 l 孔→主阀体顶面 l_1 孔→主活塞上方→主阀上盖 l_{11} 孔→顶开止回阀→止回阀上方 f_1 空腔→充气阀 f_2 空腔→充气阀→主阀体顶面孔→安装面 f 孔→副风缸。

待副风缸压力上升至接近于压力风缸压力时，充气阀在充气阀弹簧及充气阀自重的作用下关闭，停止副风缸的充风。

作用阀室 f_4 与副风缸相通，为制动作用做好准备。

增压阀套径向孔 f_5 与副风缸相通，做好了紧急增压作用的准备。

(3) 主阀的增压阀：增压阀弹簧室的制动管压力使增压阀处于下方关闭位置。

(4) 主阀的局减阀：局减阀在制动缸的压力作用下处于关闭位置。当制动缸压力降至 20 kPa 时开启。

(5) 主阀的均衡部：随着容积室压力的降低，作用活塞下方经主阀底面孔 r_4、主阀安装面孔 r_5、容积室向大气排风，压力下降，作用活塞在上方制动缸压力作用下而下移，使作用活塞杆顶部孔口（阀口）开放，连通制动缸向大气排风的气路：

制动缸压力空气→主阀安装面 z 孔→主阀暗道→作用活塞杆外周→作用活塞杆中心孔→径向孔 d_5→作用部排气孔 d_6→大气，制动机缓解。与此同时，作用活塞上方压缩空气也经缩孔Ⅱ随制动缸压缩空气一起排入大气。

(6) 紧急阀：制动管压力空气进入紧急阀部，将紧急活塞顶到上方极端位，活塞杆顶部密封圈与紧急阀上盖密贴。

制动管压力空气→紧急活塞杆中心孔→缩孔Ⅲ→紧急活塞杆上部径向缩孔Ⅳ→紧急活塞上侧→紧急室。

制动管压力空气进入放风阀弹簧室和放风阀弹簧共同作用，使放风阀关闭。

2. 常用制动状态

司机操纵制动机，使制动管施行常用减压。

(1) 主阀的作用部：随着制动管减压，主活塞上下两侧产生压力差，主活塞首先压缩稳定弹簧，带动节制阀向上移动，滑阀暂时不动，节制阀上的 l_{10} 连通滑阀上的 l_6 和 l_7，形成第一阶段局部减压作用气路。

制动管压力空气→滑阀座局减用孔 l_3→滑阀局减孔 l_6→局减联络槽 l_{10}→局减室入孔 l_7→局减室孔→局减室→缩孔Ⅰ→大气。

经第一阶段局部减压后，主活塞上下两侧压力差加大，从而使主活塞带动滑阀、节制阀继续上移到极端位即制动位。滑阀上的 r_1、l_8 和 l_9 分别与滑阀座上的 r_2、l_3 和 z_1 相对。连通两条气路：

① 制动管压力空气→滤尘器→主阀安装面 l 孔→滑阀座局减用孔 l_3→l_8→局减阀入孔 l_9→滑阀座局减阀孔 z_1→局减阀环槽 z_2→局减阀 8 个径向小孔→局减阀两个 $\phi 3$ mm 径向孔→局减阀轴向中心孔→主阀安装面孔 z→制动缸。

实现第二阶段的局部减压作用。

② 压力风缸压力空气→主阀安装面 g 孔→g_2 孔→滑阀室→制动孔 r_1→容积室孔 r_2→增压阀下部空腔 r_3→主阀安装面 r 孔→容积室。

（2）主阀的增压阀：增压阀弹簧室的制动管压力使增压阀处于下方关闭位置。

（3）主阀的局减阀：局减阀处于开启位，制动管压力空气经局减阀进入制动缸，产生第二阶段的局减作用。第二阶段的局减作用与容积室的充气作用几乎是同时发生的，所以制动缸初始的压缩空气是来自副风缸和制动管。当制动缸压力上升至 50～70 kPa 时，局减阀关闭，停止第二阶段的局部减压作用。

（4）主阀的均衡部：由于容积室与作用活塞下方是连通的，随着容积室压力的升高，作用活塞产生向上的压力差而上移，顶开作用阀，连通副风缸向制动缸充风的气路：

副风缸→主阀安装面 f 孔→作用阀上部空腔 f_4→被顶开的作用阀→作用活塞杆上部外周空腔 z_3→z 孔→制动缸。

作用活塞杆上部外周空腔 z_3→z_4 孔→作用阀杆上方。

作用活塞杆上部外周空腔 z_3→缩孔（Ⅱ）→作用活塞上方。

（5）紧急阀：由于常用制动时，制动管减压速度并不急剧，紧急室的压力空气通过缩孔Ⅲ逆流至制动管，能跟上制动管的降压速度，因而紧急活塞上、下两侧的压力差不足以充分压缩安定弹簧，放风阀仍处于关闭状态。

3. 制动后保压状态

（1）主阀的作用部：常用制动作用中，制动管停止减压时，压力风缸仍向容积室充风而继续减压。当主活塞上下两侧压力接近平衡时，在主活塞尾部稳定弹簧及主活塞自重的作用下，使主活塞带动节制阀向下回移，节制阀关闭 r_1 孔，压力风缸停止向容积室充风，容积室呈制动后保压状态。

（2）主阀的均衡部：容积室保压，作用活塞下侧保压，副风缸继续向制动缸充气。当作用活塞上侧制动缸压力上升到接近作用活塞下侧容积室压力时，在作用阀弹簧力的作用下，作用阀带动作用活塞杆一起下移，关闭阀口，切断副风缸与制动缸之间的气路，停止制动缸充风，并且作用活塞杆口也处于关闭状态，制动缸不能向大气排风，制动缸呈制动保压状态。其余各部状态同常用制动作用。

4. 紧急制动状态

制动管紧急减压，主阀除紧急增压阀外均与常用制动相同，只是由于制动管减压速度快，各部动作迅速，一、二段局减作用不明显。

（1）主阀的增压阀：紧急制动时，增压阀杆上方的制动管压力急剧下降，增压阀杆下方容积室压力迅速上升，阀杆上下两侧形成较大的压力差，克服增压阀弹簧反力及阀杆自重迅

速上移,使得增压阀套径向小孔的内侧孔口开放,连通副风缸经增压阀向容积室充风的气路:

副风缸压力空气→增压阀套外围空腔 f_5→增压阀套径向小孔→增压阀杆径向孔→阀杆中心孔→空腔 r_3→主阀安装面 r 孔→容积室。

由于副风缸与压力风缸都向容积室充风,使容积室压力较常用制动时的最高压力提高 10%~15%,制动缸压力也相应提高,该作用称为紧急增压作用。

(2)紧急阀:当制动管急剧减压时,紧急活塞及活塞杆迅速下移触及放风阀,紧急活塞杆中心孔的下口被堵死,紧急室压缩空气只能经缩孔Ⅲ和缩孔Ⅴ(ϕ1.2 mm)逆流至制动管,由于缩孔Ⅴ较小,所以在紧急活塞上形成的压力差急剧增大,并克服放风阀弹簧弹力,迅速顶开放风阀口,从而实现了制动管的迅速放风。经 15 s 后,紧急室压力空气基本排尽,在安定弹簧及放风阀弹簧的作用下,紧急活塞及活塞杆向上回移,放风阀口关闭。

任务二 120 型空气制动机

一、铁路货车空气制动机的发展

在 20 世纪 50 年代之前,中国的很多车辆都是其他国家的产品,在各种技术手段上引进的方式也是非常烦琐复杂的。制动的方式通常都是通过 K1、K2 等形式实现,通过这种制动的形式一般都是空重车位的状态,所以在制动的时候,效果非常差。1956 年,四方车辆研究所和齐齐哈尔车辆厂实现了 K2 型三通阀的重新设计和改造,通过对细节上的处理,改善基本的结构状态,进而实现 GK 形式的制动机的设计。这种形式的制动机在使用的时候,能够实现空气制动的效果。同时,在两级制动的基础上还可以在手动的制动方式下实现基本的状态。通过图 7-4 能够看到其基本工作形式。这种形式的制动机通常制动的各种零部件有制动主管、制动支管、截断塞门、远心集尘器、GK 型三通阀等部件。到了 20 世纪 60 年代的时候,GK 型制动机的形式成为中国铁路中常见的一种形式。

图 7-4 GK 型空气制动机的组成图

1—制动主管;2—制动缸;3—GK 型三通阀;4—远心集尘器;5—空重车指示牌及调整手把;
6—截断塞门;7—空重车转换塞门;8—安全阀;9—降压气室;10—缓解阀;
11—副风缸;12—制动软管连接器;13—折角塞门

20 世纪 60 年代之后,中国开始进行 103 型制动机的设计。到了 20 世纪 70 年代,这种制动机成为应用最广泛的一种产品。通常空间自动机是通过连接器和风缸等实现基本的工作效果。除此之外，还能够利用各种形式的副风缸等将整体的载重等方面的问题进行调理。图 7-5 是 103 型空气制动机的组成图。

图 7-5 103 型空气制动机的组成图

1—制动缸；2—制动缸管；3—截断塞门；4—远心集尘器；5—103 型分配阀；
6—空重车指示牌及调整手把；7—副风缸；8—缓解阀；9—压力风缸

103 型制动机通常选择的是二压力形式，因为在设计的时候，使用的技术水平是较为先进的，所以在灵敏度以及制动效果上，都是非常良好的。编组辆数在提升到 72 的时候，制动的效果依旧很好，可以在 5 000～6 000 t 的工作状态下稳定运动。但是这种形式的产品在推进的时候，依旧存在一定的问题：

（1）间接的工作形式一般都是 80～100 L 的风缸形式，这种形式需要的时间长。

（2）间接的工作形式对缓冲等的作用并不是很好，在分配的时候，结构状态是非常烦琐复杂的。所以在后期出现问题的时候，检修也是一大难题。

（3）橡胶膜板、橡胶夹心阀耐油性差。橡胶夹心阀易开胶等均会引起分配阀失去正常作用，这些问题会使车辆的寿命降低很多。

（4）在制动的时候，管路的压力降低，但是制动能够超出一倍的状态。当实现混合制动的时候，因为摩擦等的损耗较大，所以容易出现纵向冲动的问题。不管是哪种形式的制动机，都很难实现整体良好的效果。

二、120 型空气制动机的研发背景

中国的铁路运输的速度在逐渐提升，同时运输产品的质量也在不断提高。而中国当时的 GK 型、103 型各种形式的制动机，很多都难实现这种性能的要求。所以，到了 20 世纪 90 年代之后，中国铁道科学研究院等重点实现了 120 型制动机的设计。这种形式的制动机本身的性能特点是较为优秀，同时在各种指标上都能够达到很好的状态，所以被很多车辆使用在制动系统当中。

随着铁路运输生产的需要，由铁科院和眉山车辆厂于 1989 年共同研制出 120 型空气制动

机,它能满足 10 000 t 的重载货物列车的制动要求,是我国货车主型制动机,已经逐步取代 GK 型和 103 型货车制动机。

1. 120 型空气制动机的特点

① 120 型空气控制阀的主控机构仍为二压力机构,能与现有的货车制动机很好地混编。

② 采用直接作用方式控制制动缸压力,无须像 103 型分配阀那样由于采用间接作用方式而增设压力风缸、容积室及作用部、充气部等结构,使 120 型空气控制阀的结构简单,作用可靠。

③ 主控机构采用 103 型分配阀橡胶膜板和金属滑阀结构。

④ 在结构上,常用制动与紧急制动分开,常用和紧急制动均具有完善的两阶段局减作用,紧急制动还有制动管压力空气直接急速排入大气的局减方式,紧急制动时制动缸呈先快后慢的两段上升方式。

⑤ 设置加速缓解阀和加速缓解风缸,使 120 型空气控制阀的缓解波速大大提高。

⑥ 在紧急阀中增设先导阀结构,提高了紧急制动波速。

⑦ 在主阀作用部的滑阀上增设一个 $\phi 0.2$ mm 的呼吸孔,使分配阀在常用制动保压时,沟通制动管与副风缸,配合具有自动补风作用的机车制动机工作,使其具备压力保持功能。

⑧ 设置半自动缓解阀。拉动该缓解阀的手柄,就可缓解制动机,方便调车作业。

⑨ 与 103 型分配阀零件的通用性和互换性较强,并能与多种制动新技术配套使用。

2. 120 型制动系统的组成

120 型空气制动装置结构如图 7-6 所示。

图 7-6 120 型空气制动装置结构

1,14—制动软管连接器;2—制动软管;3,11—折角塞门;4—制动管;5—加速缓解风缸;
6—远心集尘器截断塞门和组合装置;7—制动支管;8—120 型控制阀;9—调整阀;
10—副风缸;12—制动软管;13—制动缸;15—挡铁;16—传感阀;17—降压气室

(1)列车管:通常起制动的主要作用,是车辆中的主要制动管路。

(2)远心集尘器与截断塞门组合体:这一部分的主要目的就是实现沙土的清洁以及切断制动控制通路的状态,进而达到基本的空气通路形式。

(3)制动缸:通过压缩空气等形式实现制动的效果,同时在制动的时候,还需要考虑风缸带来的制动状态。压缩空气或者机械推力的形式都是可以实现车轮基本工作状态的。

(4)加速缓解阀、加速缓解风缸:当列车要缓解的时候,通常局部的压力会有所提升,这种方式会使得管路的压力变化,速度将会提升,进而提升缓解的速度。

(5)副风缸:如果列车在制动的时候实现增压的效果,那么在制动阀的基础上能够达到基本的充风状态，进而实现压力的变化效果。如果主管的压力减少的时候，制动阀的状态就会实现制动效果。

（6）空气控制阀：通过制动管和风缸等的设计，进一步实现压力的变化状态的认定。在控制的时候，还需要考虑充气、制动、缓解、保压等不同作用。

（7）空重车调整：通过车辆控制的形式能够实现自动调速状态，同时压力的变化也不会受到限制，这种制动的方式一般都是在合理的载重效果下实现。

（8）降压风缸：当车辆处于空载状态的时候，制动缸的容积就会发生变化，所以压力自然也会有所不同，这种方式可以使得闸瓦的压力有所降低。

（9）横跨梁基准板：在进行载重设计的时候，它会和制动盘实现接触效果，通过高度的控制，进而得到基本基准的使用。

三、120 型控制阀

120 型控制阀由中间体、主阀、半自动缓解阀和紧急阀四部分组成。

1. 中间体

中间体有 4 个垂直面，其中两个相邻的垂直面作为主阀和紧急阀的安装座（阀座），与紧急阀相邻的垂直面安装加速缓解风缸和制动管的连接管，与主阀相邻的垂直面安装副风缸和制动缸的连接管，这两个垂直面成为管座。中间体内部有两个空腔，分别是紧急室（1.5 L）和局减室（0.6 L）。

2. 主阀

主阀主要由作用部、减速部、局减阀、加速缓解阀和紧急二段阀五部分组成，并且各组成部件均装设在主阀体内。

（1）作用部：根据制动管与副风缸之间的空气压力差来实现局减、制动、保压、缓解等作用。作用部主要由主活塞、滑阀、节制阀、稳定装置等组成。

节制阀、滑阀和滑阀座上的孔道布置如图 7-7 所示，其孔道名称及代号见表 7-2。

图 7-7 节制阀、滑阀座和滑阀上的孔路布置

表 7-2 节制阀、滑阀和滑阀座上的孔道名称及代号

部位	名称	代号	名称	代号	名称	代号
节制阀	局减联络槽	l_6				
滑阀	减速充气孔	l_3	充气孔	l_4	局减孔	l_5
	局减室入孔	ju_1	充气限孔	f_1	制动孔	f_3
	缓解联络槽	z_2	加速风缸充气孔	h_2	局减阀入孔	l_9
	逆流孔	f_4	阻力调整槽	zu		
滑阀座	制动管充风用孔	l_1	制动管局减用孔	l_2	制动缸孔	z_1
	局减阀孔	l_8	加速缓解风缸孔	h_1	局减室孔	ju_2
	缓解孔	z_3				

（2）减速部：用于根据制动管增压速度的快慢，限制主活塞下移的位置，实现不同的充气缓解作用。减速部设在作用部下面，位于主阀下盖内，由减速弹簧、减速弹簧座等组成。

（3）局减阀：120型控制阀具有两个阶段的局减作用。局减阀用于控制制动时第二阶段局部减压量。局减阀主要由局减阀套、局减阀杆、局减活塞、局减弹簧等组成。

（4）加速缓解阀：用于在缓解时将加速缓解风缸的压力空气充入制动管，实现制动管的局部增压作用，以加快制动管的缓解速度。加速缓解阀由加速缓解活塞、夹心阀、加速缓解弹簧、止回阀等组成。

在制动后缓解时，当本车制动管获得增压，其制动缸缓解的同时，将准备排入大气的制动缸压力空气作为压力信号先引导至加速缓解活塞的右侧，加速缓解活塞左移，推开夹心阀，使加速缓解风缸的压力空气经止回阀、夹心阀充入制动管，实现制动管的局部增压作用，从而提高缓解波速，有利于减小列车缓解时的纵向动力作用。

（5）紧急二段阀：是为了减轻长大货物列车在紧急制动时的纵向动力作用而设置的，主要由紧急二段阀杆、紧急二段阀弹簧和紧急二段阀套等组成。紧急制动时，制动缸压力跃升至 120～150 kPa 时，紧急二段阀阀杆在其下腔制动缸压力作用下上移至关闭位，经控制阀来的副风缸压力空气只能经紧急二段阀上部的 $\phi 3$ mm 径向孔向制动缸充风，从而使制动缸压力分两个阶段先快后慢地上升。

3. 半自动缓解阀

半自动缓解阀用于手动排出副风缸和加速缓解风缸的压力空气，自动排出制动缸的压力空气，使制动机缓解。缓解阀包括手柄部和活塞部两部分，由缓解活塞、缓解活塞杆、排气阀、手柄、止回阀等部件组成。

4. 紧急阀

紧急阀用于紧急制动时加快制动管的排风（即紧急局减作用），使紧急制动作用可靠，提高紧急制动灵敏度，从而提高紧急制动波速。紧急阀由紧急活塞、紧急活塞膜板、O形密封圈、紧急活塞杆、安定弹簧、放风阀、先导阀顶杆、先导阀等组成。

四、120型控制阀的作用原理

120型控制阀的工作过程包括充气缓解、减速充气缓解、常用制动、制动保压和紧急制

动 5 个状态。

1. 充气缓解状态

司机操纵制动机向制动管充风时，压力空气经中间体进入主阀和紧急阀。

（1）主阀的作用部：制动管增压时，后部车辆制动管增压速度较慢，主活塞两侧形成较小压差，主活塞下移，其尾部仅接触减速弹簧套，而不能压缩减速弹簧，形成作用部的充气缓解状态。充气缓解状态需连通 3 条气路：

① 制动管→滤尘器→主阀安装面 l 孔→l_1→l_4→f_1→F_1→副风缸。

② 滑阀室→f_2→h_1→h→加速缓解风缸。

③ 制动缸→紧急二段阀→半自动缓解阀→z_1→z_2→z_3→加速缓解活塞外侧→缩孔Ⅱ→排气口→大气。

（2）主阀的局减阀：局减阀在制动缸的压力作用下处于关闭位置，当制动缸压力降至 20 kPa 时开启。

（3）主阀的紧急二段阀：紧急二段阀弹簧室内的制动管压力空气使紧急二段阀处于下方开通位置。

（4）主阀的加速缓解阀：再充气时，由于缩孔Ⅱ的限制，加速缓解活塞两侧产生压力差而内移，通过顶杆打开加速缓解阀，加速缓解风缸的压力空气经开启的加速缓解阀口进入制动管，形成了制动管局部增压，加快了制动管的增压速度，提高了缓解波速。初充气时，无加速缓解作用。

（5）紧急阀：制动管压力空气进入紧急阀部，将紧急活塞顶到上方极端位，活塞杆顶部密封圈与紧急阀上盖密贴。

制动管→紧急活塞下方→缩孔Ⅲ→缩孔Ⅳ→紧急室。

制动管压力空气进入放风阀弹簧室和放风阀弹簧、先导阀弹簧共同作用，使放风阀和先导阀关闭。

2. 减速充气缓解状态

主阀的作用部：制动管增压，前部车辆增压速度较快，主活塞两侧形成较大压力差，主活塞推动滑阀、节制阀迅速下移，越过充气缓解位，压缩减速弹簧到下方极端位，形成减速充气缓解状态。

滑阀座上的制动管充气用孔 l_1 越过 l_4 孔，与滑阀上的减速充气孔 l_3 相对，通过 l_3 开始向副风缸充气。由于受 l_3 的限制，充气速度较低，这样对列车前部的每一辆车来说，在一开始都少"吃"进一些制动管的"气"，合起来就可让更多的制动管压力空气送往列车后部车辆，使后部车辆更早一点获得增压，缩短前后部车辆的充气缓解时间差。

主阀其他部分的动作和紧急阀的动作同充气缓解状态。

3. 常用制动状态

司机操纵制动机，使制动管施行常用减压。

（1）主阀的作用部：施行制动管常用制动减压时，滑阀室 F_1 的压力空气来不及经 f_1→f_4→l_1 向制动管逆流，主活塞两侧形成一定的压力差，压缩稳定弹簧带动节制阀上移，然后带动滑阀上移，先后产生第一阶段局部减压和第二阶段局部减压及制动作用，先后连通 3 条气路：

① 制动管→l_2→l_5→l_6→ju_1→ju_2→局减室。
② 制动管→l_2→l_5→l_7→l_8→局减阀→制动缸。
③ 副风缸→滑阀室→f_3→z_1→半自动缓解阀→紧急二段阀周围大通路→制动缸。

（2）主阀的局减阀：局减阀处于开启位，制动管压力空气经局减阀进入制动缸，产生第二阶段的局减作用。第二阶段的局减作用与制动缸的充气作用几乎是同时发生的，所以制动缸初始的压力空气是来自副风缸和制动管。当制动缸压力上升至 50～70 kPa 时，由于局减阀关闭而停止第二阶段的局部减压作用。

（3）主阀的紧急二段阀：紧急二段阀弹簧室的制动管压力使紧急二段阀处于下方开通位置。

（4）紧急阀：由于常用制动时，制动管减压速度并不急剧，紧急室的压力空气经缩孔Ⅲ逆流至制动管，能跟上制动管的降压速度，因而紧急活塞上下两侧的压力差不足以充分压缩安定弹簧，先导阀和放风阀处于关闭状态。

4. 制动保压状态

主阀的作用部：制动管施行常用制动减压时，制动管停止减压。因作用部仍处于制动位，副风缸继续向制动缸充气，使副风缸压力继续下降，滑阀室的压力继续下降，当降至与主活塞上部的压力接近平衡时，在主活塞、节制阀自重及被压缩的稳定弹簧弹力作用下，主活塞带动节制阀下移（滑阀不动），节制阀盖住了滑阀背面的制动孔 f_3，切断了副风缸向制动缸充气的通路，形成了制动保压状态。

另外，节制阀露出了滑阀背面的副风缸充气孔 f_1 和加速缓解风缸充气孔 f_2。由于与 f_1 暗通的滑阀底面的 l_3 和 l_4 孔在滑阀座上被封住，故节制阀露出的 f_1 无任何意义。且与 f_2 暗通的滑阀底面的逆流孔 f_4 在制动位早已与滑阀座上的 l_1 对上，形成了气路：副风缸→滑阀室→f_2→f_4→l_1→制动管 L，从而实现保压。

5. 紧急制动状态

制动管紧急减压，主阀部除紧急二段阀外，均与常用制动相仿，只是由于制动管减压速度快，第一阶段局部减压和第二阶段局部减压及制动作用的产生过程更迅速，而且两个阶段局部减压作用不明显。

（1）主阀的紧急二段阀：紧急制动时，制动缸压力跃升达 120～160 kPa，紧急二段阀上移关闭。关闭副风缸向制动缸充气的大通道，开启了小通道，这样就控制制动缸压力呈先快后慢两个阶段上升，有效地缓和长大货物列车在紧急制动时的纵向冲动。

（2）紧急阀：制动管急剧减压，紧急室→缩孔Ⅳ→缩孔Ⅲ→制动管。该逆流速度远不及制动管的减压速度，紧急活塞销压缩安定弹簧下移，紧急活塞杆下端面与先导阀杆接触，紧急活塞杆底面被堵，紧急室只能经缩孔Ⅲ、缩孔Ⅴ向制动管逆流，直径更小的缩孔Ⅴ使逆流速度更慢，促使紧急活塞两侧的压力差骤增，进一步压缩安定弹簧下移顶开先导阀。于是，放风阀弹簧室的制动管压力空气经先导阀口排向大气。由于缩孔Ⅵ的限制，放风阀背压急剧下降，紧急活塞继续下移推开放风阀，产生紧急放风，即制动管紧急局减。

紧急放风作用产生后，紧急室 J 压力空气仍只能经缩孔Ⅴ限制而排向大气，需 15 s 左右才能排完。紧急室压力空气排完之前，放风阀一直被紧急活塞推在下方开启位置，此时向制动管充气无效，不能实现制动机缓解，防止未停车就转充气缓解而造成列车产生剧烈的纵向冲动和可能造成的断钩事故。

任务三　F8型电空制动机

一、F8型制动系统

F8型电空制动机是为适应旅客列车速度提高对车辆制动机性能的要求而设计的，包括空气制动系统和电空制动两部分。电空制动部分主要由F8型电空阀及电空阀箱组成。在设计和制造过程中，研发人员充分分析研究了我国铁路客车原有制动机的优缺点，同时也吸取了国外先进制动机的一些优点，使F8型电空制动机在结构和性能上都具有较先进的水平。

F8空气分配阀有效地提高了列车制动的一致性，减少了列车的纵向冲动，满足了较长编组的旅客列车需要，并具有良好的阶段缓解性能，提高了列车操纵的灵活性，同时有阶段缓解与一次性缓解的转换装置，便于与其他类型制动机混编运行。也正是因为其出色的性能，后来在长编组的客车与货车上得到了广泛使用。为了提高其制动性能，F8型电空制动机在不改变原F8型分配阀结构、性能的基础上，又增设电空制动部分，1992年通过铁道部组织的专家技术审查，1994年起在广深线快速列车上投入运用，现大量应用在25K型客车上。运用表明，F8型电空制动机的作用性能比空气制动机有明显的改进和提高，特别是在减少列车冲动和缩短制动距离方面效果显著。电空制动部分与F8型分配阀采用相似的结构形式，多数橡胶件和部分零部件可以互换

F8型电空制动机包括空气制动和电空控制两部分，如图7-8所示。空气制动部分主要是F8型客车分配阀（简称F8型分配阀），电空制动部分主要由F8型电空阀及电空阀箱组成。

图7-8　F8型电空制动机

1—制动管；2—集尘器；3—截断塞门；4—副风缸；5—定压风缸；6—F8型分配阀；
7—缓解塞门；8—制动缸；9—截断塞门；10—电空阀箱

1. F8 型电空制动机的特点

① 主阀采用三压力控制机构,具有良好的阶段制动和阶段缓解性能,并有阶段缓解和一次缓解的转换功能,能与二压力机构的阀混编。

② 设置单独控制紧急制动作用的辅助阀,采用二压力控制机构,同时具有加快主阀缓解的作用。紧急制动作用可靠,并且紧急制动波速很高,减少了紧急制动时列车的纵向动力作用。

③ 具有自动补风性能。当列车制动保压时,制动缸泄漏可以自动得到补风,使制动缸压力保持不衰减,并且制动缸压力与制动缸活塞行程无关。

④ 具有局部减压作用,制动波速快,首车与末车的制动一致性好,大大减少了制动时的列车纵向动力作用。

⑤ 设置限压阀,以限制紧急制动时制动缸压力,防止因制动力过大而导致车辆滑行。

⑥ 采用橡胶膜板、柱塞等结构,取消了滑阀等研磨件,检修方便。

⑦ 通用性好,适用于不同直径的制动缸,便于旧车的改造。

原理上:采用自动式电空制动方式,即通过机车自动制动阀和电磁阀的共同作用,控制列车管的充、排气,再通过空气分配阀作用,达到制动、缓解的目的。这样既可以保证与装有空气制动机的车辆混编运行,又可以保证与装有电空制动的车辆组成专列运行。在电空制动失效的情况下,保证列车仍具有制动能力,确保列车行车安全。无论是空气制动或电空制动,其基本制动、缓解等作用,均受列车管压力变化的控制。其主要特点是电空制动采用五线制,即常用制动线、缓解线、保压线(备与 104 电空混编时用)、紧急制动线、负线。

结构上:用橡胶膜板和柱塞-止阀结构,具有较好的互换性,拆卸更换较方便,橡胶件可保证一个段修期内正常使用。

性能上:减少制动时列车的纵向冲动,列车制动时,前后部车辆可达到同步作用;不受空气制动波速传递时间的限制,因此大大减少了制动时的列车纵向冲动,特别是紧急制动时的列车纵向冲动;较空气制动减少了 27% 以上,列车纵向冲击加速度减少到与常用制动时相同的水平,对改善列车平稳性发挥了重要作用;在 160 km/h 的制动初速下,紧急制动距离在 1 400 m 以内,较空气制动可缩短 5% ~ 10%;电空制动设独立的加速缓解作用,进一步改善了列车的缓解性能。

2. F8 型分配阀

F8 型分配阀由主阀部、辅助阀部和中间体(也称管座)三部分组成,如图 7-9 所示。

(1)中间体。

中间体作为主阀、辅助阀及各连接管路的安装座,内设有两个空腔,分别是局减室和辅助室。

(2)主阀部。

F8 型分配阀的主阀部分是由主阀、充气阀、限压阀、副风缸充气止回阀、局减阀、转换盖板等组成。

- 主阀:三压力机构。主活塞两侧分别是定压风缸和制动管压力空气,小活塞上方是制动缸压力,小活塞下方通大气,通过制动管、定压风缸、制动缸三者压力的平衡作用产生 F8 型分配阀的制动、缓解、保压等作用。

图 7-9 F8 型分配阀充气缓解状态

- 充气阀：缓解时，制动管压力空气向定压风缸充气，局减室压力空气排入大气；制动时，切断局减室通大气的通路，切断制动管与定压风缸之间的联络通路。
- 限压阀：限制常用制动和紧急制动时的制动缸最高压力值。
- 副风缸充气止回阀：用于沟通制动管向副风缸的充气通路，并防止副风缸压力空气向制动管逆流。
- 局减阀：主阀产生局减作用时，制动管压力空气经局减阀向局减室充气，并防止局减室压力空气向制动管逆流。

（3）辅助阀部。

辅助阀部主要由辅助阀活塞、辅助阀套、O 形密封圈、辅助阀杆、常用排风堵、紧急排风堵、紧急放风阀等组成。

辅助阀部采用二压力机构，辅助阀活塞上方为辅助室压力空气，下方为制动管压力空气。辅助阀部的作用是车辆制动后再充气缓解时，加速主阀的缓解作用，紧急制动时，产生制动管紧急放风作用。

二、F8 电空制动系统各部分的作用

（1）常用制动电磁阀：电空常用制动时，使列车前后部车辆列车管同时排风，可以大大减小列车纵向冲动并缩短制动距离。

（2）缓解电磁阀：初充气时，沟通工作风缸与列车管间的通路，可以提高工作风缸初充气速度。制动后缓解时，列车前后部车辆的工作风缸与列车管同时连通，也可以大大减少列车纵向冲动，并加速工作风缸向列车管的逆流速度，使全列车迅速缓解。

（3）紧急电空阀：由放大阀、限压阀、紧急电空阀体、紧急限制堵、紧急制动电磁阀等组成。

（4）放大阀：在紧急电空制动时，放大副风缸至制动缸的通路截面面积，提高电空紧急制动时制动缸的进气速度，大大缩短电空紧急制动距离，同时使列车管通大气，产生电空紧急制动，附加排风作用，缩短 F8 阀的动作时间，使制动距离更短。

（5）限压阀：电空紧急制动时，限制制动缸的最高压力，并使制动缸压力有初跃升作用。

（6）紧急制动电磁阀：电空紧急制动时，控制放大阀，使它起作用。缓解、常用制动和紧急制动电磁阀均为二位三通电磁阀，可无条件互换使用。

三、F8 型电空制动机的作用原理

F8 型分配阀的工作过程包括：充气缓解、常用制动、制动保压、阶段缓解保压、紧急制动 5 个状态。

（1）充气缓解状态。

司机操纵制动机向制动管充风时，压力空气经中间体进入主阀和辅助阀部。

① 主阀：制动管增压，主活塞向下移动，压缩制动弹簧，直到主活塞外缘碰到下阀体，形成充气缓解状态，连通 3 条气路：

a. 制动管的压力空气→a_1→a_2→副风缸充气止回阀→b_1→b→副风缸。另一方面经副风缸充气止回阀后从 b_1 进入主阀平衡阀的空腔 b_2。

b. 主活塞上方的压力空气→a_5→充气阀杆沟槽a_6→转换盖板槽a_7→a_8→缩堵→下阀体通路a_9→局减阀套→主活塞下方c_1→上阀体通路c_2→中间体通路c_3→定压风缸。

c. 制动缸→d→d_1→d_2→d_3→d_4→缓解阀排气口→大气。

② 充气阀：开始时，在制动缸压力作用下处于下部位，切断局减室通大气的气路。当制动缸压力排至 20 kPa 以下时，充气阀活塞在弹簧力作用下移动，打开充气阀杆尾部气路：局减室→大气。

③ 辅助阀部：由于制动管压力空气经 a'_1 进入辅助阀体内口 a'_2（同时进入放风阀下方 a'_3），推动辅助阀活塞向上移动，辅助阀处于充气缓解状态。

制动管→c_4→辅助阀暗道 c_5→辅助阀套→辅助阀杆→辅助阀活塞上方 f_1→f_2→f_3→辅助室。

（2）常用制动状态。

司机操纵制动机，使制动管施行常用减压。

① 主阀：当制动管以常用制动减压时，主活塞上下形成一定的压力差，同时又有制动弹簧的预紧力作用，推动主活塞并带动缓解柱塞、主阀杆等向上移动，打开平衡阀，形成主阀的常用制动状态。

a. 制动管→主活塞上方→a_3→a_4→e_5→缩孔Ⅳ→e_4→e_3→e_2→e_1→e→局减室→e_3→充气阀排气口→大气。

b. 副风缸→b→b_1→b_2→平衡阀→b_3→d_8→限压阀→d_7→d_6→d_1→d→制动缸→d_7→大缩堵Ⅱ→d_5→主阀小活塞上方→d_9→d_{10}→充气阀活塞的上侧。

② 充气阀：制动缸压力空气到充气阀活塞的上侧，压缩充气弹簧，使充气阀下移，切断局减室通大气的通路，第一阶段局减作用结束，形成第二阶段局减：制动管→局减室，直到二者压平衡时结束。

③ 辅助阀部：制动管减压，辅助活塞下移，先遮断辅助室与压力风缸通路，后打开常用排气限制堵，形成气路：辅助室→常用排气限制堵→大气。辅助活塞两侧不能产生过大压差，放风阀关闭。

（3）制动保压状态。

主阀：在常用制动过程中，制动管停止减压后，副风缸的压力空气继续进入制动缸及小活塞上方，当作用在主阀上向下的作用力大于向上的作用力时，主阀小活塞和主阀一起向下移，平衡阀关闭，此时副风缸向制动缸的充气通路被切断，副风缸停止向制动缸供气，实现制动保压。

（4）阶段缓解保压状态。

当转换盖板置于"阶段缓解位"时，F8 型分配阀具有阶段缓解作用，就是在充气缓解时制动管停止增压，制动缸压力也相应地停止向大气排气，实现制动机的阶段性缓解动作。

缓解时，当制动管停止增压，而作用在小活塞上方的制动缸压力与作用在主活塞上方的制动管压力的合力小于定压风缸空气向上的作用力时，主活塞带动缓解柱塞向上移动，缓解阀关闭，切断了制动缸向大气的排气通路，实现阶段缓解保压。

（5）紧急制动状态。

紧急制动时，主阀的动作与常用制动时相同，只是由于制动管的减压速度比常用制动时快，主阀的动作更迅速。另外，平衡阀处于全开状态，制动缸的压力迅速上升。

同时，由于制动管紧急减压，辅助阀活塞下方的空气压力骤降，辅助阀活塞的上下两侧形成较大的压力差，辅助阀活塞迅速向下移动，辅助阀杆压缩放风阀弹簧，顶开紧急放风阀，使制动管的压力空气从放风阀迅速排入大气，产生紧急放风作用。辅助室的压力空气经常用制动排风堵和排紧急排风堵同时排入大气。排完需 10~15 s，之后才能施行充气缓解作用。

【思考与练习】

1. 说明 104 型分配阀充气缓解作用的过程及气路。
2. 说明 104 型分配阀常用制动的作用过程及气路。
3. 货车为什么需要安装空重车调整装置？GK 型制动机的空重车调整装置是如何对制动缸压力进行调整的？
4. 120 型空气控制阀由哪几部分组成？各有什么作用？
5. 120 型空气控制阀如何实现局部增压作用？
6. 说明 120 型控制阀紧急制动的作用过程及气路。
7. F8 型制动机有哪些主要特点？
8. F8 型分配阀由哪几部分组成？各有什么作用？
9. 说明 F8 型分配阀充气缓解的作用过程及气路。

项目八　基础制动装置及制动理论

【项目描述】

机车制动装置包括三部分：机车制动机、基础制动装置和手制动机。基础制动装置用于将制动缸活塞上所产生的推力（称为制动原力）放大若干倍后均匀地传递到各个闸瓦，使之压紧车轮产生制动作用。因此，基础制动装置的任务是：

① 产生并传递制动原力；
② 将制动原力放大一定的倍数；
③ 保证各闸瓦有较一致的闸瓦压力。

手制动机是装在机车车辆上的靠人力操纵产生制动力的人力制动机。机车停放时，可利用它来防止机车溜走。一些新型机车，如 SS_8 型电力机车上安装了弹簧止轮器，作为机车防溜的措施。

【学习任务】

任务一　基础制动装置的组成

一、基础制动装置的组成

基础制动装置由制动缸、制动传动装置、闸瓦装置及闸瓦间隙调整装置组成。

1. 制动缸

制动缸，又称闸缸，是产生制动原力的部件，它受制动缸压力空气压力变化的控制而进行动作。制动缸的种类很多，但其构造基本相同，主要由缸体、活塞、活塞杆及缓解弹簧等组成。

SS 系列电力机车采用箱式单元制动器，每个单元制动器内均设置一个制动缸，因此也叫单缸制动器。

2. 制动传动装置

制动传动装置是应用杠杆原理，将制动缸产生的制动原力放大一定的倍数后均衡地传递给各个闸瓦。单缸制动器的制动传动装置由制动缸活塞推杆、制动杠杆、可调传动杆、闸瓦托杆等组成。

3. 闸瓦装置

闸瓦装置用于安装闸瓦，并调整闸瓦与车轮踏面间的工作角度。闸瓦装置包括闸瓦、闸瓦托、闸瓦钎及闸瓦定位装置等。闸瓦制动的制动力是靠闸瓦和车轮踏面的摩擦产生的，闸瓦一般采用耐磨而硬度较低的含磷铸铁或高摩合成材料制成。闸瓦托和闸瓦钎则是用来安装闸瓦的。

4. 闸瓦间隙调整装置

闸瓦间隙调整装置用于自动调整闸瓦与车轮踏面之间的间隙，使闸瓦间隙保持在规定的范围内，以确保制动作用的可靠性。

二、基础制动装置的布置形式

基础制动装置按照闸瓦的分布情况，可分为单侧制动式和双侧制动式。前者也称单侧闸瓦式，即只在车轮的一侧设有闸瓦。单侧闸瓦式基础制动装置的构造较为简单，适用于牵引吨位不大的机车、车辆，但这种制动装置在制动时使轴箱单侧受力，轴瓦易于偏磨；而且闸瓦单位面积上的压力较大，闸瓦磨耗量大，制动效果较差。目前，我国东风型内燃机车和大多数货车采用单侧制动。后者也称双侧闸瓦式，即在车轮的两侧都设有闸瓦。双侧闸瓦式基础制动装置结构比较复杂，但由于制动时闸瓦单位面积上所受的压力较小，因而摩擦系数较高，制动效果较好，闸瓦磨耗量也小，所以对缩短制动距离、提高运行速度都是有利的。随着列车运行速度的提高，大吨位货车也有采用双侧式基础制动的必要。我国客车和部分型号的内燃、电力机车采用了双侧式基础制动装置。

基础制动装置按照作用对象，可分为组合式和单独式。其中，组合式基础制动装置是由一个制动缸为若干个闸瓦装置提供制动原力。单独式基础制动装置又称独立式，是由一个制动缸单独为一个闸瓦装置提供制动原力。目前，国产 SS 系列电力机车和装用盘形制动的客车均采用单独式基础制动装置，货车和大多数客车采用组合式基础制动装置。

三、单缸制动器

1. 单元制动器概述

SS 系列电力机车的基础制动装置均采用独立箱式单元制动器，它是以制动器箱体为基础，将制动缸、制动传动装置和闸瓦间隙调整装置安装于箱体内侧，闸瓦装置安装于箱体外侧的一种基础制动装置，因而又称为单缸制动器。单元制动器主要由制动缸、杠杆传动系统、闸瓦间隙自动调整器和闸瓦装置组成。其特点是将制动单元各部件分别安装于箱体内外，对精密部件实行全密封，以提高可靠性。不论采用单侧制动，还是双侧制动，组装好的制动器作为一个独立单元吊装在转向架构架的制动器安装座上，用螺栓连接，此外还采用了其他的稳定措施。

SS 系列各型电力机车所使用的单缸制动器主要参数如表 8-1 所示。

表 8-1 SS 系列电力机车制动器的主要参数

制动器技术参数	SS_3	SS_{3B}	SS_4 改进	SS_7	SS_8
制动缸直径/mm	203	178	178	190	203
缓解弹簧反力/N	340	347	347		307
制动倍率	3.5/2.85	2.85	2.85	4	3.5
传动效率	0.9	0.95	0.85	0.8	0.85
闸瓦压力（紧急制动）/N	43 910	32 650	25 560	2 180	46600
每台转向架制动缸数	10	6	4	8	4
闸瓦间隙/mm	6^{+2}_{-1}	4～8	4～8	8±1	6
闸瓦间隙一次调整量/mm	0.2	0.22	0.2	2～5	0.22

注：SS_3 电力机车使用了两种独立箱式单元制动器，即 3.5×8 单缸制动器和 2.85×7 单缸制动器，制动倍率分别为 3.5 和 2.85。

SS₄改进型、SS₈型电力机车采用的单缸制动器的构造、作用原理基本相同。下面以 SS₄ 改进型电力机车的 2.85×7 单缸制动器为例，介绍其构造和作用原理。

2. 2.85×7 单缸制动器

2.85×7 单缸制动器的制动倍率为 2.85，制动缸的直径为 7 in。

（1）2.85×7 单缸制动器的构造。

2.85×7 单缸制动器主要由制动缸、制动杠杆、闸瓦间隙调整器和闸瓦装置等组成，如图 8-1 所示。

图 8-1 2.85×7 单缸制动器结构图

1—闸瓦定位弹簧；2—箱体；3—棘钩；4—压环；5—密封套；6—门组装（左）；7—门组装（右）；8—油杯；9—护罩；10—滤尘网；11—制动缸；12，14—杠杆；13—隔套；15—圆锥弹簧；16—扭簧卡；17—扭簧止板；18—扭转弹簧；19—闸瓦托杆；20—闸瓦托；21—闸瓦钎；22—闸瓦钎；23—脱钩杆；24—开口销；25—手轮；26—螺盖；27—棘轮；28—传动螺杆；29—传动螺母；30—滑套；31—条簧；32—密封罩；33—螺母；34—闸瓦钎圆销

① 制动缸：主要由制动缸活塞、活塞杆、圆锥弹簧（又称缓解弹簧）及缸体等组成。
② 制动杠杆：用于传递、放大制动缸产生的制动原力。
③ 闸瓦间隙调整器：采用单向自动式闸瓦间隙调整器，即自动减小过大的闸瓦间隙，而增大闸瓦间隙则需人工调整。闸瓦间隙调整器主要由传动螺杆、传动螺母、棘轮、棘钩、滑套、条簧及手轮等零件组成。
④ 闸瓦装置：主要由闸瓦托、闸瓦托杆、闸瓦钎、闸瓦定位弹簧及闸瓦等组成。

（2）2.85×7 单缸制动器的作用原理。

2.85×7 制动器的工作过程包括以下两个状态：

① 制动状态。

当制动缸充风时，活塞通过活塞杆推动制动杠杆顺时针转动，制动杠杆带动滑套、传动螺母、传动螺杆左移，从而推动闸瓦托左移，使闸瓦压在车轮踏面上产生制动作用。

② 缓解状态。

当制动缸排风时，活塞在缓解弹簧的作用下，通过活塞杆带动制动杠杆逆时针转动，制动杠杆带动滑套、传动螺母、传动螺杆右移，从而带动闸瓦托右移，使闸瓦离开车轮踏面进行缓解。

3. 闸瓦间隙调整器的作用原理

在运行过程中，由于闸瓦磨耗等原因，闸瓦与车轮踏面之间的间隙越来越大。为了消除增大的间隙，在制动器中设置了闸瓦间隙自动调整器。

（1）闸瓦间隙调整器的结构与作用原理。

2.85×7 制动器闸瓦间隙调整器在结构上具有以下特点：

① 传动螺母与传动螺杆之间以左旋螺纹配合，习惯上将传动螺母与传动螺杆的组合体称为可调制动传动杆，简称传动杆；
② 棘轮与传动螺母固定在一起；
③ 制动杠杆转动时，棘钩随之同向、同角度转动。

当闸瓦间隙过大时，闸瓦间隙调整器将自动减小过大的闸瓦间隙。制动过程中，随着制动杠杆的顺时针转动，棘钩也顺时针转动相同的角度，从而使棘钩齿尖从棘轮原轮齿中脱离出来而落入下一轮齿。当缓解时，棘钩随制动杠杆逆时针转动，并由棘钩齿尖带动棘轮顺时针转动，使棘轮带动传动螺母右旋，将传动螺杆从传动螺母中旋出，即增大了传动杆的长度，从而减小了闸瓦间隙。

当闸瓦间隙达到正常范围（4~8 mm）时，闸瓦间隙调整器将不再减小闸瓦间隙。此时，由于制动过程中制动杠杆顺时针转动的角度较小，使棘钩齿尖不能从棘轮轮齿中脱离出来而保持在原齿中。因此，缓解过程中闸瓦间隙调整器不再继续减小闸瓦间隙。

SS_8 型电力机车的棘轮齿数为 27 个，SS_4 改进型电力机车的棘轮齿数为 30 个，因此其单齿调整量分别为 6/27=0.22 mm 和 6/30=0.2 mm。为了防止棘钩与棘轮齿面脱离，用条簧压紧棘钩。

（2）闸瓦间隙的人工调整。

当需要人工调大闸瓦间隙或更换闸瓦时，首先应拉动（或推动）设置在箱体上的脱钩杆，使棘钩齿尖脱离棘轮轮齿；然后逆时针方向旋转手轮，以缩短传动杆长度，使闸瓦与车轮踏面之间的间隙增大。当需要减小闸瓦间隙时,直接顺时针方向旋转手轮即可。

更换闸瓦或落车时,应使闸瓦退到最大间隙位置;更换闸瓦或落车后,应顺时针方向旋动手轮,使闸瓦紧贴车轮踏面,然后再向相反方向旋动手轮一周,此时,闸瓦间隙即为要求的正常间隙(6 mm)。

为了使闸瓦上下端与车轮踏面之间保持均匀的间隙,可通过调整闸瓦定位装置的调整螺栓来实现,并在调整好闸瓦间隙后,将调整螺栓上的锁紧螺母锁紧,以防机车运行过程中因调整螺栓松动,而导致闸瓦上下端间隙不均。

4. PC7Y 型单元制动器

SS_4 改进型电力机车单元制动器的结构如图 8-1 所示。

其工作原理为:当制动缸充气时,活塞带动活塞杆左移(活塞同时压缩圆锥缓解传动弹簧),推制动杠杆下端并以上螺销为支点向左摆动,制动杠杆带动与它相连的滑套,螺母与传动螺杆推闸瓦托,使闸瓦压在车轮踏面上实现制动作用。当制动缸排气时,活塞和活塞杆在缓解弹簧的推动下,使上述各传动零件做反方向运动,闸瓦即离开踏面而缓解。

5. PC7YF 型单元制动器

PC7YF 型单元制动器是在 PC7Y 型单元制动器的基础上加了一个用于停放制动的弹簧制动器,如图 8-2 所示。

图 8-2 PC7YF 型踏面单元制动器(带停车制动器)

1—制动缸;2—制动活塞;3—活塞杆;4—制动杠杆;5—闸瓦间隙调整器;6—闸瓦托;
7—闸瓦托吊;10—缓解活塞;31—缓解风缸;32—活塞;33—活塞杆;
34—螺纹套筒;35—弹簧;36—缓解拉簧;37—制动杠杆

弹簧制动器用于停车制动。当停车制动缓解风缸 31 排气后,制动弹簧 35 将活塞杆 33 推向前方,带动停车制动杠杆 37,最后将闸瓦推向车轮踏面,实现停车制动。

当向缓解风缸 31 充气时，压缩空气推动活塞 32 克服弹簧 35 的作用力，使活塞杆 33、制动杠杆 31 等一一复位，停车制动得到缓解。所以停车制动是排气制动，充气缓解。另外，停车制动还可通过拉动辅助缓解装置缓解拉环 36，使缓解活塞杆 33 和螺纹套筒 34（两者为非自锁螺纹连接）相对移动，释放弹簧作用力，达到缓解目的。

6. 闸 瓦

闸瓦与车轮踏面接触产生摩擦，将列车动能转换为热能散入大气，达到列车减速或停止运行的目的。闸瓦按材质可分为铸铁闸瓦和合成闸瓦两类。

（1）铸铁闸瓦。

这种形式的闸瓦发展的历史时间较长，一开始是选择灰铸铁的材料，材料当中的含磷量较低。铸铁闸瓦又可分为中磷铸铁闸瓦和高磷铸铁闸瓦。

中磷铸铁闸瓦的含磷量为 0.7%～1.0%，高磷铸铁闸瓦的含磷量在 10%以上。高磷铸铁闸瓦的耐磨性比中磷铸铁闸瓦高 1 倍左右，故高磷铸铁闸瓦的使用寿命比中磷闸瓦长，约为中磷闸瓦的 2.5 倍以上。高磷闸瓦还有一个优点，就是制动时火花少。铸铁闸瓦的摩擦系数随含磷量的提高而增大，故高磷闸瓦的摩擦系数大于中磷闸瓦。但含磷量过高，将增加闸瓦的脆性，故高磷铸铁闸瓦需采用钢背补强结构，以解决脆裂问题。

中磷闸瓦和高磷闸瓦的基本形式如图 8-3 所示。闸瓦厚度原形为 40 mm，但为增加有效磨耗量，延长其使用寿命，后改为 50 mm，但有一部分车辆安装 50 mm 厚度的闸瓦比较困难，故仍使用 40 mm 厚度的闸瓦，闸瓦内圆弧半径为 440 mm。

（a）中磷闸瓦　　　　　　（b）高磷闸瓦

图 8-3 铸铁闸瓦

1—瓦鼻；2—钢背；3—加强筋；4—瓦体

（2）合成闸瓦。

合成闸瓦按其基本成分可分为合成树脂闸瓦和石棉橡胶闸瓦；按其摩擦系数高低又可分为高摩擦系数合成闸瓦和低摩擦系数合成闸瓦（简称高摩合成闸瓦和低摩合成闸瓦）。这种闸瓦是一种非金属形式的闸瓦，一般情况下是石棉或者一些其他形式的混合材料压制而成。钢背内侧开有槽或孔，以提高摩擦体与钢背的结合强度。低摩合成闸瓦钢背两端的中间部分制成凸起的挡块，两侧低平，以便与闸瓦托的 4 个爪相结合。钢背外侧中部，装有用钢板焊制成的闸瓦鼻子，其外形与中磷铸铁闸瓦相同，并可互换使用；而高摩合成闸瓦则因与低摩合成闸瓦、中磷铸铁闸瓦的摩擦系数相差太大，不能互换使用，为防止混淆，将高摩合成闸瓦钢背两端的中间部制成低平，两侧凸起，正与低摩合成闸瓦相反。钢背内侧还焊有加强筋，以增加钢背的刚度。为了增加闸瓦的散热面积和避免闸瓦裂损、脱落，合成闸瓦摩擦体的中部压制成一条或两条散热槽。合成闸瓦是将合成材料按规定的比例混合均匀后，置于钢模内与钢背热压成为一个整体。合成闸瓦如图8-4所示。

(a) 低摩合成闸瓦　　(b) 高摩合成闸瓦

图 8-4　合成闸瓦

1—钢背；2—摩擦体；3—散热槽；4—冲孔

四、弹簧止轮器

SS$_8$型电力机车设置有弹簧止轮器，它作为机车的停车制动装置，用来防止机车在停放时溜行。

1. 弹簧止轮器的构成

SS$_8$型电力机车每台转向架设置两套弹簧止轮器，并作用于第二轮对单缸制动器上。弹簧止轮器是通过调节螺杆和杠杆将蓄能制动器所产生的制动力传递到单缸制动器闸瓦上，以实现停放制动。它主要由蓄能制动器、调节螺杆、锁紧螺母、杠杆、杠杆座、复原弹簧及复原弹簧支板等组成，如图8-5所示。

图 8-5　弹簧止轮器

1—蓄能制动器；2—调节螺杆；3—锁紧螺母；4—调节螺母；5—叉杆；
6—杠杆；7—复原弹簧；8—复原弹簧支板

弹簧止轮器的主要技术参数见表8-2。

表8-2 弹簧止轮器主要技术参数

车轮与闸瓦之间间隙	6 mm
杠杆与制动器手轮之间间隙	（1±0.5）mm
杠杆倍率	6
制动时主弹簧反力	14.10 kN
复原弹簧反力	0.3 kN
制动倍率	0.9
闸瓦压力	74.52 kN
蓄能制动器质量	46 kg

2. 蓄能制动器

（1）蓄能制动器的构造。

蓄能制动器安装在构架侧梁外侧立板上，通过调节螺杆将蓄能制动器与杠杆连接起来，如图8-6所示。蓄能制动器主要由活塞、棘爪、导向套筒、导向螺管、主弹簧、丝杆及缸体等组成。

图8-6 蓄能制动器

1—弹簧；2—拉环；3—缸体；4，5—主弹簧；6—密封圈；7—活塞；8—制动缸；9—限流孔；
10—丝杆；11—导向套筒；12，14—止推轴承；13—导向螺管；
15—内卡圈；16—导向套筒；17—棘爪

蓄能制动器的丝杆与螺母是一副非自锁螺旋副，并且棘轮机构的棘轮固定在螺母上，以控制螺母能否在丝杆上转动。当棘轮机构锁闭时，螺母只能单向转动；当棘轮机构解锁时，螺母可双向转动。

（2）蓄能制动器的作用原理。

① 制动状态：当蓄能制动器制动缸排风时，主弹簧推动活塞向右移动，此时由于棘轮机构处于锁闭状态，因而棘轮和螺母不能在丝杆上转动，使螺母带动丝杆随活塞一起右移，并通过丝杆联动弹簧止轮器的调整螺杆和杠杆进行工作，最终使闸瓦贴靠车轮产生制动。

② 缓解状态：当蓄能制动器制动缸充风时，推动活塞压缩主弹簧左移，由于此时棘轮机构处于解锁状态，因而螺母在受压的情况下，带动棘轮在丝杆上旋转；同时在弹簧止轮器复原弹簧作用下，蓄能制动器丝杆、弹簧止轮器调整螺杆和杠杆恢复原工作位置，最终使闸瓦远离车轮产生缓解。

③ 手动缓解：机车停放制动后且无司机操纵时，若需缓解，可进行手动缓解——拉动蓄能制动器上的手动拉环。此时，棘轮机构处于解锁状态，在蓄能制动器主弹簧作用下，螺母带动棘轮在丝杆上旋转；同时在弹簧止轮器复原弹簧作用下，蓄能制动器丝杆、弹簧止轮器调整螺杆和杠杆恢复原工作位置，最终使闸瓦远离车轮产生缓解。

蓄能制动器在完全缓解状态下要进行停放制动时，首先须向蓄能制动器制动缸充风，使其恢复缓解状态；然后再排放蓄能制动器制动缸内的压力空气，使其进入制动状态。当蓄能制动器制动缸内的压力下降到 600 kPa 以下时，蓄能制动器开始制动状态工作；并且随着蓄能制动器制动缸压力的减小，作用在闸瓦上的力也就会越来越大。

所以，工作中应注意以下两点：

a. 在运行过程中，随时观察总风缸压力，确保其压力不低于 600 kPa。

b. 在总风缸压力较低的情况下移动机车时，须通过检查侧梁外侧所标注的弹簧止轮器缓解标记，来确认蓄能制动器是否处于缓解状态，以防止车轮踏面擦伤或产生轮箍松弛等恶性事故发生。

五、制动倍率、制动传动效率和机车制动率

1. 制动倍率

为了在制动时得到足够的制动力，制动机必须产生较大的闸瓦压力。如前所述，闸瓦压力源于制动缸活塞上的制动原力，而制动原力的大小与制动缸直径、制动缸内空气压力成正比，因此，增大制动缸直径和制动缸内空气压力可提高制动原力，达到增大闸瓦压力，乃至产生足够的制动力的目的。但是，由于制动机工作过程中不可能产生很大的制动缸压力，并且制动缸的形状、大小受到诸如安装尺寸、经济成本等因素的限制。所以，实际工作中，是靠制动传动装置将制动原力放大一定倍数后传递到闸瓦装置，形成闸瓦压力。这个将制动原力放大的倍数，称为制动倍率。

制动倍率用 γ_b 表示，其表达式为

$$\gamma_b = \frac{\sum K_{理}}{F}$$

式中　$\sum K_{理}$——一个制动缸的制动原力所形成的闸瓦压力的总和（kN）；

F——制动原力或乘务员施加于手制动机手轮上的力（kN）。

制动倍率的大小取决于制动传动装置各杠杆的尺寸大小。各型机车的制动杠杆的结构和

尺寸不一样，制动倍率也不相同。

根据杠杆原理可知：

$$\gamma_b = \frac{\text{各杠杆主动臂长度的乘积}}{\text{各杠杆从动臂长度的乘积}}$$

SS 系列电力机车由于采用的单缸制动器，只设有一副制动杠杆，故其制动倍率为制动杠杆主动臂长度与被动臂长度的比值。例如，SS_4 改进型电力机车的制动倍率为 2.85，SS_8 型电力机车的制动倍率为 3.5。

2. 制动传动效率与闸瓦压力的计算

（1）制动传动效率。

在制动时，制动缸活塞杆推力传递至闸瓦的过程中，需要克服缓解弹簧的反拨力、制动缸活塞与缸壁间的摩擦力，以及制动传动装置各销套间的摩擦力等，所以闸瓦所得到的实际闸瓦压力小于按上述杠杆原理计算的理论闸瓦压力。那么，实际闸瓦压力与理论闸瓦压力的比值称为基础制动装置的传动效率。

制动传动效率用 η_b 表示，其表达式为

$$\eta_b = \frac{\sum K_\text{实}}{\sum K_\text{理}}$$

式中　$\sum K_\text{实}$ ——一个制动缸制动原力所产生的各闸瓦实际压力的总和（kN）；

　　　$\sum K_\text{理}$ ——该制动缸制动原力所产生的各闸瓦计算压力的总和（kN）。

基础制动装置的传动效率（%）表征着制动缸空气压力的有效利用程度。同一般机械设备一样，η_b 值越大越好。η_b 值的大小与基础制动装置中各杠杆的结构形式、销套连接的多少、制动缸的直径等因素有关，还与机车所处的状态以及机车的保养状态有关。通常，制动传动效率的值是由试验获得的。SS 系列电力机车的制动传动效率参见表 8-1。

（2）闸瓦压力的计算。

制动原力经制动传动装置传递到闸瓦上所形成的作用力称为闸瓦压力。

一个制动缸所产生的实际闸瓦压力为

$$\sum K_\text{实} = \eta_b \sum K_\text{理}$$

根据制动倍率的计算公式可得：

$$\sum K_\text{理} = F\gamma_b$$
$$\sum K_\text{实} = F\gamma_b \eta_b$$

若要计算机车实际闸瓦总压力，则还要乘上制动缸的总数 m，即

$$\sum K = m\sum K_\text{实} = mp_z \frac{\pi d^2}{4} \gamma_b \eta_b \text{（kN）}$$

式中　m ——每台机车的制动缸个数；

　　　p_z ——制动缸压力（kPa）；

d ——制动缸活塞直径（m）；
γ_b ——制动倍率；
η_b ——制动传动效率。

（3）机车制动率。

机车的制动能力不能仅以闸瓦压力来表示，因为同样大小的闸瓦压力，对于重量不同的机车，其制动效果是不同的。只有机车单位重量所具有的闸瓦压力，才能确切地表示机车的制动能力。所谓机车制动率，是指机车单位重量所获得的闸瓦压力。

机车制动率用 δ 表示，其表达式为

$$\delta = \frac{\sum K}{q}$$

式中 $\sum K$ ——机车闸瓦总压力（kN）；
q ——机车总重量（kN）。

机车制动率表征机车制动能力的大小。合理地确定制动率对保证运行速度及运行安全都有重要意义。为了提高制动效果，通常希望采取较大的制动率，但是提高制动率会受轮轨黏着条件的限制。另外，制动率还需根据所选用的闸瓦材料的摩擦系数适当选取。

任务二 制动理论基础知识

本任务着重介绍空气制动机的基本作用原理及有关制动的基础理论。针对制动管减压量与制动缸压力之间的关系及空气波、制动波、列车制动时的纵向动力作用等问题展开讨论。

一、常用名词术语

1. 压力与压强

压力是指物体间的相互作用力，其单位为牛顿（N）；而压强则是指单位面积上所受力的大小，其单位为帕（Pa）。

在空气管路系统中，人们习惯将"压强"称为"压力"。例如，制动管"压力"为 500 kPa，实际上指制动管"压强"为 500 kPa。因此，压缩空气又称为压力空气。

2. 绝对压力及表压力

绝对压力是指压力空气的实际压力。若气体未压缩而呈自由状态，其绝对压力即为大气压力，若处于绝对真空状态，则其绝对压力为零。

表压力是指压力表指示的压力值，所以绝对压力与表压力的差值为大气压力值。

绝对压力等于表压力与大气压力之和。

3. 二压力机构及三压力机构制动机

凡是根据两种压力之间的变化来控制三通阀或分配阀的主活塞动作，以实现制动、缓解与保压作用的制动机，称为二压力机构制动机。例如，GK 型三通阀主活塞两侧的压力空气分别来自制动管与副风缸；109 型分配阀的主阀活塞两侧的压力空气分别来自制动管和工作

风缸。这种制动机只具有一次缓解性能,而不具备阶段缓解性能。即当制动管充风至高于副风缸或工作风缸一定压力时,就推动三通阀或分配阀主活塞至充气缓解状态,直至实现制动机的完全缓解。

为适应铁路运输发展的需要,制动机应具备阶段缓解性能与自动补风性能。因此,目前对分配阀进行了改造,即在主活塞上除保留制动管与工作风缸的作用外,另增加制动缸压力的作用。这种根据三种压力之间的变化来控制分配阀的主活塞动作,以实现制动、缓解与保压作用的制动机,称为三压力机构制动机,如国产的 JZ-7 型、美国生产的 26-L 型制动机均为三压力机构制动机。

二、制动缸压力的计算

1. 空气制动机的工作过程

空气制动机的工作过程是利用压力空气的压力与容积的变化关系来实现的。如果空气制动机的型号一定,那么空气的压力与容积之间保持着一定的关系。

根据热工学的推论,克拉贝隆理想气体状态方程为

$$pV = GRT$$

式中　p ——气体的压力（Pa）；

　　　V ——气体的容积（m³）；

　　　T ——气体的温度（K）；

　　　G ——气体的摩尔数（mol）；

　　　R ——普适气体恒量，$R = 8.31$ J/(mol·K)。

该式同样适用于实际气体。气体的变化又分为绝热、等温、等压以及多变等变化过程。

在空气制动机的工作过程中,一方面,虽然空气压缩机产生的压力空气具有一定的温度,但压力空气须经散热管进入总风缸,并且总风缸又置于大气之中,所以当总风缸向制动管及各风缸充入压力空气时,压力空气都已经过充分冷却,使其温度与外界接近于相等。另一方面,在制动过程中,随着制动管减压速度的不同,副风缸向制动缸充风速度也不相同,致使气体因动能的变化而造成气体温度的波动和压力的波动,但待风缸的压力稳定后,其气体温度与大气温度也接近于相等（有关试验资料表明,制动机工作过程受到温度的影响约为 1 ℃）,同时,在制动机中存在着各种泄漏和游间,对计算精确度也有影响。所以,为简化计算起见,可以忽略温度变化对计算结果的影响,即把压力与容积的变化过程看作是等温变化过程。根据波义耳-马略特定律,空气压力与容积之间的关系为

$$pV = 常量$$

式中　p ——压力空气的压力（绝对压力）（Pa）；

　　　V ——压力空气的容积（m³）。

即　　　　　$p_1 V_1 = p_2 V_2$

该式说明压力空气的绝对压力与体积的乘积为常量,即等温过程变化前与变化后,其压力与体积乘积相等。

2. 制动缸压力的计算

常用制动过程中，分析制动机制动管、副风缸和制动缸之间的变化关系时，应考虑下列因素：

① 当制动管的减压量非常小时，三通阀的充气沟作为制动管与副风缸的连通通路并未被主活塞切断时，制动管与副风缸的空气压力是平衡的。

② 制动时，进入制动缸的空气量等于副风缸排出的空气量，而副风缸减压后的压力与制动管压力相平衡。

③ 在制动计算中，副风缸与制动缸的容积之比选取 3.25∶1，即 $V_f : V_z = 3.25 : 1$。该比值并不是副风缸和制动缸的实际比值，而是考虑到各空气通路所占有的容积和泄漏量等因素后的换算比值。下面，以副风缸内的压力空气为研究对象，根据波义耳-马略特定律列方程式：

$$p'_0 V_f = (p'_0 - r) V_f + p'_1 V_z$$

化简得

$$p'_1 = \frac{V_f}{V_z} \cdot r$$

或

$$p_1 = \frac{V_f}{V_z} \cdot r - 100$$

式中 V_f——副风缸容积（m³）；

V_z——制动缸容积（m³）；

p'_0——制动管定压，绝对压力；

p'_1——制动缸压力，绝对压力（kPa）；

p_1——制动缸压力，表压力（kPa）；

r——制动管减压量（kPa）。

这两个公式说明制动缸压力与副风缸和制动缸的容积之比以及制动管的减压量有关。当副风缸与制动缸的容积比值一定时，制动缸的压力正比于制动管的减压量 r 值，所以司机操纵列车时，通常是通过控制制动管减压量 r 值来控制列车制动力的大小。

（1）GK 型车辆制动机。

对于 GK 型车辆制动机，其副风缸与制动缸的容积比为 $\frac{V_f}{V_z} = 3.25$，则有：

$$p_1 = 3.25 \cdot r - 100$$

可见，制动管减压量 r 值取不同值时，便可得到相应的制动缸压力。

【例题】 设制动管减压量为 50 kPa、100 kPa 和 140 kPa 时，制动缸压力分别是多少？

解 ① $r = 50$ kPa 时，$p_1 = 3.25 \times 50 - 100 = 62.5$（kPa）；

② $r = 100$ kPa 时，$p_1 = 3.25 \times 100 - 100 = 225$（kPa）；

③ $r = 140$ kPa 时，$p_1 = 3.25 \times 140 - 100 = 355$（kPa）。

（2）109 型分配阀。

作为机车制动机的 DK-1 型电空制动机所采用的 109 型分配阀，在工作中起着空气制动机三通阀的作用，但由于机车制动机的特殊要求，其结构、作用原理较车辆三通阀复杂，因此，在分析计算时须做必要的简化。109 型分配阀属于二压力机构分配阀，制动缸的压力取决于容积室的压力,而容积室的压力则与制动管定压、制动管减压量、容积室的大小及工作风缸容积等有关。按照其作用原理,根据波义耳-马略特定律,经必要的参数修正得到下式:

$$p_1 = p_r = 2.6r$$

式中　p_1——制动缸表压力(kPa);

　　　p_r——容积室表压力(kPa);

　　　r——制动管减压量(kPa);

　　　2.6——修正比例系数。

可见,制动缸压力与制动管减压量成正比。

【例题】 设制动管减压量为 50 kPa、70 kPa、140 kPa 时,制动缸压力分别是多少?

解:① $r = 50$ kPa 时, $p_1 = 2.6 \times 50 = 130$(kPa);

② $r = 70$ kPa 时, $p_1 = 2.6 \times 70 = 182$(kPa);

③ $r = 140$ kPa 时, $p_1 = 2.6 \times 140 = 364$(kPa)。

综上所述,制动缸压力正比于制动管减压量,产生一个制动管减压量,就有一个制动缸压力值与其相对应。但是,实际工作过程中,制动缸压力受有效制动作用的限制,因此,制动管减压量范围也就受到相应的有效减压量的限制。

三、制动管最小有效减压量及最大有效减压量的确定

1. 制动管最小有效减压量

由式 $p_1 = \dfrac{V_f}{V_z} \cdot r - 100$ 可知,制动管不论减压多少,制动缸均应得到相应的压力,但在实际上是有差异的。

无论何种类型的机车制动机,都以控制全列车实现制动、缓解与保压为目的,而只有全列车的闸瓦均压紧车轮,才有效地产生制动作用。因此,制动缸存在最小有效制动缸压力,那么相对应的存在一个制动管最小有效减压量 $r_{\min}$ 值,简称最小有效减压量。实践表明,只有制动缸压力达到 35 kPa 以上时,才足以克服制动缸弹簧对活塞的背压以及各种摩擦等阻力,产生有效的制动作用。

则有,$p_{1\min} = 35$ kPa,将 $p_{1\min}$ 值代入式 $p_1 = 3.25 \cdot r - 100$ 中可得:

$$p_{1\min} = 3.25 \cdot r_{\min} - 100 = 35$$

所以

$$r_{\min} = \frac{100 + 35}{3.25} = 41.5 \text{(kPa)}$$

当制动管减压量小于 41.5 kPa 时,GK 型车辆制动机不足以产生有效制动。一般地,单机时,最小有效减压量选取 40 kPa;牵引列车时,最小有效减压量选取 50 kPa;牵引 60 辆以上时,最小有效减压量选取 70 kPa。

2. 制动管最大有效减压量

由式 $p_1 = \dfrac{V_f}{V_z} \cdot r - 100$ 可知,制动缸压力随制动管减压量的增加而正比例增加。但当制动

管减压量增大到一定程度时,副风缸与制动缸的压力将达到平衡状态,此时若制动管继续减压,制动缸压力也不会上升,因此,制动缸存在制动缸最大压力 $p_{1\max}$ 值,而相应于制动缸最大压力 $p_{1\max}$ 值的制动管减压量则被称为制动管最大有效减压量 $r_{\max}$ 值,简称最大有效减压量。

$$p'_0 V_f = p'_{1\max}(V_f + V_z)$$

所以
$$p'_{1\max} = \frac{V_f}{V_f + V_z} \cdot p'_0$$

式中　　p'_0 ——制动管定压,绝对压力(kPa);
　　　　$p'_{1\max}$ ——制动后制动缸与副风缸的平衡压力,绝对压力(kPa);
　　　　$p_{1\max}$ ——制动后制动缸与副风缸的平衡压力,表压力(kPa);
　　　　V_f ——副风缸的容积(m³);
　　　　V_z ——制动缸的容积(m³)。

将 $\dfrac{V_f}{V_z} = 32.5$ 代入上式得:

$$p'_{1\max} = 0.765 \cdot p'_0$$

或
$$p_{1\max} = 0.765 \cdot p'_0 - 100$$

当取制动管定压为 500 kPa(表压力)时:

$$p'_{1\max} = 0.765 \cdot \times(500+100) = 459 \text{ (kPa)}$$

即
$$p_{1\max} = 0.765 \cdot \times(500+100) - 100 = 359 \text{ (kPa)} \approx 360 \text{ (kPa)}$$

将 $p_{1\max} \approx 360$ 代入式 $p_1 = 3.25 \cdot r - 100$ 得:

$$r_{\max} = \frac{360 + 100}{3.25} \approx 140 \text{ (kPa)}$$

当取制动管定压为 600 kPa(表压力)时:

$$p'_{1\max} = 0.765 \cdot \times(600+100) = 535.5 \text{ (kPa)}$$

即
$$p_{1\max} = 0.765 \cdot \times(600+100) - 100 = 435.5 \text{ (kPa)} \approx 436 \text{ (kPa)}$$

将 $p_{1\max} \approx 436$ 代入式 $p_1 = 3.25 \cdot r - 100$ 得:

$$r_{\max} = \frac{436 + 100}{3.25} \approx 165 \text{ (kPa)}$$

可见,由于制动管的定压不同,其制动管最大有效减压量也不同。通常,当制动管压力为 500 kPa 或 600 kPa 时,制动管最大有效减压量分别选取 140 kPa 或 170 kPa。

综上所述,尽管制动缸压力正比于制动管减压量,但却是在一定范围内成立。实际工作过程中,制动缸压力受有效制动作用的限制,因而,制动管的减压量范围也就受到了相应的制动管最小、最大有效减压量的限制。

四、空气波和制动波

1. 空气波和空气波速

（1）空气波。

空气的压力波动沿制动管长度方向由前向后传播所形成的波，称为空气波。它的传播如同投石于湖中引起的水面波纹不断向外扩散一样，也是一种机械波。不过，它是沿制动管传播的一种空气波，其特性与声波等其他空气波相似。

在列车前端排风减压并且不断地向后传播的过程中，制动管内的压力空气不断地膨胀，它的压能不断地转化为动能。因此，它不断地由后向前连续流动，经由制动阀排气口排向大气。显然，气体的连续流动与压降的传播不是一回事。压降的传播属于一种振动波，它按振动的规律在介质中进行传播；空气在管内的连续流动则不是一种波，而是介质的一种连续运动，故周围阻力对它的影响很大。另外，在减压时，气流方向与压降的传播方向是相反的。充风增压时，空气波传播方向与气流方向虽然相同，但也不是一回事。

（2）空气波速。

以物理量——空气波速来衡量空气波传播的快慢。所谓空气波速，是指空气波的传播速度，用下列公式计算：

$$v_{kb} = \frac{L_{kb}}{t_{kb}}$$

式中　v_{kb}——空气波速（m/s）；

　　　L_{kb}——空气波传播的距离（m）；

　　　t_{kb}——空气波传播的时间（s）。

一般地，空气波速为 330 m/s 左右。

2. 制动管减压速度

空气波传到列车中任一分配阀后，该阀主活塞制动管一侧即开始减压。但是，要使主活塞动作，还必须使主活塞两侧形成一定的压力差，而且压力差要累积到大于主活塞的移动阻力，主活塞才能移到制动位置，才能沟通作为风源的副风缸压力空气进入制动缸的通路，从而实现制动作用。此压力差的建立取决于制动管的减压速度。减压速度大，压力差建立就快，反之则慢。如果减压速度过低，由于副风缸压力空气经充气通路逆流入制动管，主活塞两侧的压力差就建立不起来，阀就不能产生动作。

在列车中，各车辆的分配阀处的减压速度，受到距排风口的远近、制动管长度、车辆制动支管的长度及主活塞制动管一侧容积、制动阀排气方式和制动管定压等许多因素影响。

3. 制动波和制动波速

（1）制动波。

制动作用沿列车长度方向由前向后逐次发生，这种制动作用沿列车长度方向由前向后逐次传播现象，称之为"制动波"。

实际上，由于各制动机的结构、性能和状态的差异，制动作用有时就不是完全由前向后逐次发生，而是存在某种"跳跃"现象。即列车中某辆车或某几辆车的制动作用可能比其后的车辆发生得还要晚。这说明，制动波并不是一种波，只是习惯上那么叫罢了。

（2）制动波速。

衡量制动波传播速度的物理量，称为制动波速，一般以"m/s"为计量单位。制动波速 w_{zb} 通过试验由下式求得：

$$w_{zb} = \frac{L_{zb}}{t_{zb}} = \frac{L_{zb}}{t_{kb} + t_d}$$

式中　　w_{zb}——制动波速（m/s）；

　　　　L_{zb}——制动波传播距离（一般按制动管长度计算）（m）；

　　　　t_{zb}——制动波传播时间（从开始减压至最后一台制动机开始动作时为止）（s）；

　　　　t_{kb}——空气波传播时间（s）；

　　　　t_d——制动机动作时间（s）。

由于制动波的传播速度受到空气波传播快慢、三通阀（分配阀）动作灵敏性及制动机性能好坏等因素的限制，所以，制动波速总比空气波速要小。

制动波速是综合评定制动机性能的重要指标。制动波速越高，表明列车前、后部制动作用的同时性越好，有利于减轻制动时的纵向动力作用和缩短制动距离；同时制动波速越高，则制动作用的传播长度可更大些，即能适应长大列车的要求。

4. 缓解波和缓解波速

当司机操纵制动机进行缓解时，缓解作用沿制动管长度方向由前向后逐次传播的现象，称为缓解波。其传播的速度称为缓解波速。

同样，缓解波速也受到空气波传播快慢、三通阀（分配阀）动作灵敏性及制动机性能好坏等因素的影响，所以，如何提高缓解波速也成为亟待解决的问题之一。

5. 制动机的稳定性、安定性与灵敏度

（1）稳定性。

当制动管减压速率低于某一数值范围时，制动机将不发生制动作用的性能，称为制动机的稳定性。我国规定制动管减压速率或泄漏小于 20 kPa/min。

（2）安定性。

常用制动时不发生紧急制动作用的性能，称为制动机的安定性。即当制动管减压速率在 10～40 kPa/s 范围时，紧急阀不应动作。

（3）灵敏度。

当制动管减压速率达到一定数值范围时，制动机必须产生制动作用的性能，称为制动机的灵敏度。一般地，常用制动灵敏度为 10～40 kPa/s；紧急制动灵敏度为 70 kPa/s。

上述三者之间相互联系，在同一制动机上必须协调一致，保证三者之间有明显的隔离区间，否则将使制动机无法正常工作。

五、列车制动时的纵向动力作用

对于空气制动机，在施行制动或缓解时所产生的空气波存在一个沿制动管长度方向由前向后传播的过程；列车越长，其前后部开始制动或缓解的时间差就越大。这种"沿列车长度的制动或缓解作用的不同时性"是列车制动或缓解时发生强烈纵向动力作用的主要原因。对于重载（或扩编）列车，这个问题尤其突出。

1. 制动阶段的划分及其性质

根据列车制动过程中各制动缸压力的变化情况，整个制动过程可划分为 4 个阶段。如图 8-7 所示为一列车（为简化分析，设该列车编组为 4 辆）各制动缸的充风曲线，即 p-t 曲线。

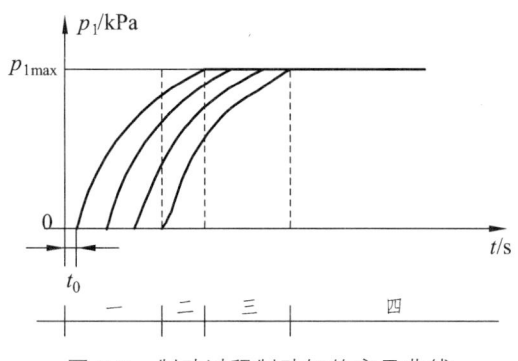

图 8-7　制动过程制动缸的充风曲线

第一制动阶段：由司机扳动制动阀手柄，至制动位时开始，到最后一辆车制动缸压力开始上升的瞬间为止。在这个阶段，由列车前部第一辆开始，各车辆制动机逐次发生制动作用；当第一制动阶段终了时，车钩缓冲器弹簧到达新的静平衡位置，静压缩达到最大值。

第二制动阶段：由最后一辆车制动缸压力开始上升起，到第一辆车制动缸压力上升到最大值为止。

第三制动阶段：由第一辆车制动缸压力上升到最大值的瞬间起，到最后一辆车的制动缸压力上升到最大值为止。

第四制动阶段：由最后一辆车的制动缸压力上升到最大值时起，到列车完全停车或缓解为止。

实际工作中，在列车制动过程中的每一瞬间，各机车车辆具有不同的单位制动力。如果列车施行制动时是处在拉伸状态，则制动之初首先要消除这些车钩与车钩之间的自由间隙，这就必然会产生强烈的纵向动力作用，或发生强烈的纵向动力作用。

2. 产生动力作用的原因

列车制动时产生纵向动力作用的主要原因有 3 个：

① 制动作用沿列车长度方向的不同时性。

② 全列车制动缸的压力都达到指定值以后，单位制动力沿列车长度方向的不均匀分布。

③ 各车辆之间的非刚性连接使由于前两种原因产生的纵向动力作用更加剧烈。

列车制动纵向动力作用，随列车长度的增加和制动力的增大而加剧。严重时，它能导致车钩缓冲器装置折损和车体严重损坏等重大事故。

有关科学家的研究表明：

① 提高制动波速和延长制动缸充风时间都可以减轻列车制动时的纵向动力作用。虽然提高制动波速可以缩短制动距离，但是延长制动缸充风时间却会导致制动距离延长。因此，要想在不延长制动距离的条件下减轻制动时的纵向动力作用，只有首先大力提高制动波速，同

时适当地延长制动缸的充风时间，如采用"先快后慢"的变速充风。

② 发展大吨位车辆比增加编组辆数对减轻制动冲动更为有利。

③ 由于闸瓦摩擦系数随列车速度的降低而增大，故在闸瓦压力相同的条件下，低速时制动冲击力更大。

④ 列车在拉伸状态下制动，其纵向冲击力比在压缩状态下大很多。

【思考与练习】

1. 简述基础制动装置的用途。
2. 简述箱式单元制动器的主要组成部件名称及作用。
3. 简述 SS_4 改进型电力机车闸瓦间隙调整器的作用原理。
4. 蓄能制动器的工作原理是怎样的？在无司机操纵时如何缓解？
5. 什么叫制动倍率、制动传动效率和机车制动率？
6. 什么叫最大有效减压量？怎么计算？
7. 产生动力作用的原因是什么？

参考文献

[1] 刘豫湘，陆缙华，潘传熙. DK-1型电空制动机与电力机车空气管路系统[M]. 北京：中国铁道出版社，2000.
[2] 张开文. 制动[M]. 北京：中国铁道出版社，2000.
[3] 饶忠. 列车制动[M]. 北京：中国铁道出版社，2002.
[4] 夏肇元. 机车车辆及城市轨道车辆电空制动技术[M]. 北京：中国铁道出版社，2000.
[5] 李益民. 电力机车制动机[M]. 北京：中国铁道出版社，2012.
[6] 庞宏恩. 车辆制动装置[M]. 北京：中国铁道出版社，2007.